Das

Preußische Warenhaussteuergesetz

vom 18. Juli 1900

in Verbindung
mit den anderen deutschen Warenhaussteuergesetzen

erläutert von

Dr. J. Wernicke,
Syndikus.

Berlin 1913.
J. Guttentag, Verlagsbuchhandlung,
G. m. b. H.

Inhaltsverzeichnis.

A.

B. Warenhaussteuergesetz vom 18. Juli 1900.

C. Anhang I.

Abschnitt I. Steuerpflicht.

A. Besteuerung der in Preußen domizilierten Unternehmungen.

B. Besteuerung der außerhalb Preußens domizilierten Unternehmungen.

C. Die Unterscheidung der Warengruppen.

D. Steuerpflicht nach Zerlegung des Warenhausbetriebes.

Abkürzungen.

AA. = Ausführungsanweisung.
Anh. = Anhang.
AbgH. = Abgeordnetenhaus.
Ausn. = Ausnahme.
Bd. = Band.
Bgr. = Begründung.
Entsch. = Entscheidung.
EinkstGes. = Einkommensteuergesetz.
EStSt. = Entscheidungen des OVG. in Staatssteuersachen.
Entw. = Entwurf.
GewstGes. = Gewerbesteuergesetz.
Ges. = Gesetz.
HH. = Herrenhaus.
KAG. = Kommunalabgabengesetz.
MinErl. = Ministerialerlaß.
OVG. = Oberverwaltuugsgericht.
Pr. = Preußen.
PrVerf. = Preußische Verfassung.
RG. = Reichsgericht.
RGewO. = Reichsgewerbeordnung.
WG. = Warenhaussteuergesetz.

Literatur.

Freund: Das KAG. v. 14. 7. 93. 7. A. Berlin 10.
Fuisting: Die Pr. dir. St. Bd. I–IV. Berlin. Bes. Bd. III. 06.
Strutz: WG., Berlin 1900.
— und Fuisting: Das PrGewstGes. Berlin 1904.

Einleitung.

Die Warenhausfrage steht seit etwa dem Jahre 1895 im Vordergrunde der Mittelstandspolitik der rechtsstehenden Parteien in Deutschland. In der hohen steuerlichen Belastung, bzw. auch, wenn möglich, Erdrosselung der Warenhäuser, glaubt man das sicher wirkende Allheilmittel für die mittelständischen Schäden gefunden zu haben. Es gibt wohl kaum ein so viel und heiß umstrittenes Gebiet in der ganzen Volkswirtschaft wie gerade die Warenhäuser.

Das Mutterland der Warenhäuser ist Frankreich. In Paris entstanden die Warenhäuser bereits in den fünfziger Jahren. Der „Bon Marché" ist im Jahre 1852 von Aristide Boucicaut gegründet, der Louvre im Jahre 1855 von Chauchard. Beide sind vollständig Warenhäuser im üblichen Sinne. Sie führen alle nur denkbaren Waren. Der „Bon Marché" soll zurzeit ca. 200 Millionen Mark, der Louvre 180 Millionen Mark umsetzen. Einen gleichen Umsatz dürfte das Warenhaus Whiteley in London haben, während die Warenhäuser von Marshall Field in Chikago und Wanamaker, Newyork und Philadelphia, noch erhebliche größere Umsätze erzielen. Der Umsatz von Marshall Field in Chikago wird auf nahezu 400 Millionen Mark angegeben, wovon allerdings fast die Hälfte auf den Engrosumsatz entfallen soll.

In Deutschland ist das älteste Warenhaus das des Deutschen Offiziervereins, das im Jahre 1884 gegründet wurde. Das Warenhaus für Deutsche Beamte, das sich im Jahre 1907 wegen ständiger Unterbilanzen aufgelöst hat, wurde im Jahre 1889 gegründet. Die ältesten Warenhausfirmen, wie z. B. Messow & Waldschmidt, Dresden, Hermann Tietz, Berlin, und A. Wertheim, Berlin, können bereits auf ein mehr als 30jähriges Bestehen zurückblicken. In ganz Deutschland mag es wohl ca. 400 Warenhäuser geben, die zusammen 600 bis 700 Millionen Mark umsetzen dürften. In Preußen gab es im Jahre 1911 108 warenhaussteuerpflichtige Betriebe, von denen aber wohl höchstens 90 Warenhäuser waren. Diese zahlten 1911 eine Warenhaussteuer von 3,3 Millionen Mark. Der gesamte warenhaussteuerpflichtige Umsatz dieser Betriebe hat 296 Millionen Mark und der der gesamten 400 deutschen Warenhäuser ca. 600 Millionen Mark betragen.

Statistik der preußischen warenhaussteuerpflichtigen Betriebe:

Jahr	Zahl	Warenhaussteuer Millionen Mark	Ertrag (Millionen Mark)	Umsatz (Millionen Mark)	Ertrag in % des Umsatzes	Ertrag hatten Betriebe 0-5 %	5-10 %	üb. 10 %
1901	109	3,073	—	—	—	—	—	—
2	86	1,913	—	—	—	—	—	—
3	73	1,933	—	—	—	—	—	—
4	82	1,965	—	—	—	—	—	—
5	93 (87)	2,160	9,420	176,120	5,3	48	24	15
6	90 (88)	2,525	9,939	195,925	5,1	48	26	14
7	101 (96)	2,676	12,245	216,427	5,7	49	25	22
8	102	2,737	12,77	230,6	5,5	51	31	20
9	101 (99)	2,583	11,5	233,9	4,9	52	20	27
10	109 (106)	3,078	13,0	270,5	4,8	52	29	25
11	108 (106)	3,346	13,79	295,8	4,8	44	40	22

Die Warenhausentwickelung ist also eine Erscheinung, die in allen Ländern hervorgetreten ist. Ihr müssen daher auch ganz bestimmte Ursachen zugrunde liegen. Das Warenhaus knüpft an den Warenvertrieb, wie er in früheren Zeiten üblich gewesen ist, und wie er sich in kleineren Städten und auf dem Lande noch in der Gegenwart in der Regel befindet, das sog. Gemischtwarensystem, an. Dem Warenhaus liegt auch derselbe Gedanke zugrunde wie den Märkten und den im Orient üblichen Basaren, d. h. die örtliche Konzentrierung des Angebots der verschiedenen Waren und der Nachfrage. Zugleich verbindet sich aber auch mit dem Warenhaus die moderne Vertriebsart der Waren unter dem Leitmotiv: Großer Umsatz, kleiner Nutzen. Kaufhäuser, Warenhäuser, Magazine oder Basare sind Geschäfte, die sich nicht auf eine einzige engere Branche beschränken, sondern den Kreis ihrer geschäftlichen Tätigkeit weiter ziehen, mehrere Warengruppen umfassen und hierin eine möglichste Vollständigkeit zu erreichen suchen. Hierunter fallen insbesondere die sogenannten Kaufhäuser, die das ganze Bekleidungs- und Ausstattungswesen betreiben, die alle möglichen Manufakturwaren, Schirme, Pelzwaren, Seidenwaren, Schuhwaren, Teppiche Möbelstoffe, Herrenkonfektion, Damenkonfektion, Möbel, Bettstellen usw. führen.

Warenhäuser sind sonach Detailgeschäfte, die durch Massenausstellung von Waren der verschiedensten Gruppen in großen, gut ausgestatteten und dekorierten Geschäftsräumen, durch ihre Annehmlichkeiten, besonders durch die bequemen Einkaufs- und Umtauschgelegenheiten, durch ihre Reellität und Preiswürdigkeit, durch die fortwährend wechselnde Forcierung des Verkaufs verschiedener Warengruppen je nach den verschiedenen Zeitbedürfnissen und Gelegenheitsangebote die Massen in Bewegung setzen und sie zum Massenkaufe gegen bar und zu festen, ausgezeichneten Preisen anziehen.

Jedes größere Warenhaus ist bekanntlich in eine Anzahl Abteilungen gegliedert, die, je nach der Größe des Hauses, einzeln oder mehrere zusammengefaßt, unter einem Abteilungsleiter stehen.

Jede dieser einzelnen Abteilungen bildet in den größeren Warenhäusern ein selbständiges Ganzes für sich.

Seit Mitte der neunziger Jahre setzte eine lebhafte Agitation gegen die Warenhäuser ein.

Neben der — seit Einführung der Gewerbefreiheit im Jahre 1810 — auf Wiedereinführung der alten Zunftprivilegien gerichteten Handwerksagitation begann Ende der achtziger Jahre auch eine Detaillistenbewegung, die ihren Mittelpunkt in dem unter der Leitung des Senators Schulze-Gifhorn stehenden „Zentralvorstand kaufmännischer Verbände und Vereine Deutschlands", später „Zentralverband Deutscher Kaufleute" genannt, hatte. Diese Bewegung richtete sich zunächst gegen die Konsumvereine und Offizier- und Beamtenwarenhäuser, und seit Mitte der neunziger Jahre auch gegen die anderen Warenhäuser. Die vom „Zentralverband Deutscher Kaufleute und Gewerbetreibender" zuerst ausgesprochene Forderung einer Umsatzsteuer für Konsumvereine und Warenhäuser wurde von konservativen Politikern aufgegriffen; diese brachten im Bayerischen, Sächsischen und Preußischen Landtage wiederholt Anträge auf Sonderbesteuerung der Konsumvereine und Warenhäuser ein.

Im Februar 1900 entschloß sich dann endlich die Preußische Regierung, nachdem die Bayerische bereits 1899 nachgegeben und bei der Gewerbesteuerreform einer besonderen Warenhaussteuer zugestimmt hatte, einen Warenhaussteuergesetzentwurf vorzulegen.

Entwurf eines Gesetzes, betreffend die Warenhaussteuer.

Wir Wilhelm, von Gottes Gnaden König von Preußen ꝛc.

verordnen unter Zustimmung der beiden Häuser des Landtages der Monarchie für den Umfang derselben, mit Ausschluß der Hohenzollernschen Lande und der Insel Helgoland, was folgt:

§ 1. Wer das stehende Gewerbe des Klein- (Detail-) Handels mit mehr als einer der im § 6 dieses Gesetzes unterschiedenen Warengruppen betreibt, unterliegt, wenn der Jahresumsatz — einschließlich desjenigen der in Preußen belegenen Zweigniederlassungen, Filialen, Verkaufsstätten — 500 000[1]) Mark übersteigt, der nach Vorschrift dieses Gesetzes zu entrichtenden, den Gemeinden zufließenden Warenhaussteuer.

Ob der Kleinhandel im offenen Laden, Warenhaus, Lager u. dgl. oder als Versandgeschäft, auf oder ohne vorgängige Bestellung betrieben wird, macht für die Besteuerung keinen Unterschied.

Vereine, eingetragene Genossenschaften und Korporationen, welche nach § 5 des Gewerbesteuergesetzes vom 24. Juni 1891 der Gewerbesteuer nicht unterworfen sind, unterliegen auch der Warenhaussteuer nicht. Dasselbe gilt von den auf Grund des § 3 des gedachten Gesetzes bzw. § 28 des Kommunalabgabengesetzes vom 14. Juli 1893 von der Gewerbesteuer befreiten Betrieben.

§ 2. Die Warenhaussteuer beträgt vorbehaltlich der Bestimmung im § 5 bei einem Jahresumsatz von

mehr als	bis ℳ	Steuersatz ℳ
500 000[1])	550 000	7 500
550 000	600 000	8 500
600 000	650 000	9 500
650 000	700 000	10 500
700 000	750 000	11 500
750 000	800 000	12 500
800 000	850 000	13 500
850 000	900 000	15 000
900 000	950 000	16 500
950 000	1 000 000	18 000
1 000 000	1 100 000	20 000
1 100 000	1 200 000	22 000

und so fort für jede 100 000 Mark mehr 2000 Mark Steuer mehr.

[1]) Umgeändert in 400 000 Mark.

Überschießende Beträge des Umsatzes von mehr als 25 000 Mark werden für volle 50 000 Mark, und bei Umsätzen von mehr als 1 000 000 Mark überschießende Beträge von mehr als 50 000 Mark für volle 100 000 Mark gerechnet.

§ 3. Unterhält ein Unternehmen der in § 1 bezeichneten Art, welches seinen Sitz außerhalb Preußens hat, in Preußen eine oder mehrere Verkaufsstätten (Zweigniederlassungen, Filialen usw.), so unterliegt jede dieser Verkaufsstätten ohne Rücksicht auf die Höhe des Umsatzes einer Warenhaussteuer von 2 vom Hundert ihres Jahresumsatzes.

Der geringste Steuersatz beträgt 200 Mark bei einem jährlichen Umsatz von 10 000 Mark oder weniger. Die Steuersätze steigen um je 200 Mark für je 10 000 Mark des Jahresumsatzes, wobei überschießende Beträge, wenn sie 5 000 Mark übersteigen, für volle 10 000 Mark gerechnet werden[1]).

Die Heranziehung nach Absatz 1 und 2 unterbleibt, wenn der Unternehmer vor eingetretener Rechtskraft der Veranlagung nachweist, daß der Gesamtumsatz des ganzen Unternehmens 500 000[2]) Mark nicht übersteigt. Ingleichen sind, wenn der Gesamtumsatz mehr als 500 000[2]) Mark, aber nachgewiesenermaßen nicht mehr als 1 000 000 Mark beträgt, die inländischen Verkaufsstätten nur mit dem ihrem Anteil an dem Gesamtumsatz entsprechenden, auf die nächste durch 10 teilbare Zahl von Mark abzurundenden Teilbetrage desjenigen Steuersatzes zu veranlagen, welcher nach § 2 auf das Gesamtunternehmen zu veranlagen sein würde, wenn sich seine sämtlichen Betriebsstätten in Preußen befänden.

§ 4. Für die Steuerveranlagung maßgebend ist der Umsatz des bei der Vornahme derselben abgelaufenen Jahres. Besteht der Gewerbebetrieb noch nicht ein Jahr lang, so ist der Umsatz nach dem zur Zeit der Veranlagung vorliegenden Anhalt zu schätzen. Während des Steuerjahres eintretende Änderungen sind erst bei der Besteuerung für das folgende Jahr zu berücksichtigen.

§ 5. Würde die nach § 2 berechnete Warenhaussteuer eines Steuerpflichtigen nachweislich 20 Prozent des nach dem Gesetze vom 24. Juni 1891 für das betreffende Steuerjahr gewerbesteuerpflichtigen Ertrages seines der Warenhaussteuer unterliegenden Unternehmens übersteigen, so ist sie auf seinen Antrag auf diesen Betrag (unter Abrundung auf die nächste durch Hundert teilbare Zahl[3])) herabzusetzen. Der Antrag ist entweder bei Abgabe der Steuererklärung (§ 8) oder im Wege der gesetzlichen Rechtsmittel (§ 12) anzubringen.

Auf Konsumvereine und Konsumanstalten, welche nach § 1 Absatz 3 steuerpflichtig sind, ingleichen auf die im § 3 bezeichneten Unternehmen findet diese Bestimmung keine Anwendung.

---

[1]) Dieser Satz ist fortgefallen.

[2]) 400 000.

[3]) Die eingeklammerten Worte sind fortgefallen, dafür ist der Zusatz eingeschoben: „Keinesfalls aber weiter als bis auf die Hälfte des sich nach § 2 ergebenden Steuersatzes."

§ 6. Die nach § 1 zu unterscheidenden Warengruppen sind:

A. Material- und Kolonialwaren, Eß- und Trinkwaren und Genußmittel, Tabak und Tabakfabrikate (auch Rauchutensilien), Apothekerwaren, Farbwaren, Drogen und Parfümerien;

B. Garne und Zwirne, Posamentierwaren, Schnitt-, Manufaktur- und Modewaren, gewebte, gestrickte, gewalkte und gestickte Waren, Bekleidungsgegenstände (Konfektion, Pelzwaren), Wäsche jeder Art, Betten und Bettstellen[1]), Vorhänge, Teppiche, Möbelstoffe und die zu deren Verarbeitung dienende Anfertigung von Zimmerdekorationen und Polstermöbeln;

C. Haus-, Küchen- und Gartengerätschaften, Öfen, Glas-, Porzellan-, Steingut- und Tonwaren, Möbel jeder Art und die dazu dienenden Möbelstoffe, Vorhänge und Teppiche;

D. Gold-, Silber- und sonstige Juwelierwaren, Kunst-, Luxus-, Kurz-[2]) und Galanteriewaren, Papp- und Papierwaren, Bücher und Musikalien, Waffen, Fahrräder, Fahr-, Reit- und Jagdutensilien, sonstige Sportartikel, Nähmaschinen, Spielwaren, optische, physikalische, medizinische und musikalische Instrumente und Apparate.

Waren, welche zu keiner der im ersten Absatz unterschiedenen Gruppen gehören, werden als besondere Warengruppe nicht gezählt.

Solche Waren, die vermöge ihrer Beschaffenheit oder Bestimmung sowohl der einen wie der anderen jener Gruppen zugerechnet werden können, werden nur einmal gezählt, und zwar, wenn auch andere zu denselben Gruppen gehörige Waren geführt werden, bei derjenigen, der diese Waren angehören.

Ingleichen wird, wenn sich der Handel mit Waren der einen Gruppe nach Herkommen und Gebrauch auch auf Waren anderer Gruppen erstreckt, welche mit ersteren zugleich feilgeboten zu werden pflegen — wie bei Handlungen mit Eisen- und Stahlwaren, Gummiwaren u. dgl. — nur Handel mit einer Warengruppe angenommen.

Maßgebend ist die zur Zeit der Veranlagung geführte Zahl von Warengruppen.

§ 7[3]). Die Veranlagung der Warenhaussteuer erfolgt für jedes Steuerjahr im Anschluß an diejenige der allgemeinen Gewerbesteuer nach dem Gesetze vom 24. Juni 1891 (GS. S. 203) für alle Gewerbesteuerklassen durch den örtlich zuständigen Steuerausschuß der Gewerbesteuerklasse I. Der Finanzminister kann anordnen, daß demselben zu diesem Zweck zwei weitere Mitglieder hinzutreten, von denen das eine von dem Finanzminister zu ernennen, das andere nach Maßgabe des § 10 des Gewerbesteuergesetzes zu wählen ist.

---

[1]) Dafür: Möbel jeder Art.

[2]) Kurzwaren sind gestrichen.

[3]) Ist jetzt § 8 usw. Der neue § 7 will die Umgehung der WSt. durch Zerlegen des Betriebes verhüten.

§ 8. Jeder bereits zur Warenhaussteuer veranlagte Gewerbetreibende ist auf die jährlich durch öffentliche Bekanntmachung ergehende Aufforderung des Vorsitzenden des nach § 7 zuständigen Steuerausschusses verpflichtet, die Höhe seines steuerpflichtigen Jahresumsatzes anzugeben. Diese Erklärungen sind innerhalb der auf mindestens 14 Tage zu bemessenden Frist nach den vom Finanzminister vorgeschriebenen, kostenlos zu verabfolgenden Formularen bei dem im ersten Satze bezeichneten Vorsitzenden des Steuerausschusses schriftlich oder zu Protokoll unter der Versicherung abzugeben, daß die Angaben nach bestem Wissen und Gewissen gemacht sind.

Andere Gewerbetreibende sind zur Abgabe einer solchen Erklärung verpflichtet, sobald eine besondere Aufforderung des im Absatz 1 bezeichneten Vorsitzenden des Steuerausschusses an sie ergeht.

Die Erklärungen (Absatz 1 und 2) sind geheim aufzubewahren.

Der § 56 des Gewerbesteuergesetzes vom 24. Juni 1891 findet auf diese Erklärungen sinngemäße Anwendung.

§ 9. Bei der Veranlagung darf von den Angaben in der Erklärung (§ 8) nur abgewichen werden, nachdem dem betreffenden Steuerpflichtigen Gelegenheit zur Äußerung über die obwaltenden Bedenken gegeben worden ist.

Zum Zwecke der Prüfung der Erklärung ist der Steuerpflichtige auf Beschluß des Steuerausschusses auch verpflichtet, seine Geschäftsbücher vorzulegen.

§ 10. Wer die ihm nach § 8 obliegende Erklärung nicht innerhalb der vorgeschriebenen Frist abgibt oder den auf Grund der Vorschrift § 9 an ihn gerichteten Aufforderungen nicht Folge leistet, verliert die gesetzlichen Rechtsmittel gegen seine Veranlagung zur Warenhaussteuer für das betreffende Steuerjahr, insofern nicht Umstände dargetan werden, welche die Versäumnis entschuldbar machen.

§ 11. Gewerbetreibende, welche im Laufe des Steuerjahres den Kleinhandel mit mehr als einer der im § 6 unterschiedenen Warengruppe anfangen oder auf mehr als eine dieser Warengruppen ausdehnen, haben hiervon, wenn nicht nach den Verhältnissen des Betriebes von vornherein ausgeschlossen ist, daß der Gesamtumsatz den Betrag von 500000[1]) Mark erreicht, der von dem Finanzminister zu bestimmenden Behörde vorher oder gleichzeitig Anzeige zu machen.

Die im Laufe eines Steuerjahres erfolgende Beschränkung des Kleinhandels eines zur Warenhaussteuer veranlagten Betriebes auf nur eine der im § 6 unterschiedenen Warengruppen oder auf Waren, welche keiner derselben angehören, ändern an der veranlagten Warenhaussteuer nichts.

§ 12. Soweit in dem Vorstehenden nicht ein anderes bestimmt ist, finden auf die Warenhaussteuer hinsichtlich der Veranlagung, der Rechtsmittel, der Zerlegung der Steuersätze, der Zu- und Abgänge, der Abmeldungen, der Befugnisse der Steuerausschüsse und ihrer Vorsitzenden, der den Gewerbetreibenden

---

[1]) 400000 Mark.

und ihren Vertretern obliegenden Verpflichtung zur Auskunftserteilung, der Nachbesteuerung, der Ausfälle, des Erlasses und der Ermäßigung veranlagter Steuerbeträge sowie der Oberaufsicht die für die Gewerbesteuerklasse I geltenden Vorschriften §§ 17 bis 21, 25, 26, 27 Absatz 2, 3, §§ 30 bis 38, 42 bis 53, 58, 76 bis 78 des Gewerbesteuergesetzes vom 24. Juni 1891 (GS. S. 203) sowie §§ 9, 10 Absatz 2, § 11 Absatz 1, 2, § 14 Absatz 1, 2, § 15 Absatz 1 des Gesetzes wegen Aufhebuug direkter Staatssteuern vom 14. Juli 1893 (GS. S. 119) sinngemäße Anwendung.

Die in den §§ 54 und 56 des Gewerbesteuergesetzes den Gewerbetreibenden und ihren Vertretern auferlegte Verpflichtung zur Auskunftserteilung erstreckt sich fortan für alle Gewerbetreibenden, welche den Kleinhandel betreiben, auch auf die Angabe, mit welchen Warengattungen dies geschieht.

Die Strafbestimmungen in den §§ 70 und 71 Nr. 1 des Gewerbesteuergesetzes sind auch auf die durch das gegenwärtige Gesetz den Gewerbetreibenden und ihren Vertretern auferlegte Verpflichtung zur Anmeldung und zur Abgabe von Erklärungen entsprechend anzuwenden. Ingleichen finden die §§ 71 Nr. 2, 72 und 73 a. a. O. bei der Warenhaussteuer sinngemäße Anwendung.

§ 13. Die Veranlagung zur allgemeinen Gewerbesteuer nach dem Gesetze vom 24. Juni 1891 und zu besondern auf Grund des § 29 des Kommunalabgabengesetzes vom 14. Juli 1893 eingeführten Gewerbesteuern wird durch die Warenhaussteuer nicht berührt. Die empfangsberechtigte Gemeinde hat aber die Warenhaussteuer nur soweit zu erheben, als sie die von ihr nach § 29 oder § 30 des Kommunalabgabengesetzes erhobene Gewerbesteuer übersteigt.

Die Warenhaussteuer ist von den Gemeinden (Gutsbezirken) in vierteljährlichen Beträgen zu erheben. Die Bestimmung des § 40 und § 41 des Gewerbesteuergesetzes findet auch auf die Warenhaussteuer Anwendung.

Das Aufkommen an Warenhaussteuer ist von den Gemeinden, soweit dieselben zur Deckung ihrer Ausgaben von den nach den Vorschriften des Gewerbesteuergesetzes in den Steuerklassen III und IV veranlagten Gewerbetreibenden Prozente der vom Staate veranlagten Gewerbesteuer oder eine besondere Gewerbcsteuer erheben, zur gleichmäßigen Erleichterung der von diesen Steuerklassen zu erhebenden Prozente bzw. Steuer, andernfalls zur Bestreitung von Gemeindebedürfnissen[1]) zu verwenden. Eine Anrechnung der Warenhaussteuer auf den nach den §§ 54—57 des Kommunalabgabengesetzes durch besondere Gemeindegewerbesteuern oder Prozente der vom Staate veranlagten Gewerbesteuer aufzubringenden Teil des Steuerbedarfs findet nicht statt.

Die Gutsbezirke haben die erhobenen Beträge an Warenhaussteuer am Schlusse eines jeden Vierteljahres an die Kreiskommunalkasse abzuführen. Die Kreise haben diese Beträge zur Bestreitung ihrer Ausgaben zu verwenden.

---

[1]) Zusatz: „Vorzugsweise im Interesse der kleineren Gewerbetreibenden."

§ **14.** Die Warenhaussteuer wird zum ersten Male für das Rechnungsjahr 1901 erhoben[1]).

§ **15.** Der Finanzminister und der Minister des Innern[2]) sind mit der Ausführung dieses Gesetzes beauftragt.

Urkundlich usw.

Begründung.

„In wachsender Ausdehnung und Verschärfung werden die Klagen laut, daß selbständige Gewerbetreibende, welche bisher ihr Fortkommen durch den in geringerem Umfange betriebenen Kleinhandel sicherten, sich durch die übermächtige Konkurrenz kapitalkräftiger Unternehmer bedrängt finden. Die von diesen unterhaltenen großen Warenhäuser, Bazare, Versandgeschäfte usw. vermehren sich nicht bloß der Zahl nach, sondern ihre Einrichtung wird immer großartiger gestaltet und ihr Betrieb durch Ausdehnung auf die verschiedensten Warenbranchen für den bedrohten Kleinhandel in geringem oder mittlerem Umfange immer gefährlicher.

Durch ihre Kapitalkraft und die Größe ihres Umsatzes sind jene Betriebe in den Stand gesetzt, sich einen billigeren Einkauf ihrer Waren zu verschaffen als ihre kleineren Konkurrenten. Sie vermögen größere, eine reichere Auswahl bietende Läger zu halten und dabei doch ihr Kapital rascher umzusetzen, das Prinzip des Verkaufes nur gegen Barzahlung durchzuführen, brauchen nicht mit Zins- und Kapitalverlusten an Außenständen zu rechnen und können sich mit einem geringeren Nutzen[3]) im einzelnen begnügen oder sogar ohne Gefährdung ihrer Existenz längere Zeit ohne Reinertrag arbeiten. Sie sind in der Lage, ihre Geschäftshäuser bis in die höchsten Etagen zu Verkaufsräumen zu benutzen, während der kleine und mittlere Detaillist nicht daran denken kann, als Verkaufsräume höhere und deshalb billigere Etagen zu mieten. Wie der Räume (?) so ist auch dem großen Umsatz und der infolgedessen durchzuführenden Arbeitsteilung eine lukrativere Ausnutzung des Personals möglich[3]).

Sind diese Vorteile mehr oder minder jedem Großbetriebe im Detailhandel eigen, so potenzieren sie sich und werden noch durch besondere wesentlich verstärkt für diejenigen Warenhäuser usw., die Waren der verschiedenartigsten Branchen führen. In dieser Hinsicht sei nur darauf hingewiesen, daß sich wohl in jedem großen Geschäftshause Räume befinden, die als Verkaufs- oder Lagerraum wohl für Waren der einen, nicht aber der anderen Gattung verwertbar sind, und die

---

[1]) 2. Absatz zugefügt: „Die bei Veröffentlichung dieses Gesetzes bereits bestehenden Warenhäuser haben die Steuer für das Rechnungsjahr 1901 nur zur Hälfte zu entrichten."

[2]) Eingefügt: „und der Minister für Handel und Gewerbe".

[3]) Die Entsch. des Kammergerichts v. 14. 11. 07 sowie des RG. v. 5. 6. 08. sind anscheinend ohne Kenntnis dieser Ausführungen gefällt, da sie genau das Gegenteil davon behaupten.

daher, wenn erstere Warengattung nicht geführt wird, nicht oder doch nur unvollkommen ausgenutzt werden können, daß der langsamere Kapitalumschlag in einer Branche durch den rascheren in einer anderen ausgeglichen wird, Absatzstockungen in einzelnen Branchen weniger empfindlich werden und die Möglichkeit gegeben ist, einzelne Artikel ohne Verdienst, ja mit Verlust abzugeben und sich dafür durch den Verdienst an anderen zu erholen, und daß endlich die Gelegenheit, die verschiedenartigen Einkäufe in einem Geschäft zu bewerkstelligen, einen starken Anreiz auf das Publikum ausübt.

Diese und andere Vorteile derartiger Großbetriebe im Konkurrenzkampf haben die Bestrebungen der Kleinhändler nach Abwehr der ihnen drohenden Gefahr hervorgerufen. Man darf annehmen, daß ein Kleinhändler im großen Durchschnitt bei einem jährlichen Umsatz von etwa 30000 Mark sein bescheidenes Durchkommen finden kann. Ein Warenhaus mit einem Umsatz von 3 Millionen Mark würde also schon mindestens 100 solche Kleinbetriebe zu ersetzen und damit ebenso viele selbständige Existenzen zu vernichten[1]) vermögen, während es in Wirklichkeit für eine noch weit größere Zahl von Geschäften zur allmählichen Verkümmerung durch Entziehung eines Teiles der Kundschaft und Preisdruck führen muß.

Ein solches Warenhaus zählt aber noch gar nicht zu den größten, deren Umsätze sich vielmehr auf das Vielfache jener Summe beziffern.

Indem die großen Warenhäuser die kleinen und mittleren Detailgeschäfte durch ihre übermäßige Konkurrenz erdrücken[1]), mindern sie deren Steuerkraft[1]) und beeinträchtigen dadurch das Staat und Gemeinde zufließende Steueraufkommen[1]). Ihre eigenen Steuerleistungen vermögen diesen Ausfall nicht auszugleichen[1]). Denn einmal begnügen sie sich zeitweilig, um zunächst die Konkurrenz tot zu machen[1]), mit sehr geringem oder auch gar keinem Nutzen, erzielen daher nur verhältnismäßig niedrige Erträge. Sodann können sie aber auch dauernd sich mit einer geringeren Verzinsung ihres Anlage- und Betriebskapitals begnügen, und endlich arbeiten sie vielfach mit der Einkommensteuer überhaupt oder doch in der betreffenden Gemeinde entgehendem fremdem Kapital[1]).

Die somit für die Zukunft des gewerblichen Mittelstandes und für die Steuerkraft namentlich der Gemeinden bedrohliche Entwickelung des Großbetriebes[1]) im Kleinhandel hat denn auch die Landesvertretung wiederholt beschäftigt.

In der Session 1896 wurde in dem Abgeordnetenhaus der Antrag eingebracht,

„die Königliche Staatsregierung zu ersuchen, einen Gesetzentwurf vorzulegen, nach welchem von den nach dem GewstGes. vom 24. Juni 1891 (GS. S. 205) gewerbesteuerpflichtigen Warenhäusern, Bazaren, Versandgeschäften und ähnlichen Unternehmungen eine besondere aufsteigende Betriebssteuer

---

[1]) Hier sind die unbewiesenen und durch die Tatsachen nicht bestätigten Behauptungen aus mittelständlerischen Kreisen wiedergegeben.

erhoben und diese Steuer den Kreisen (Land- und Stadtkreisen) überwiesen wird".

In der zur Vorberatung dieses Antrages niedergesetzten Kommission wurden zwar verschiedene Vorschläge zu einer stark progressiven Besteuerung gemacht und erörtert (vgl. Bericht der XVIII. Kommission 18. Legislaturperiode III. Session. Drucksachen Nr. 225 S. 3 f.). Die Kommission entschied sich aber für keinen der formulierte Gesetzentwürfe enthaltenden Anträge, sondern beschränkte sich darauf, eine Resolution vorzuschlagen,

„die Königliche Staatsregierung zu ersuchen, einen Gesetzentwurf vorzulegen, nach welchem

1. von solchen gewerbesteuerpflichtigen Betrieben, welche als Großbetriebe in Anwendung auf den Detailverkauf (Kleinbetrieb) zu bezeichnen sind und Waren verschiedener Gattungen im Kleinhandel in offenen Verkaufsstellen feilhalten oder im Wege des Versandes mittelst Post, Eisenbahn oder sonstiger Verkehrsmittel an Konsumenten zum Verkauf bringen (Warenhäuser, Bazare, Versandgeschäfte) neben der Gewerbesteuer eine besondere Betriebssteuer erhoben wird,
2. die Steuerpflicht bei einem jährlichen Ertrage von etwa mehr als 20000 Mark oder einem jährlichen Umsatze von etwa mehr als 300000 Mark beginnt,
3. die einzelnen Warengattungen gesetzlich festgestellt werden unter Ausschluß der Produkte der Landwirtschaft,
4. die Steuer nach der Zahl der geführten Warengattungen sowie nach dem jährlichen Umsatze aufsteigt,
5. die Steuer an Kommunalverbände überwiesen wird."

Auch gegen diese Resolution wurden bei der demnächstigen Plenarberatung in der Sitzung vom 9. Juni 1896 selbst von grundsätzlichen Anhängern des ihr zugrunde liegenden Gedankens Bedenken geltend gemacht. Sie gelangte daher nur mit der Abschwächung zur Annahme, daß die Worte „einen Gesetzentwurf vorzulegen, nach welchem" ersetzt wurden durch

„gesetzgeberische Maßnahmen zu erwägen, nach welchen".

Regierungsseitig war sowohl in der Kommission, als im Plenum neben Betonung der Unzuständigkeit der Landesgesetzgebung für jede prohibitiv wirkende Besteuerung auf die in der Sache liegenden Schwierigkeiten — Abgrenzung der der Besteuerung zu unterwerfenden Betriebe, Feststellung der zu unterscheidenden Geschäftsbranchen usw. — hingewiesen, zugleich aber die Auffassung vertreten worden, daß die höhere Besteuerung der Großbetriebe, soweit sie an sich berechtigt sei, zweckmäßig durch die beteiligten Gemeinden mittelst Einführung entsprechender Gemeindegewerbesteuern zu erreichen sei.

Um die Beschreitung dieses Weges den Gemeinden zu erleichtern, wurden durch einen Erlaß der Minister der Finanzen und des Innern vom 21. Mai 1897 ihnen neue Muster von Gewerbesteuerordnungen nebst einer Denkschrift mitgeteilt, worin gezeigt ist, wie man progressive Steuern nicht nur nach der Gewerbesteuerklasse, sondern auch nach der Höhe des Anlage- und Betriebskapitals einführen und hierzu von den großen Betrieben ebenfalls progressive Zuschläge nach der Zahl der beschäftigten Personen und nach dem Miets- oder Nutzungswert der dem Betriebe gewidmeten Räume erheben könne, und durch eine solche Steuer die großen Warenhäuser besonders scharf erfaßt werden würden.

In der Sitzung vom 19. April 1898 wurde in dem Abgeordnetenhause eine Interpellation eingebracht:

„Welche Maßnahmen hat die Königliche Staatsregierung in Aussicht genommen, um die Schäden und Gefahren, welche dem gewerblichen Mittelstande durch die den Detailhandel mit Waren verschiedener Gattungen betreibenden großkapitalistischen Unternehmungen entstehen, tunlichst einzuschränken?"

Bei Beantwortung derselben hat die Regierung unter Mitteilung der wenig ermutigenden Ergebnisse ihrer Erkundigungen über den Erfolg ähnlicher Maßnahmen in der ausländischen, insbesondere der französischen Gesetzgebung wiederholt auf die Vorzüge einer Regelung durch die Autonomie der Gemeinden und auf die dazu gegebene erneute Anregung hingewiesen, gleichzeitig aber auch erkennen lassen, daß bei deren fortdauernder Erfolglosigkeit das Eingreifen der Gesetzgebung in Erwägung gezogen werden müsse.

Die demnächst stattgehabten Verhandlungen und Ermittelungen wie die sonstigen, der Staatsregierung zugegangenen Nachrichten ließen die Annahme begründet erscheinen, daß die Gemeinden, während sie gegenüber den industriellen Großbetrieben sich zu einer schärferen Besteuerung in nicht wenigen Fällen entschlossen haben, sich — sei es, weil sie fürchten, die einheimischen Betriebe zugunsten auswärtiger zu benachteiligen, sei es aus Bedenken gegen die Wirksamkeit einer lokalen Regelung, sei es aus anderen Gründen — zu einem autonomen Vorgehen in der Richtung einer gegenüber derjenigen der kleinern Konkurrenten erheblich höheren gewerbesteuerlichen Belastung der Großbetriebe im Detailhandel in absehbarer Zeit in genügend weitem Umfange nicht bereit finden lassen würden.

Die Königliche Staatsregierung hat daher, wiewohl sie nach wie vor der Ansicht war und auch jetzt noch ist, daß ein autonomes Vorgehen der einzelnen Gemeinden den Vorzug verdient und bessere Erfolge würde zeitigen können, schon im vorigen Jahre Vorschläge zu einer landesgesetzlichen Regelung vorbereitet.

Sie bezweckte mit derselben keineswegs, die großen Warenhäuser und dergleichen auf dem Wege der Besteuerung zu unterdrücken. Die Verfolgung eines solchen Zieles liegt nach der wirtschaftlichen und politischen Lage Deutschlands und dem Stande der Reichsgesetzgebung[1]) außerhalb der Macht und der Zuständigkeit der Gesetzgebung der einzelnen Bundesstaaten und verbietet sich durch die Rücksicht auf die Konsumenten, die ein berechtigtes Interesse an möglichst wohlfeiler und bequemer Befriedigung ihrer wirtschaftlichen Bedürfnisse haben, und auf andere Gewerbszweige, in denen das Verlangen nach ähnlichen

[1]) Vgl. Exkurs vor § 1 S. 43ff.

steuerlichen Maßnahmen gegen die übermächtige Konkurrenz des Großbetriebes wachgerufen werden würde. Ein derartiges Vorgehen liegt aber vor allem auch weitab von den Aufgaben jeder rationellen Steuerpolitik. Was diese zu leisten hat, ist eine gerechte Besteuerung, die, was speziell die Gewerbesteuer anlangt, alle Betriebe im Verhältnis ihrer Leistungsfähigkeit und ihres Interesses an den Veranstaltungen der Gemeinden trifft. Nur in diesem Rahmen läßt sich ein steuerliches Vorgehen rechtfertigen.

Die Staatsregierung hat geglaubt, daß unter Anerkennung dieser leitenden Gesichtspunkte der Steuerpolitik wenigstens die sich auf verschiedenartige Warengruppen erstreckenden und dadurch ihre Übermacht besonders weiten Kreisen schwächerer Mitbewerber fühlbar machenden Großbetriebe im Kleinhandel, die insbesondere auch an einer großen Anzahl von Gemeindeveranstaltungen, wie den Verkehrsanlagen, dem Feuerlöschwesen usw. ein vorzügliches Interesse haben, billigerweise einer schärferen Besteuerung zu unterwerfen seien als durch Prozente der zwischen den Gewerbsarten keinen Unterschied machenden, den Großbetrieb nur wenig stärker als den Kleinbetrieb treffenden allgemeinen Gewerbesteuer nach dem Gesetze vom 24. Juni 1891.

Von diesen Erwägungen ließ sich der im vorigen Jahr aufgestellte, in der Anlage abgedruckte Entwurf[1]) eines Warenhaussteuergesetzes leiten.

Derselbe beruht auf einer Kombination von Nutzungswert der Geschäftsräume, Zahl der beschäftigten Personen und Zahl der geführten Warengruppen, indem der für die Einheit der beiden ersteren Maßstäbe zu erhebende Steuersatz mit der Zahl der Warengruppen steigen, auch die Steuerpflicht bei Geschäften mit mehr Warengruppen bei einem niedrigeren Nutzungswert der Geschäftsräume eintreten sollte, als für weniger vielseitige Geschäfte.

Wenn somit dieser Entwurf, trotzdem in der mehrerwähnten Resolution des Abgeordnetenhauses wie auch von andern Seiten der Umsatz als Steuermaßstab vorgeschlagen war, von dessen Verwendung absah, so waren hierfür mannigfache, auch in sachverständigen Kreisen geteilte Bedenken gegen die sog. Umsatzsteuer bestimmend.

Allerdings ist die Verwertung des Umsatzes als Besteuerungsmaßstab bei der Gewerbesteuer nichts Ungewöhnliches oder völlig Neues. Schon die Maßstäbe des Gewerbesteuergesetzes vom 30. Mai 1820 liefen mehr oder minder auf eine Besteuerung nach dem Umsatze[2]) hinaus, z. B. die Bemessung der Steuer nach der Einwohnerzahl bei Bäckern und Fleischern, nach dem Malzverbrauch der Brauereien und dem Schrotverbrauch der Brennereien. In dem Gesetz vom 19. Juni 1861, betreffend Abänderungen des Gewerbesteuergesetzes, wurde die Abgrenzung der Klasse A I nach der Höhe des Anlage- und Betriebskapitals und „nach der Erheblichkeit des jährlichen Umsatzes" vorgeschrieben. In der Praxis spielt auch heute noch bei der Gewerbe- wie bei der Einkommensteuerveran-

[1]) Ist hier fortgelassen.

[2]) Das waren aber niedrige und allgemeine Gewerbe- oder Einkommensteuern!

lagung der Umsatz eine erhebliche Rolle, indem die Veranlagungsbehörden in weitem Umfange, soweit nicht Steuererklärungen vorliegen, wie auch bei Beurteilung dieser von dem mutmaßlichen Umsatz und dem als Reingewinn anzunehmenden Prozentsatz desselben ausgehen.

Indessen gerade dieses Verhältnis des Umsatzes zum Reinertrage[1]) ist notorisch je nach der Art der Waren und anderen Modalitäten ein sehr verschiedenes und hängt keineswegs von dem Willen des Gewerbetreibenden ab. Es ist durchaus irrig, etwa anzunehmen, daß nur die von den kleinen und mittleren Detaillisten bekämpften Großbazare das Prinzip „Großer Umsatz, kleiner Nutzen" ausschließlich oder überwiegend befolgten. Dasselbe wird ebenso auch von großen Spezialgeschäften, an deren Bekämpfung man nicht denkt, beobachtet. Die Besteuerung nach dem Umsatz birgt daher auch bei Beschränkung auf den Kleinhandel die Gefahr in sich, äußerst ungleichmäßig zu wirken.

Dazu kommt, daß gerade die weniger soliden Betriebe leichter als die soliden Spezialgeschäfte in der Lage und geneigt sein dürften, vermöge Ausdehnung auf immer mehr Warengruppen oder durch noch weitere Herabdrückung der Preise die Umsatzsteuer wieder einzubringen. Anderseits können die betroffenen Geschäfte zum Schaden der Konsumenten und der für den Zwischenhandel arbeitenden Produzenten dazu übergehen, mit geringem Umsatz einen möglichst hohen Gewinn zu erzielen zu suchen. Und hierin würden ihnen die umsatzsteuerfreien Betriebe folgen, so daß den Schaden die konsumierende Mehrheit der Bevölkerung in Gestalt von Preissteigerungen hätte.

Endlich ist die Ermittelung des Umsatzes, da für dessen Schätzung weder das Einkommen noch der Ertrag noch endlich äußere Merkmale einen hinreichenden Anhalt bieten, ohne eine Verpflichtung der Steuerpflichtigen zur Abgabe von Steuererklärungen nicht durchführbar. Die Staatsregierung hegte den Wunsch, eine solche den Steuerpflichtigen zu ersparen.

Die aus diesen Gründen in Anlehnung an die den Gemeinden im Sommer 1897 mitgeteilten Muster von Gewerbesteuerordnungen gewählten Maßstäbe des Nutzungswertes der Geschäftsräume und der Zahl der beschäftigten Personen vermieden diese Mängel des Umsatzes. Sie hatten den Vorzug der leichten äußeren Erkennbarkeit und machten nicht, wie der Umsatz, Kontrollen der Geschäfte, Einsicht in die Geschäftsbücher oder überhaupt ein Eindringen in die inneren Geschäftsverhältnisse nötig. Für die Feststellung des Nutzungswertes der Geschäftsräume ist durch die Gebäudesteuer, durch die an vielen Orten bestehenden besonderen Gemeindegrundsteuern nach dem Ertrage oder Mietswerte sowie in den tatsächlich gezahlten Mieten reichlicher Anhalt gegeben, und die Erfahrungen, die mit den vielerorts eingeführten besonderen Gewerbesteuern nach der Zahl der beschäftigten Personen gemacht sind, haben bewiesen, daß die Ermittelung des der Besteuerung zugrunde zu legenden „mittleren Standes" der Personenzahl im letzten Jahre keinerlei besondere Schwierigkeiten bereitet.

---

[1]) Die folgenden Ausführungen bilden eine treffende Kritik der Umsatzsteuern!

Daß ungemein umfangreiche und, wenigstens soweit es sich um Warenhäuser handelt, vermöge der zum Betriebe nötigen günstigen Geschäftslage und der luxuriösen Ausstattung äußerst kostspielige Geschäftsräume und ein sehr zahlreiches Personal der verschiedensten Art besonders charakteristische Merkmale der großen Detailgeschäfte sind, welche diese ohne unverhältnismäßige Schädigung des Geschäfts auch nicht einschränken können, ist eine bekannte Tatsache. Indirekt enthalten sie auch eine Berücksichtigung der Größe des Umsatzes, da ein Geschäft, je flotter dieser ist, um so größere Vorräte halten und um so mehr Personal beschäftigen muß. Man durfte daher annehmen, daß eine Steuer nach diesen Merkmalen, wenn nur die Sätze entsprechend hoch bemessen wären, dieselbe ausgleichende Wirkung (?!) wie eine Umsatzsteuer auszuüben geeignet sei.

Die gegen die Benutzung der gewählten Merkmale als Steuermaßstab geltend gemachten Bedenken konnten bei reiflicher Prüfung als durchschlagend nicht anerkannt werden. Denn das verschiedene Volumen der Waren verschiedener Branchen gleicht sich bei den allein der Steuer zu unterwerfenden, mehrere Warengruppen führenden Betrieben und durch das bei der einen Branche in größerer Zahl als in der anderen notwendige Personal aus.

Die Besorgnis aber, eine Steuer nach der Gehilfenzahl werde zur Verringerung oder zur größeren Ausnutzung des Personals führen, hat durch die mit den Arbeiterversicherungsgesetzen und den schon bestehenden sogenannten Gewerbekopfsteuern gemachten Erfahrungen keine Bestätigung gefunden, erschien auch schon deshalb unbegründet, weil gerade die auf den unmittelbaren Verkehr mit dem kaufenden Publikum angewiesenen Detailgeschäfte in ihrem eigenen Interesse am allerwenigsten daran denken können, um einer immer nur verhältnismäßig geringfügigen Steuerersparnis willen ihr Personal einzuschränken.

Für die Gefahr einer Abwälzung der Steuer auf die Gehilfen endlich ist der Maßstab der Steuer offenbar irrelevant[1]).

Mit Rücksicht auf die Bestimmung im § 1 des Handelskammergesetzes wurde der Entwurf indes zunächst den Handelskammern und ihnen gleichstehenden Korporationen zur Äußerung mitgeteilt. Die große Mehrzahl derselben sprach sich grundsätzlich gegen jede Sonderbesteuerung der großen Kleinhandelsbetriebe aus. Nur etwa zehn stimmten dem Entwurfe zu, weitere fünf erkannten vorbehaltlich ihrer grundsätzlich ablehnenden Stellung gegen jede Sonderbesteuerung an, daß der Entwurf die relativ beste Steuerform enthalte, und etwa zwanzig der prinzipiell ablehnenden waren mit diesem Vorbehalt wenigstens mit einzelnen der Steuermerkmale einverstanden. Vier Handelskammern endlich sprachen sich für eine Besteuerung nach dem Umsatze aus.

Einzelne der die Sonderbesteuerung der Warenhäuser ablehnenden Handelskammern forderten auch statt deren eine Umgestaltung der allgemeinen Gewerbesteuer. In demselben Sinne sprach sich ein im Januar 1899 in Berlin versammelter Preußischer Städtetag aus.

---

[1]) Das ist nicht ohne weiteres richtig.

Aus dem entgegengesetzten Grunde wie bei den Handelskammern begegnete der Entwurf bei den freien Vereinigungen der kleinen Gewerbetreibenden, zu deren Kenntnis er gelangte, überwiegenden Widerspruch: hier hielt man ihn für nicht genügend weitgehend und verlangte statt der Besteuerung nach Branchen, Nutzungswert der Geschäftsräume und Gehilfenzahl eine progressive Steuer nach der Höhe des Umsatzes.

Bei dieser Beurteilung ihres Entwurfs glaubte die Staatsregierung, obwohl sie sich durch Probeveranlagungen in mehreren größeren Städten überzeugt hatte, daß namentlich die aus den Kreisen der kleineren Gewerbetreibenden gegen denselben erhobenen Vorwürfe der Begründung entbehrten, doch von seiner Einbringung im Landtage während der vorigen ohnehin sehr stark belasteten Tagung absehen zu sollen.

Ebensowenig konnte sie es aber für ratsam erachten, den Weg einer Umgestaltung der erst durch das Gesetz vom 24. Juni 1891 reformierten allgemeinen Gewerbesteuer zu beschreiten. Darüber, welche Gestalt die Gewerbesteuer nach den Wünschen der Befürworter dieses Gedankens erhalten solle, war zwar aus den diesbezüglichen Auslassungen ein klares Bild nicht zu gewinnen. Man schien aber vor allem an dem Ertrage als Steuermaßstab Anstoß zu nehmen und ihn durch das Anlage- und Betriebskapital und äußere Merkmale ersetzt wissen zu wollen. Man würde mit einer solchen Reform, da weder mit dem Anlage- und Betriebskapital noch mit einigen äußeren Merkmalen für alle Arten der Gewerbe auszukommen ist, notwendigerweise zu einem Gewerbesteuertarif gelangen, welcher die einzelnen Gewerbsarten besonders aufführt und für jede die Besteuerung nach den für sie ausgewählten Merkmalen regelt.

Die Mängel dieses Tarifsystems, wie es in Bayern, Frankreich und Österreich besteht, sind bei Gelegenheit der Umgestaltung der Gewerbesteuer in der Landtagssession 1890/91 ausführlich erörtert worden (vgl. insbesondere die Begründung zum Entwurfe des Gewerbesteuergesetzes, Drucksachen Nr. 13 des Abgeordnetenhauses, S. 25 ff.). Der Landtag hat sich damals der Auffassung der Staatsregierung, daß sich der Übergang zu dem Tarifsystem nicht empfehle, durchaus angeschlossen. Es sind inzwischen der Staatsregierung keine Umstände bekannt geworden, welche die damalige Auffassung zu widerlegen geeignet wären.

Im Gegenteil hat das Vorgehen der grundsätzlich an dem Tarifsystem festhaltenden Gesetzgebungen in neuester Zeit eine immer stärkere Anlehnung an den Ertrag als Steuermaßstab erkennen lassen. So hat sich Bayern in seinem neuen Gewerbesteuergesetze vom 9. Juni 1899 trotz eines detaillierten Tarifes und trotz Gewährung weitester Latitüde an die Veranlagungsorgane genötigt gesehen, nicht nur dem Ertrage den weitaus breitesten Raum unter allen Besteuerungsmerkmalen einzuräumen, sondern auch zu bestimmen, daß selbst in Fällen, wo die Steuerbemessung prinzipaliter nach anderen Merkmalen stattfindet, doch der Ertrag zugrunde zu legen ist, wenn die Bemessung nach jenen Merkmalen einen zu hohen oder zu niedrigen Steuersatz ergeben würde (Art. 7).

Gegenüber derartigen Wahrnehmungen über die Bewährung der äußeren

Merkmale kann es nicht ratsam sein, zu ihren Gunsten die im allgemeinen bewährte Grundlage des Ertrages zu verlassen. Anders[1]) liegt die Sache, wenn es sich um die statutarische Regelung der Gewerbesteuer für die engeren Verhältnisse einer einzelnen Gemeinde oder auch die Spezialbesteuerung eines einzelnen Gewerbszweiges, wie des Kleinhandels, handelt: in solchen Fällen sind die äußeren Merkmale mit Nutzen zu verwerten. Neben diesen in der Natur der Sache liegenden Erwägungen fiel gegen eine umfassende Reform der Gewerbesteuer im gegenwärtigen Zeitpunkt in die Wagschale, daß ein derartig weit ausschauender Plan unmöglich in dem Zeitraum von einer Tagung des Landtags bis zur nächsten sich zu einer in allen Details durchgearbeiteten Vorlage hätte verdichten können. Die Staatsregierung hielt sich aber für verpflichtet, nachdem sich die bei Eröffnung der vorigen Tagung erweckte Hoffnung nicht hatte realisieren lassen, nunmehr nicht noch eine weitere Session vorübergehen zu lassen, ohne dem Landtage eine Vorlage über die Besteuerung der Warenhäuser zu unterbreiten.

In dieser Ansicht ist die Staatsregierung durch die Verhandlungen des Abgeordnetenhauses über die Interpellation Hitze-Roeren am 16. Juni und über eine die Sonderbesteuerung der großkapitalistischen Detailgeschäfte fordernde Petition am 3. Juli 1899 wesentlich bestärkt worden. Denn sie mußte aus diesen Verhandlungen als zweifellos entnehmen, daß die Mehrheit des Abgeordnetenhauses den dringenden Wunsch hegte, mit der Frage der Sonderbesteuerung der Warenhäuser alsbald befaßt zu werden.

Die gedachten Verhandlungen des Abgeordnetenhauses haben aber auch bewiesen, daß die Mehrheit dieses Hauses geneigt ist, dem Verlangen der Kleingewerbetreibenden nach einer Besteuerung der Warenhäuser nach dem Maßstabe des Umsatzes zu entsprechen, und die Verhandlungen des Herrenhauses über die vorgedachte Petition am 4. Juli 1899 haben erkennen lassen, daß auch dort die Mehrheit diesem Verlangen nicht abgeneigt ist, wenn sie sich auch noch nicht auf einen bestimmten Besteuerungsmodus festlegen wollte.

Wenn die Staatsregierung nach diesen Vorgängen nunmehr trotz der unzweifelhaft gegen die sogenannte Umsatzsteuer obwaltenden mannigfachen Bedenken der verfassungsmäßigen Beschlußfassung des Landtages einen Gesetzentwurf unterbreitet, der eine Sonderbesteuerung der größeren, mehrere Warengattungen führenden Kleinhandelsbetriebe nach dem Maßstabe ihres Jahresumsatzes und mit nach diesem steigenden Sätzen vorschlägt, so geschieht das, weil sie aus der Aufnahme ihres früheren Entwurfs und aus den Verhandlungen des Abgeordnetenhauses die Überzeugung gewonnen hat, daß eine auf einer anderen Grundlage als der des Umsatzes aufgebaute Warenhaussteuer kaum Aussicht hat, eine Mehrheit im Abgeordnetenhause auf sich zu vereinigen. Dasjenige aber, was das alleinige Ziel eines steuerlichen Vorgehens

[1]) Warum, das ist nicht einzusehen.

sein kann, eine der Leistungsfähigkeit und dem Interesse[1]) an den Gemeindeveranstaltungen entsprechende Erfassung der großen Warenhäuser usw., läßt sich auch auf dem Wege der Umsatzsteuer, sofern deren Sätze das richtige Maß einhalten, erreichen.

Mitbestimmend war für die Staatsregierung auch das Vorgehen einzelner anderer Bundesstaaten. Die Königlich Sächsische Regierung hat auf den Wunsch der Landesvertretung die Gemeinden darauf hingewiesen, daß sie nach Lage der dortigen Gesetzgebung zur Einführung wie von Sondersteuern für die großen Detailgeschäfte überhaupt, so auch von Umsatzsteuern befugt seien, allerdings aber auch betont, daß gerade der Umsatzsteuer gegenüber besondere Vorsicht geboten sei, und daß sie die Hand zu einer Besteuerung, welche eine direkte Gefährdung, wenn nicht Vernichtung der betreffenden Betriebe in Aussicht stelle, nicht bieten werde.

In Bayern hat die Regierung ihren anfänglichen Widerspruch gegen die Besteuerung der Warenhäuser und ähnlichen Betriebe nach dem Umsatze fallen lassen, und so erfolgt dort nach dem neuen[2]) Gewerbesteuergesetze vom 9. Juni 1899 die Bemessung der „Normalanlage" für diese Betriebe auf $^1/_2$—3 Prozent[2]) des Umsatzes.

Es erscheint deshalb keineswegs ausgeschlossen, daß Großbetriebe der in Rede stehenden Art aus Bundesstaaten, in denen sie einer Umsatzsteuer unterliegen, nach Preußen übersiedeln und hierdurch die Lage der Kleinbetriebe weiter verschlechtern. Die Tatsache, daß zurzeit der größte derartige Münchener Betrieb, der schon jetzt Filialen in größeren Städten des Westens unterhält, auch in Berlin ein Warenhaus größten Stiles errichtet, läßt diese Besorgnis als nicht unbegründet erscheinen.

Die Staatsregierung schlägt daher die Einführung einer nach dem Umsatze von $1^1/_2$ bis auf 2 Prozent desselben steigenden, den Gemeinden zufließenden Steuer für diejenigen Kleinhandelsbetriebe vor, welche mehr als eine weitgegriffene Warengruppe führen und einen Jahresumsatz von bestimmter Höhe erzielen. Sie wünscht aber von vornherein keinen Zweifel darüber zu lassen, daß mit diesen Vorschlägen auch die äußerste Grenze dessen erreicht ist, was sie als mit den oben entwickelten, für sie wie bei Aufstellung des früheren Entwurfs, so auch jetzt maßgebenden Grundsätzen einer rationellen Steuerpolitik für vereinbar erachtet, und daß deshalb für eine Verschärfung des Entwurfs in wesentlichen Punkten auf ihre Zustimmung nicht zu rechnen sein würde.

Es gilt dies in erster Linie sowohl von der Begrenzung des Kreises der Steuerpflichtigen als auch von der Höhe der Steuersätze.

Was die erstere anlangt, so haben sich bis vor kurzer Zeit die Wortführer der nach Sonderbesteuerung der großen Detailgeschäfte verlangenden Klein-

---

1) S. Exkurs v. § 1.

2) 1910 reformiert.

gewerbetreibenden übereinstimmend dagegen verwahrt, eine solche Sondersteuer für andere Geschäfte als die sogenannten Großbasare zu fordern, d. i. diejenigen großen Kleinhandelsbetriebe, welche mehrere miteinander nicht verwandte Warengruppen, deren Feilhaltung in einem und demselben Geschäft bisher nicht üblich war, führen. Neuerdings freilich haben sich die Stimmen gemehrt, welche eine auf die großen, sich nur auf eine Warengruppe beschränkenden Spezialgeschäfte ausgedehnte Umsatzsteuer fordern. Eine derartige Ausdehnung der Umsatzsteuer würde lediglich in der Größe des Betriebes ihre Begründung suchen können. Wäre aber einmal die Größe des Betriebes als hinreichender Grund für eine Sonderbesteuerung anerkannt, so würde es auf die Dauer nicht möglich sein, hiermit bei den Kleinhandelsbetrieben Halt zu machen. Es würde an stichhaltigen Gründen fehlen, was man den kleineren Handelstreibenden gewährt hätte, den kleineren Industriellen, Handwerkern, Bankiers, schließlich auch den kleinen Landwirten zu versagen. Die Folge wäre das Verlangen nach gleichen Maßnahmen gegen die Großindustrie, die großen Banken und den großen Grundbesitz. Schon jetzt sind ja die kleineren Müller und Brauer mit der Forderung einer „gestaffelten Umsatzsteuer" für ihre großen Konkurrenten hervorgetreten. Es bedarf keiner weiteren Ausführung, daß unser Wirtschaftsleben eine solche Belastung des Großbetriebes nicht zu ertragen vermöchte. Schon die durch Einführung einer Umsatzsteuer auf Spezialgeschäfte im Kleinhandel wachgerufene Besorgnis vor einer gleichen Maßnahme auf anderen Gebieten würde lähmend auf Handel und Verkehr wirken und die Konkurrenzfähigkeit auf dem Weltmarkt gefährden. Auch abgesehen von diesen Konsequenzen müßte die Umsatzsteuer in ihrer Anwendung auf Spezialgeschäfte auf diese geradezu unerträglich wirken. Wie schon oben erwähnt, ist es einer ihrer größten Mängel, daß sie die einzelnen Branchen verschieden trifft, je nachdem in der einen ein größerer, in der anderen ein geringerer Prozentsatz des Umsatzes als Ertrag verbleibt. Beschränkt sich die Steuer auf die Geschäfte, die mehr als eine von genügend weit gegriffenen Warengruppen führen, so tritt jener Mangel zurück, weil sich der als Nutzen verbleibende geringe Prozentsatz des Umsatzes in der einen Gruppe mit dem höheren in der anderen mehr oder weniger ausgleichen kann. Er trifft dagegen mit voller Wucht, wenn die Steuer auf Spezialgeschäfte erstreckt wird, und er kann dann die großen Geschäfte veranlassen, sich möglichst viele und namentlich die einen höheren Prozentsatz des Umsatzes als Nettonutzen abwerfenden Branchen beizulegen, führt also nur zu weiterer Schädigung der kleineren Betriebe.

Eine Ausdehnung der in dem gegenwärtigen Entwurf vorgeschlagenen Umsatzsteuer auf die Spezialgeschäfte ist daher zurückzuweisen.

Ebenso würde auf eine Erhöhung des Steuersatzes über die Vorschläge des Entwurfs nicht einzugehen sein. Eine Steuer von mehr als 2 Prozent des Umsatzes oder 20 Prozent[1]) des Ertrages

---

[1]) Vgl. Anm. 1 auf S. 26.

würde mindestens gegenüber manchen Betrieben den Charakter einer unstatthaften Prohibitivsteuer annehmen können, und dagegen, eine solche zu wollen, haben sich bisher sowohl die Redner im Landtage als auch die Wortführer der Kleingewerbetreibenden nachdrücklich verwahrt. Insbesondere kann auch gegenüber einer bis 2 Prozent des Umsatzes steigenden Steuer ihre Beschränkung auf einen gewissen Prozentsatz des Ertrages nicht entbehrt werden, um nicht den steuerpflichtigen Betrieben die Führung solcher Branchen, an denen ein weniger hoher Prozentsatz des Umsatzes verdient wird, zur Unmöglichkeit zu machen und insoweit daher doch zu einer Prohibitivsteuer zu gelangen.

Wenn Bayern mit seiner Steuer bis zu 3 Prozent des Umsatzes geht und sie auf einen gewissen Prozentsatz des Ertrages nicht beschränkt, so ist dafür dort die Bemessung des Steuersatzes zwischen $1/2$ und 3 Prozent des Umsatzes ganz in das Ermessen der Veranlagungsorgane gestellt —, eine Maßnahme, deren Nachahmung in Preußen nach den herkömmlichen Anschauungen und im Interesse eines Rechtsschutzes gegen Überbürdungen nicht angängig ist.

Wenn man den in den verschiedenen Branchen üblichen Nutzen am Umsatz berücksichtigt, über den freilich leider statistisches Material fehlt, so wird man zugeben müssen, daß die Grenze bei 2 Prozent des Umsatzes und 20 Prozent des Ertrages[1]) schon reichlich hoch gegriffen ist und eine weitere Erhöhung nicht verträgt. Probeveranlagungen wie auf Grund des früheren konnten allerdings nach dem gegenwärtigen Entwurf nicht veranlaßt werden, weil es zurzeit an der Möglichkeit, den Umsatz zu ermitteln, gebricht. Aber nach den Ergebnissen der Gewerbesteuerveranlagung ist anzunehmen, daß sich auf Grund der vorgeschlagenen Bestimmungen für die größten Berliner Warenhäuser nach ihrem derzeitigen Geschäftsumfange Steuersätze bis zu wenigstens 400000 Mark ergeben würden. Auch in Städten wie Breslau, Cöln, Frankfurt a. M., Elberfeld, Essen würde nach den der Gewerbesteuerveranlagung zugrunde gelegten Erträgen die Warenhaussteuer bis zu ca. 125000 Mark betragen.

Wie hoch sich das Aufkommen an Warenhaussteuer im ganzen und in einzelnen Gemeinden stellen würde, kann auch nicht annähernd angegeben werden, da aus dem erwähnten Grunde Probeveranlagungen, die mehr als ganz unzuverlässige Schätzungen wären, nicht vorgenommen werden können.

Die Überlassung des Aufkommens der vorgeschlagenen Steuer an die Kommune entspricht dem Wunsche des Abgeordnetenhauses und schließt den Gedanken, als verfolge der Entwurf auch fiskalische Zwecke, von vornherein aus. Durch die Bestimmung aber, daß die Gemeinden das Aufkommen zur Erleichterung der beiden untersten Gewerbesteuerklassen zu verwenden haben, soll, wie durch die höhere Belastung der Großbetriebe indirekt, so hier direkt den

---

[1]) Trotzdem hat die Regierung der wesentlichen Verschärfung durch Einfügung des Zusatzes, vgl. S. 11, Anm. 3, zugestimmt!

kleinen und mittleren Gewerbetreibenden eine Unterstützung im Wettbewerb mit jenen gewährt werden.

Die Bestimmung im § 13 Absatz 1 endlich soll Sicherheit dafür gewähren, daß einerseits durch die Warenhaussteuer die autonome Gestaltung der Gewerbesteuer seitens der Gemeinden nicht gehindert oder erschwert, anderseits die warenhaussteuerpflichtigen Betriebe nicht mehrfach besteuert werden, und eine irrationelle Kumulierung von Gewerbesteuern vermieden wird.

Nach diesen allgemeinen Ausführungen bleibt zu den einzelnen Bestimmungen des Entwurfs folgendes zu bemerken:

§ 1

bestimmt die allgemeinen Voraussetzungen der Steuerpflicht. Dieselben sind:

1. Betrieb des Kleinhandels,
2. mit mehr als einer der im § 6 unterschiedenen Warengruppen,
3. Erzielung eines Umsatzes von mehr als 500 000 *M.*

Zu 1. Eine Begriffsbestimmung des Kleinhandels in das Gesetz aufzunehmen, erscheint ebensowenig geboten, wie beispielsweise das Gewerbesteuergesetz den Begriff des Gewerbes definiert. Das in Parenthese beigefügte Wort „Detail" läßt erkennen, daß die beiden Begriffe „Kleinhandel" und „Detailhandel" nach der Absicht des Gesetzes identisch sein sollen.

Daß es irrelevant ist, in welcher Form sich der Kleinhandel vollzieht, ob im offenen Laden, als Versandgeschäft, auf oder ohne vorgängige Bestellung, wird im dritten Absatz des § 1 ausdrücklich ausgesprochen.

Zu 3. Wie in dem allgemeinen Teil der Begründung ausgeführt, soll die Warenhaussteuer nur diejenigen Betriebe treffen, welche durch ihre Größe und das in dieser liegende Übergewicht im Konkurrenzkampf die kleineren Betriebe bedrohen. Bei welcher Höhe des Umsatzes dieser Fall eintritt, läßt sich ziffernmäßig nicht, am allerwenigsten für den ganzen Staat beweisen. Man wird aber im allgemeinen annehmen dürfen, daß bei einem niedrigeren Umsatz als 500 000 Mark von einem Großbetriebe in dem hier fraglichen Sinne nicht wohl die Rede sein kann. Eher könnte der Zweifel berechtigt erscheinen, ob diese Grenze nicht zu niedrig gezogen ist. Indes ist zu berücksichtigen, daß das Gesetz für alle, auch die kleinen Gemeinden des Landes bestimmt ist und in solchen allerdings schon ein Betrieb mit einem Umsatz von 500 000 Mark die Existenz der übrigen Kleinhändler ernstlich gefährden kann. Sodann aber würde ein Eingreifen der Steuer erst bei einem erheblich höheren Umsatze die meisten der auch in größeren Städten besonders gefährlichen sogen. Ramschbazare (??) verschonen.

Bei Aufstellung des Entwurfs ist mit Rücksicht auf die örtlichen Verschiedenheiten auch in Frage gekommen, ob es sich nicht empfehle, entweder den Gemeinden etwa bis zu 1 000 000 Mark Umsatz die Bestimmung der Grenze der Steuerpflicht zu überlassen, oder aber im Gesetz die Steuerpflicht je nach der Größe der Gemeinden von einem höheren oder niedrigeren Umsatze abhängig zu machen. Die Regierung glaubt aber weder das eine noch das andere vorschlagen zu sollen. Denn beides würde in allen Fällen, wo Betriebe sich über mehrere Gemeinden erstrecken, zu Schwierigkeiten und Unzuträglichkeiten führen. Etwa um diese zu umgehen, mit dem Prinzip der einheitlichen Besteuerung aller in einer Hand befindlichen Betriebe zu brechen, ist noch weniger ratsam.

Auch läßt es die in den Vertretungen der meisten Großstädte bisher zutage getretene Abneigung gegen die Sonderbesteuerung der Warenhäuser bedenklich erscheinen, die Bestimmung über die Anfangsgrenze der Steuerpflicht in die Hand der Gemeinden zu legen.

„**Umsatz**" im Sinne des Entwurfs ist, was wohl keiner näheren Erläuterung bedarf, der gesamte für die im Kleinhandel veräußerten Waren erzielte Erlös, also die bare Einnahme zuzüglich der Außenstände für die in der betreffenden Periode verkauften Waren und abzüglich der Eingänge von Außenständen aus früheren Zeitabschnitten.

Nach dem ersten Satze des letzten Absatzes des § 1 sollen Vereine, eingetragene Genossenschaften und Korporationen der Warenhaussteuer nicht unterliegen, sofern sie nach § 5 des Gewerbesteuergesetzes auch der Gewerbesteuer nicht unterworfen sind.

Dieselbe Bestimmung enthielt auch der frühere Entwurf eines Warenhaussteuergesetzes, und sie hat bei dem Bekanntwerden desselben lebhafte Anfeindung erfahren. Man wendete ein, sie mache das ganze Gesetz von vornherein zum großen Teil unwirksam, da gerade die den Kleinbetrieben schädlichsten Konsum-, Beamten- und Offiziervereine infolge der Vorschriften des § 5 des Gesetzes vom 24. Juni 1891 von der Gewerbesteuer frei blieben; es sei daher erforderlich, statt diese Begünstigung nun auch auf die Warenhaussteuer auszudehnen, sie auch bei der Gewerbesteuer zu beseitigen und alle, einen stehenden Gewerbebetrieb unterhaltenden Vereine, eingetragenen Genossenschaften und Korporationen nicht nur der Warenhaus-, sondern auch der Gewerbesteuer zu unterwerfen.

Diesem Verlangen liegt eine Reihe von Irrtümern über die rechtlichen und tatsächlichen Verhältnisse zugrunde.

Die Vorschriften des § 5 Abs. 1 und 2 des Gewerbesteuergesetzes, welche nach § 28 Nr. 1 des Kommunalabgabengesetzes für die Gemeinden auch bei Einführung besonderer Gewerbesteuern bindend sind, beruhen auf der Erwägung, daß Vereine usw. unter den im ersten Absatz des § 5 a. a. O. angegebenen Voraussetzungen überhaupt keine Erwerbszwecke verfolgen und deshalb „**für gewerbliche** Unternehmungen im steuerlichen Sinne nicht zu erachten" sind, daß aber bei allen Konsumvereinen mit offenem Laden „nach den gemachten Erfahrungen die tatsächliche Beschränkung des Geschäftsverkehrs auf die Mitglieder selbst dann nicht gesichert ist, wenn eine solche Beschränkung in den Statuten vorgeschrieben ist" (Begründung des Gewerbesteuergesetzes, Drucksachen des Abgeordnetenhauses 1890/91 Nr. 13 S. 46).

Man hat nun eingewendet, der Begriff der Konsumvereine mit offenem Laden oder ohne offenen Laden sei neuerdings durch die Gesetzgebung verwischt worden. Nach dem Gesetze vom 1. August 1896, betreffend die Abänderung des Gesetzes über die Erwerbs- und Wirtschaftsgenossenschaften vom 1. Mai 1889, sowie über den Geschäftsbetrieb von Konsumanstalten dürfen nämlich — mit gewissen Ausnahmen für landwirtschaftliche — Konsumvereine im regelmäßigen Geschäftsverkehre Waren nur an ihre Mitglieder oder deren Vertreter verkaufen. Daraus, daß hiernach der Verkauf, mag er unmittelbar oder mittelbar stattfinden, lediglich auf Mitglieder beschränkt wird, und eine Zuwiderhandlung gemäß §§ 145a und 145b der genannten Gesetzesnovelle mit Strafe bedroht ist, folgert man, daß die Unterscheidung zwischen offenem Laden und nicht offenem Laden bei den Konsumvereinen in ökonomischer Hinsicht keine Bedeutung mehr habe. Dieselbe diene lediglich dazu, um unter Benutzung des Wortlautes der Bestimmung des § 5 Abs. 2 des Gewerbesteuergesetzes eine Befreiung von der Gewerbesteuer durchzusetzen, die gegenüber denjenigen Konsumvereinen, welche ihren Laden nicht[1]) geschlossen halten, nicht mehr gerechtfertigt erscheine. Man müsse daher nunmehr alle Konsumvereine, die ein stehendes Gewerbe betreiben, der Gewerbesteuer unterwerfen.

Nach dem oben über die Motive des § 5 Absatz 1 und 2 des Gewerbesteuergesetzes Bemerkten und nach der mit diesen Motiven im Einklang stehenden Rechtsprechung des Oberverwaltungsgerichts setzt der Begriff des Gewerbebetriebes voraus eine mit der Absicht auf Gewinnerzielung unternommene selbständige, berufsmäßige und erlaubte Erwerbstätigkeit, welche sich als Beteiligung am allgemeinen wirtschaftlichen Verkehr darstellt. Wollte man also die Vereine usw., welche einen stehenden Gewerbebetrieb unterhalten, schlechtweg der Gewerbesteuer unterwerfen, so würde man damit weniger erreichen, als mit dem jetzigen § 5 des Gewerbesteuergesetzes. Denn Vereine usw. unterhalten eben unter den Voraussetzungen des § 5 Absatz 1 einen stehenden Gewerbebetrieb im steuerlichen Sinne überhaupt nicht. Sie würden also nach einer solchen Gesetzesänderung ebensowenig steuerpflichtig sein, wie sie es jetzt sind.

Dagegen würde, wenn, wie verlangt, der 2. Absatz des § 5 aufgehoben würde, damit die in ihm ausgesprochene praesumptio juris et de jure, daß ein Konsumverein mit offenem Laden die Bedingungen des ersten Absatzes nie erfüllt, bei ihm vielmehr stets ein Gewerbebetrieb anzunehmen ist, beseitigen (?). Die Folge hiervon aber wäre, daß nunmehr auch einen solchen, jetzt ohne weiteres steuerpflichtigen Konsumverein das Vorliegen der Voraussetzungen eines Gewerbebetriebes nachgewiesen werden müßte, um ihn zur Steuer heranziehen zu können.

Durch das Reichsgesetz vom 12. August 1896, welches den Konsumvereinen den Warenverkauf an Nichtmitglieder untersagt, sind die im § 5 des Gewerbesteuergesetzes aufgestellten Merkmale für die Steuerpflicht und Steuer-

---

[1]) Sie müssen ihn ja geschlossen halten, d. h. dürfen nicht mehr an Nichtmitglieder verkaufen!

freiheit auch durchaus nicht verwischt. Denn diejenigen des Ausschlusses einer Gewinnverteilung und einer Verteilung des Vermögens unter die Mitglieder sind völlig unberührt geblieben, und auch den Unterschied des Haltens oder Nichthaltens eines offenen Ladens hat das Reichsgesetz selbst, wie sich aus Nr. 3 seines Artikels I ergibt, trotz des allgemeinen Verbotes des Verkaufes an Nichtmitglieder aufrechterhalten. Die Begriffsbestimmung des „offenen Ladens"[1]), sowie ihn das Oberverwaltungsgericht definiert hat, nämlich, daß als solcher anzusehen sei jedes Verkaufslokal, in welchem die zur Abgabe an etwa erscheinende Käufer vorhandenen Warenvorräte im Kleinverkehr an die Eintretenden ohne vorherige Bestellung und ohne daß ein physisches Hindernis für den Eintritt besteht, abgegeben werden (Entsch. des OVG. in Staatssteuers. I. 309 ff.), trifft auch nach dem Erlaß des gedachten Reichsgesetzes noch zu. Nach wie vor schließt z. B. eine Legitimation des bereits eingetretenen Kauflustigen als Mitglied bei dem Abschluß des Verkaufes den Begriff des offenen Ladens nicht aus. Auch in ökonomischer Hinsicht beansprucht die Unterscheidung zwischen Konsumvereinen mit und ohne offenen Laden sehr wohl noch ihre Bedeutung. Denn namentlich für größere Konsumvereine wird im allgemeinen die Haltung eines offenen Ladens geschäftlich entschieden vorteilhaft sein[1]).

Die wahre, solchen verfehlten Deduktionen, wie den im vorstehenden zurückgewiesenen zugrunde liegende Absicht der Kleingewerbetreibenden geht offenbar dahin, alle die Versorgung der Mitglieder oder Nichtmitglieder mit Waren betreibenden Vereine usw. der Gewerbesteuer unterworfen zu sehen, mögen sie ein stehendes Gewerbe im rechtlichen Sinne betreiben oder nicht.

Dem ist zunächst entgegenzuhalten, daß naturgemäß der Gewerbesteuer nur Gewerbebetriebe[2]) unterworfen werden können. Sodann befindet man sich in einem zweifachen Irrtum sowohl über den gegenwärtig tatsächlich bestehenden Zustand als auch über die Wirkung einer Gesetzesänderung in dem gewünschten Sinne. Man nimmt an, daß die meisten und namentlich die größten, die schärfste Konkurrenz bereitenden Konsum- und ähnliche Vereine gegenwärtig auf Grund des § 5 a. a. O. gewerbesteuerfrei seien. Das ist, soweit sich übersehen läßt, durchaus unrichtig. Insbesondere unterliegen z. B. das Warenhaus für Armee und Marine, dasjenige für Beamte, dasjenige für Ärzte, die großen Konsumvereine in Breslau und Görlitz, die große Kruppsche Konsumanstalt in Essen, die Fürstlich Pleßsche Konsumanstalt in Waldenburg schon jetzt der Gewerbesteuer. Würde man aber die jetzt nach § 5 a. a. O. steuerfreien Vereine auch in weitestem Umfange der Steuer grundsätzlich unterwerfen, so wäre aller Voraussicht nach das praktische Resultat nur das, daß sich bei der Veranlagung der meisten ein so niedriger Ertrag herausstellte, daß sie entweder freizustellen

---

[1]) Hier wird der Begriff „Laden" mit dem des „offenen Ladens" verwechselt. Einen offenen Laden haben die Konsumvereine nicht mehr, da in ihnen nicht mehr das Publikum, sondern nur noch die Mitglieder kaufen dürfen.

[2]) Demnach müßte doch erst nachgewiesen werden, ob der Begriff „offener Laden" bzw. „Laden" stets einen Gewerbebetrieb bedingt! (Vgl. Anm. 16 zu § 1.)

wären, oder, soweit dies die Höhe des Anlage- und Betriebskapitals hindert, nur zu minimalen Steuersätzen veranlagt werden könnten. Irgendwelche praktischen Wirkungen in den von den kleineren Detaillisten gewünschten Richtungen würde eine Unterstellung der Vereine usw. unter die Gewerbesteuer zweifellos nicht haben, möchte sie auch im weitesten Umfange erfolgen.

Kann hiernach eine Erweiterung der Gewerbesteuerpflicht der Vereine usw. nicht zugestanden werden, so muß auch der Gedanke, etwa die Gewerbesteuerfreien Vereine der Umsatzsteuer zu unterwerfen, von der Hand gewiesen werden. Die Umsatzsteuer stellt sich als eine besondere Gewerbesteuer für gewisse Formen des stehenden Gewerbebetriebes dar. Es wäre offenbar widersinnig, ihr eine Geschäftsgebarung zu unterwerfen, die begrifflich gar kein stehender Gewerbebetrieb ist, nur weil das Rechtssubjekt nicht eine einzelne physische Person, sondern ein Verein oder eine Genossenschaft ist. Es hieße das nichts anderes als eine Verfolgung reichsgesetzlich zu Recht bestehender und geschützter Vereinigungen, die weder zulässig noch politisch ratsam wäre.

Aber auch sozialpolitisch müßte ein solches Vorgehen bedenkliche Folgen zeitigen. Man darf nicht vergessen, daß die große Mehrzahl der Mitglieder der Konsum-, Beamten- und Offiziervereine den minderbemittelten, jedenfalls nicht den leistungsfähigsten Bevölkerungsschichten angehören, für deren Lebenshaltung es von nicht geringer Bedeutung ist, ob sie ihre Bedürfnisse an Lebensmitteln, Kleidung, Hausrat usw. etwas billiger oder teurer befriedigen können. Ihnen die Möglichkeit billigerer Beschaffung der Lebensbedürfnisse durch eine Steuer, die gerade die reichsten, durch ihre Mittel der Notwendigkeit solcher Maßnahmen überhobenen Kreise am wenigsten berührt, zu verschränken oder zu erschweren, wäre im Staatsinteresse nicht zu rechtfertigen.

Überdies werden gerade Unternehmungen, wie die Warenhäuser für Armee und Marine und für Beamte von einer Umsatzsteuer, der sie ja infolge ihrer Gewerbesteuerpflicht auch unterliegen, am härtesten betroffen.

Daß die nach §§ 3 und 4 des Gewerbesteuergesetzes und § 28 des Kommunalabgabengesetzes vom 14. Juli 1893 wegen ihres Charakters von der Gewerbesteuer befreiten Betriebe auch nicht zur Warenhaussteuer heranzuziehen sind, wird keiner besonderen Rechtfertigung bedürfen.

§ 2

enthält die Skala, nach der die Steuer, vorbehaltlich der nach §§ 3 oder 4 eintretenden anderen Normirung, bemessen werden soll. Sie beträgt hiernach bei einem Umsatz von 500—550 000 Mark $1^1/_2$ Prozent des Höchstbetrages des steuerfreien Umsatzes und steigt bis auf 2 Prozent des Höchstbetrages der in die vorangehende Stufe fallenden Umsatzhöhe. Sie erreicht diesen Maximalsatz bei Umsätzen von mehr als 1 Million Mark, also schon verhältnismäßig früh.

Wenn somit die Progression nur eine sehr beschränkte ist, so war hierfür bestimmend der Wunsch, der Warenhaussteuer auch den Schein einer prohibitiven Tendenz zu nehmen. Daß die Steuer über 2 Prozent nicht gesteigert werden kann, ist bereits ausgeführt. Wollte man sie anderseits für die Betriebe mit weniger als 1 Million Umsatz stärker degressiv gestalten, so würde man sie eines großen Teiles ihrer Wirkung auf zum Teil recht bedenkliche Geschäfte entkleiden.

§ 3.

Unterhält derselbe Unternehmer mehrere Zweigniederlassungen, Filialen und Verkaufsstätten, so soll nach § 1, sofern diese sämtlich in Preußen gelegen sind, für Steuerpflicht und Steuerhöhe der Gesamtumsatz bestimmend sein. Befindet sich der Sitz eines Unternehmens, das in Preußen Filialen usw. unterhält, außerhalb Preußens, so kann diesseits nur der von den preußischen Filialen erzielte Umsatz besteuert werden. Es würde aber eine Benachteiligung der inländischen Unternehmer bedeuten, wollte man der Entscheidung darüber, ob die Steuerpflicht jener ausländischen Betriebe in Preußen begründet sei, und mit welchem Prozentsatz der progressiven Skala dieselben zu belegen seien, nur den in Preußen erzielten Umsatz zugrunde legen. Denn tatsächlich würde damit der Grundsatz der einheitlichen Besteuerung aller in derselben Hand befindlichen Kleinhandelsbetriebe zugunsten der außerhalb ihren Sitz habenden durchbrochen. Anderseits fehlt es der diesseitigen Steuerbehörde mindestens in sehr vielen Fällen an der Möglichkeit und den Machtmitteln, den Umsatz außerhalb des Staatsgebiets betriebener Gewerbe festzustellen. Daher ist im allgemeinen auch eine derartige Regelung unausführbar, daß Steuerpflicht und als Steuer zu entrichtender Prozentsatz nach dem ermittelten Gesamtumsatz eines sich über Preußen und andere Staaten erstreckenden Unternehmens bestimmt werden.

Es bleibt somit nur übrig, den Umsatz der inländischen Filialen eines ausländischen Unternehmens für sich zu ermitteln, für die Frage der Steuerpflicht aber von der übrigens auch wohl meist zutreffenden Annahme auszugehen, daß der Umsatz des Gesamtunternehmens die steuerpflichtige Höhe erreicht. Aus demselben Grunde kann der Steuerbemessung der Filialen auswärtiger Unternehmer nur der höchste für inländische zur Anwendung kommende Steuersatz, also 2 Prozent des Umsatzes, zugrunde gelegt werden.

Um aber jede Benachteiligung der auswärtigen Betriebe im Verhältnis zu den inländischen zu vermeiden, wird den Inhabern solcher auswärtiger Betriebe, deren Gesamtumsatz den nach § 2 die Steuerpflicht oder eine Steuer in Höhe von 2 Prozent bedingenden Betrag nicht erreicht, durch Absatz 3 die Möglichkeit eröffnet, ihren inländischen Verkaufsstätten die gleiche steuerliche Behandlung wie den in Preußen ihren Sitz habenden Unternehmungen zu sichern. Sie haben hierzu nur nötig, vor eingetretener Rechtskraft der Veranlagung den Nachweis zu erbringen, daß der gesamte Umsatz ihrer preußischen und außerpreußischen Betriebsstätten 500000[1]) nicht übersteigt, bzw. welche zwischen 500000[1]) und 1000000 Mark liegende Höhe er erreicht.

---

[1]) Jetzt 400000.

§ 4

entspricht der bewährten Vorschrift im § 24 Absatz 2 des Gewerbesteuergesetzes.

§ 5.

Die im § 5 Absatz 1 der Steuerhöhe gesetzte Schranke ist schon im allgemeinen Teil der Begründung gerechtfertigt.

Auf steuerpflichtige Konsumvereine und Konsumstellen kann sie indes nicht angewendet werden, da diese nicht mit der Absicht der Erzielung eines möglichst hohen Ertrags verwaltet werden, und sie es in der Hand haben, durch die Normierung der Verkaufspreise den Ertrag völlig verschwinden zu lassen.

Den Beweis, daß und inwieweit eine nach § 2 bemessene Steuer 20 Prozent des Ertrages überschreiten würde, hat, wie das Wort „nachweislich" andeutet, der Steuerpflichtige zu führen.

§ 6.

Die Bedeutung der im § 6 abgegrenzten Warengruppen besteht nur darin, daß die Vereinigung zweier oder mehrerer derselben in demselben Kleinhandelsbetriebe diesem den Charakter des wegen seiner über das Übliche hinausgehenden Vielseitigkeit einer besonderen Steuer zu unterwerfenden Warenhauses aufdrückt. Es ist daher erforderlich, die einzelnen Warengruppen so weit zu greifen, daß nicht verwandte, herkömmlich in demselben Betriebe feilgehaltene Waren in verschiedene Gruppen fallen und dies zur Besteuerung von Geschäften führt, denen tatsächlich der Warenhauscharakter völlig abgeht.

Bei der in § 6 nach Anhörung von Sachverständigen aus den Kreisen der größeren wie der kleineren Detaillisten vorgenommenen Gruppenbildung ist daher davon abgesehen worden, Gesichtspunkten, wie der Bestimmung der Waren, den Rohstoffen, aus denen sie hergestellt sind, ausschlaggebende Bedeutung beizulegen. Das Schwergewicht ist vielmehr auf die Frage gelegt: Welche Waren werden nach der Entwickelung herkömmlich derart in demselben Geschäft feilgehalten, daß sie als zusammengehörig zu bezeichnen sind, und daß ihre Vereinigung einem Betriebe noch nicht den Charakter des Warenhauses gibt.

Um in dieser Hinsicht möglichst vollkommene Sicherheit gegen Mißgriffe bei der praktischen Handhabung des Gesetzes zu gewähren, ist überdies die Bestimmung im Absatz 3 eingefügt.

Die im 1. Absatz aufgezählten Gruppen erschöpfen weder alle Arten von Waren, noch ist es ausgeschlossen, daß man die eine oder die andere Ware füglich sowohl der einen wie der anderen Gruppe zuzählen kann. Für Möbel, Teppiche und Vorhänge ist sogar, um der tatsächlichen Entwickelung der Branchen zu folgen, die Möglichkeit ihrer Zugehörigkeit zu zwei Gruppen ausdrücklich erwähnt. Indessen dürfte die Aufzählung diejenigen Warengattungen umfassen, deren Führung durch die großen Warenhäuser kleineren Gewerbetreibenden empfindlichen Abbruch tut. Die sonstigen Warengattungen können daher hier außer Betracht bleiben.

Soweit Waren aber mehreren der unterschiedenen Gruppen zugerechnet werden können, trifft der zweite Absatz Vorkehrung dagegen, daß nicht aus diesem Umstande dem Steuerpflichtigen ein ungerechtfertigter Nachteil erwächst.

Ob und inwieweit der Umsatz eines Geschäfts, das mehr als einer der im § 6 unterschiedenen Warengruppen und daneben noch Waren, welche unter keine der Gruppen fallen, führt, in Waren der einen oder anderen Art erzielt wird, bleibt sich für die Steuerpflicht und die Höhe der Steuer gleich. Maßgebend ist lediglich der gesamte Umsatz des Kleinhandelsbetriebes.

§ 7[1]).

Es bedarf keiner näheren Begründung, daß, soweit angängig, die Veranlagung der Warenhaussteuer an die der Gewerbesteuer angeschlossen wird, und die für letztere geltenden formellen Bestimmungen auch auf jene angewendet werden.

Es liegt daher auch nahe, die Veranlagung der Warenhaussteuer in die Hand derselben Organe, wie die der Gewerbesteuer zu legen. Indessen sind die Steuerausschüsse der Gewerbesteuerklassen II, III und IV nach ihrer Zusammensetzung und den ihnen beigelegten Befugnissen wohl zur Unterverteilung einer feststehenden Steuersumme, nicht aber zu einer derartigen Individualveranlagung, wie sie das vorliegende Gesetz erfordert, geeignet. Bei den Steuerausschüssen der Klasse I walten diese Bedenken nicht ob. In der Regel werden deren Mitglieder auch ausreichende Kenntnis des Detailhandels besitzen. Ebenso darf man bei ihnen, da es sich bei der Warenhaussteuer nur um größere Betriebe handelt, auch eine hinreichende Kenntnis der Verhältnisse dieser Betriebe voraussetzen. Um aber in beiden Beziehungen völlige Sicherheit zu geben, soll dem Finanzminister die Befugnis beigelegt werden, den Steuerausschuß für die Zwecke der Warenhausbesteuerung um ein zu ernennendes und ein zu wählendes Mitglied zu verstärken.

§ 8.

Die im § 8 hinsichtlich der Deklarationspflicht getroffenen Bestimmungen sind denen des Einkommensteuergesetzes nachgebildet.

Eines Vorbehaltes, wie er dort im § 27 hinsichtlich des nur durch Schätzung zu ermittelnden Einkommens gemacht ist, bedarf es bei der Warenhaussteuer nicht. Denn die Steuerpflichtigen sind nach dem Handelsgesetzbuch zur Führung von Geschäftsbüchern verpflichtet. Hiernach können sie ihren Jahresumsatz berechnen, ohne Schätzungen nötig zu haben.

§ 9.

Ergeben sich Bedenken gegen den Inhalt einer Deklaration, so soll in jedem Falle der Steuerpflichtige gehört werden, außerdem aber dem Steuerausschusse neben den nach §§ 25, 26 des Gewerbesteuergesetzes ihm zustehenden

---

[1]) Jetzt § 8 usw.

Befugnissen (vgl. § 4 des Entwurfes) noch das Recht zustehen, die Vorlegung der Geschäftsbücher zu verlangen. Eine Bestrafung wegen Nichterfüllung dieser Auflage findet ebensowenig statt, wie wegen Nichtabgabe von Erklärungen auf die Beanstandung. Nur unrichtige Erklärungen unterliegen nach § 12 Absatz 3 der Bestrafung. Dagegen soll nach

§ 10

nicht nur, wie bei der Einkommensteuer, Nichtabgabe der Steuererklärung innerhalb der vorgeschriebenen Frist, sondern auch Unterlassung der nach § 9 geforderten Erklärung oder Büchervorlegung den Verlust der Rechtsmittel zur Folge haben. Bei den erheblichen Steuerbeträgen, um die es sich bei der Warenhaussteuer handelt, und bei der Schwierigkeit der Feststellung des Umsatzes ohne Mitwirkung des Steuerpflichtigen kann es nicht in seine Hand gelegt werden, nachdem er durch Versagung seiner Mitwirkung eine unrichtige Veranlagung selbst verschuldet hat, dieselbe, wenn sie ihm nachteilig ist, anzufechten. Ohne die Gefahr des Verlustes der Rechtsmittel würde der Steuerpflichtige versucht sein, die nach § 9 an ihn ergehenden Aufforderungen unbeachtet zu lassen, um abzuwarten, ob nicht vielleicht der Steuerausschuß seinen Umsatz unterschätzt.

§ 11.

Erfahrungsmäßig ist der Absatz in den meisten Zweigen des Detailhandels in den einzelnen Zeiten des Jahres verschieden, so insbesondere in der Zeit vor Weihnachten besonders stark, in der Sommerzeit an Orten, die nicht beliebte Reiseziele bilden, besonders schwach. Es liegt daher, namentlich wenn hiermit die Möglichkeit verknüpft ist, die hohe Warenhaussteuer zu ersparen, für manche Geschäfte nicht fern, sich nur zeitweilig, etwa in der Weihnachtszeit, auf mehr als eine Warengruppe auszudehnen. Mit derselben Eventualität ist gegenüber den besonders gefährlichen Ramschbazaren zu rechnen, die vielleicht heut eine verschiedenen Branchen angehörige Konkursmasse aufkaufen, diese in wenigen Wochen oder Monaten absetzen und dann wieder, bis sich eine neue gleiche Gelegenheit bietet, sich auf eine Branche beschränken.

Der § 11 trifft deshalb Bestimmungen, welche es unmöglich machen, sich durch eine solche Geschäftspraxis der Warenhaussteuer zu entziehen.

Die Behörde, welcher die im Absatz 1 vorgeschriebene Anzeige zu erstatten ist, soll dieselbe sein, an welche die Anmeldungen neuer Gewerbebetriebe gelangen, d. i. der örtlich zuständige Vorsitzende des Steuerausschusses der Gewerbesteuerklasse IV. Um aber die Möglichkeit zu eröffnen, bei eintretendem Bedürfnis ohne eine Gesetzesänderung eine andere Stelle mit diesen Funktionen zu beauftragen, empfiehlt es sich, die Behörde nicht im Gesetz zu bezeichnen, sondern ihre Bestimmung dem Finanzminister zu übertragen.

§ 12

schreibt die analoge Anwendung der auf die Veranlagung, die Rechtsmittel usw. bezüglichen formellen Vorschriften des Gewerbesteuergesetzes sowie derjenigen über die Verpflichtung der Steuerpflichtigen zur Auskunftserteilung und der Strafbestimmungen dieses Gesetzes mit den erforderlichen Modifikationen vor.

Die Zerlegung der Warenhaussteuer wird unter denselben Voraussetzungen wie die der Gewerbesteuer erforderlich. Naturgemäß muß sie unter Anwendung desjenigen Maßstabes erfolgen, nach dem die Steuer veranlagt ist.

In Anbetracht der Bedeutung der geführten Warenbranchen für die Steuerpflicht ist die ausdrückliche Ausdehnung der in den §§ 54 und 56 des Gewerbesteuergesetzes den Steuerpflichtigen und ihren Vertretern auferlegten Verpflichtungen zur Auskunftserteilung auf jenes Merkmal mindestens zur Ausschließung von Zweifeln zweckmäßig, da es zweifelhaft sein kann, ob die Branchen zu den „äußerlich erkennbaren" Merkmalen im Sinne des § 54 a. a. O. gerechnet werden können.

Eine notwendige Konsequenz dieser Ausdehnung der Verpflichtungen der Steuerpflichtigen ist die im 3. Absatz vorgesehene analoge Anwendung der gegen die Verletzung derselben getroffenen Strafbestimmungen.

Das zur Rechtfertigung des

§ 13

Absatz 1 und 3 Erforderliche ist bereits in der allgemeinen Begründung ausgeführt. Soweit das Aufkommen an Warenhaussteuer in der hier vorgeschriebenen Art nicht Verwendung findet, bleibt die Verwendung den Gemeinden überlassen.

Absatz 3 bestimmt die Hebetermine und sichert die Anwendung der Vorschrift, daß die Rechtsmittel für die Steuerzahlung keine aufschiebende Wirkung haben.

Der letzte Absatz trifft für den immerhin, namentlich in industriellen Bezirken und bei Versandgeschäften, nicht ausgeschlossenen Fall, daß ein steuerpflichtiger Betrieb bzw. eine Filiale eines solchen in einem Gutsbezirk den Sitz hat, denen des Wanderlagergesetzes analoge Bestimmungen."

Diese Begründung stellt das eine klar, was auch aus den Begründungen der anderen Warenhaussteuergesetze, besonders des braunschweigischen, ferner aus der Geschichte der bayerischen, badischen, württembergischen, elsaß-lothringischen und hessischen Warenhaussteuer hervorgeht, und was seitens der Regierungen der verschiedenen Bundesstaaten unumwunden zugestanden worden ist, nämlich daß **nicht steuerliche und finanzielle, sondern wirtschaftspolitische Gründe zur Einführung dieser Warenhaussteuern** geführt haben.

Man wollte durch diese Steuern die Entwickelung der Warenhäuser aufhalten, verlangsamen, und zwar indem man durch diese hohen Steuern einen Ausgleich zwischen der höheren Leistungsfähigkeit der Warenhäuser und der geringeren Leistungsfähigkeit der kleineren und mittleren Betriebe herbeiführen wollte.

Diese Warenhaussteuern sind also zugestandenermaßen reine Maßnahmen der Mittelstandspolitik, ihr steuerlicher Zweck tritt demgegenüber vollständig zurück.

Man vergleiche hierzu die Schriften von

Rehm: „Warenhausumsatzsteuer und Gewerbefreiheit, Fürth i. B. und Nürnberg 1900",

Zimmermann: „Die Warenhaussteuer in ihrer allgemeinen Entwickelung in Deutschland (in Annalen des Deutschen Reichs, H. 1 u. 2), München 1905."

" Warenhaus und Warenhaussteuer (Zeitschrift für die gesamte Staatswissenschaft) 68. Jahrgang 1912, 4. Heft S. 671—739.

Wernicke: Die Sonderumsatzsteuern im Lichte der Gewerbefreiheit und Gewerbeordnung usw. Berlin 1902.

" Die Umsatzsteuern auf Warenhäuser in rechtlicher Beziehung. i. Schanz' Fin.-Archiv 04. XV. Jahrg.

Der preußische Warenhaussteuergesetzentwurf wurde im preußischen Abgeordnetenhause in den Sitzungen vom 26. und 27. Februar 1900 in erster Lesung beraten und sodann einer Kommission überwiesen. Diese beriet ihn in acht Sitzungen.

Seitens der Konservativen und des Zentrums wurde zwecks Erhöhung und Verschärfung der Steuer eine Reihe von Anträgen gestellt, so insbesondere auf Herabsetzung der Steuergrenze, Erhöhung der Steuersätze über 2% des Umsatzes hinaus, sowie nach der Zahl der geführten Waren, ferner die Streichung des § 5, eine Vermehrung der Warengruppen und die Ausdehnung der Steuer auf alle Konsumvereine.

Trotz des Widerspruchs der Regierungsvertreter wurde in der ersten Lesung beschlossen, auch Spezialgeschäfte mit drei oder mehr Betriebsstätten der Steuer zu unterwerfen, die untere Steuergrenze je nach der Einwohnerzahl der Gemeinden bis auf 200000 Mark herabzusetzen und den § 5 zu streichen. In der zweiten Lesung der Kommission wurde diese Untergrenze wieder aufgehoben und auf 300000 Mark festgesetzt. Die Einbeziehung der Spezialgeschäfte mit mehreren Betriebsstätten ließ man fallen.

Die Gruppeneinteilung, die in der ersten Lesung beibehalten war, wurde in der zweiten dadurch geändert, daß man die Gruppe B in zwei Gruppen zerlegte und eine genauere Aufzählung der Waren vornahm.

Ferner ist die Einfügung des § 7 durch die Kommission hervorzuheben, um es den Warenhäusern unmöglich zu machen, sich durch Zerlegung in verschiedene Geschäfte der Steuern zu entziehen.

Die so geänderte Vorlage wurde mit 11 gegen 5 Stimmen angenommen und in der zweiten Lesung im Abgeordnetenhause am 18. und 19. Mai 1900 beraten.

Trotzdem die Regierung die Wiederherstellung der Gesetzesvorlage, forderte, bestand das Abgeordnetenhaus doch auf verschiedenen Abänderungen der Kommission; nur der § 5 wurde wiederhergestellt, aber mit dem Zusatze, daß die Steuer nicht unter die Hälfte der normalen Steuersätze herabgesetzt werden dürfe.

Ferner wurde die Gruppeneinteilung in § 6 wieder hergestellt und die Ausdehnung der Steuer auf Spezialgeschäfte abgelehnt.

Die untere Steuergrenze von 300000 Mark wurde dagegen beibehalten, ebenso auch in der dritten Lesung vom 23. Mai 1900.

Die Vorlage ging nunmehr an das Herrenhaus, dessen 11. Kommission den Entwurf am 8. und 9. Juni durchberiet. Sie erfüllte zwar die Forderung der Regierung auf Herstellung der früheren Untergrenze von 500000 Mark nicht vollständig, erhöhte aber die vom Abgeordnetenhause angenommene Untergrenze von 300000 Mark auf 400000 Mark.

Im § 6 fügte die Kommission zur Gruppe B noch Möbel jeder Art hinzu, während sie in Gruppe D unter Zustimmung der Regierung die Kurzwaren strich.

Das Plenum des Herrenhauses beriet über den Entwurf am 12. und 13. Juni 1900 und nahm die Vorlage mit einer geringen Aenderung in der Fassung der Herrenhauskommission an.

Wegen dieser Aenderung mußte die Vorlage an das Abgeordnetenhaus zurückgehen, das sie am 15. und 18. Juni beriet.

Ein von der Herrenhauskommission und dem Herrenhause zu gunsten der Beamtenwarenhäuser angenommener Zusatz zu § 1 wurde vom Abgeordnetenhause wieder gestrichen.

Diesem Beschlusse trat das Herrenhaus in der Sitzung vom 18. Juni bei.

Das Gesetz wurde am 18. Juli 1900 vollzogen und am 4. August 1900 in Nr. 32 der Gesetzsammlung veröffentlicht.

Die Anweisung zur Ausführung des Gesetzes datiert vom 26. September 1900.

Am 4. Dezember 1901 wurde gemäß § 6 Abs. 5 des Gesetzes vom Minister für Handel und Gewerbe eine „Zusammenstellung der klassifizierten Waren" veröffentlicht, die durch die neuere vom 6. April 1911 ersetzt worden ist.

Bald nach Inkrafttreten des Gesetzes stellte sich aber Unzufriedenheit mit ihm heraus, da seine Wirkungen augenscheinlich nicht die waren, wie man sie gewünscht hatte.

Die Regierung hatte die Gesetzesvorlage gemacht, um eine Verlangsamung der Warenhausbewegung und dadurch einen gewissen Schutz des Mittelstandes herbeizuführen. In den Mittelstandskreisen hatte man aber im stillen wohl die Hoffnung gehegt, daß man durch das Gesetz nicht nur die Warenhausentwickelung verlangsamen, sondern die Warenhäuser sogar beseitigen, erdrosseln könnte.

Dieser Wunsch ist von verschiedenen Mittelstandskreisen auch ganz offen ausgesprochen worden.

Da aber die Warenhäuser auch nach der Einführung der Warenhaussteuer in ihrer Entwickelung keineswegs zurückgegangen sind, vielmehr sich ständig vergrößert haben, die Warenhaussteuer also augenscheinlich nicht die erwartete und heimlich gewünschte Wirkung hatte, so traten bald Wünsche auf Erhöhung der Warenhaussteuer und Verschärfung des Warenhaussteuergesetzes hervor, und es wurden im preußischen Abgeordnetenhause wiederholt Anträge auf Erhöhung der Warenhaussteuer eingebracht.

So stellte im Februar 1904 das Zentrum folgenden Antrag:

> „Die Königliche Staatsregierung zu ersuchen, noch in dieser Session einen Gesetzesentwurf zwecks Abänderung des Gesetzes vom 18. Juli 1900, die Besteuerung der Warenhäuser betreffend, dahingehend vorzulegen, daß dadurch ein wirksamerer Schutz des Mittelstandes gegen die ihm durch das Vordrängen der Warenhäuser drohende Gefahr gegeben ist."

Also auch hier wird ganz offen der Zweck der Warenhaussteuer und ihrer Erhöhung als reines Mittel der Mittelstandspolitik zugegeben.

Die Handels- und Gewerbekommission des preußischen Abgeordnetenhauses, der der Antrag zur Beratung überwiesen wurde, nahm ihn sowie einen dazu eingebrachten Gesetzesentwurf an, in dem die Warenhaussteuer bis auf 5% des Umsatzes stieg, ebenso das Plenum des Abgeordnetenhauses am 10., 11. und 15. Mai 1905.

Das Herrenhaus lehnte dann schließlich diesen Entwurf am 31. Mai 1905 ab.

Seit der Zeit wurde die Regierung sowie der preußische Landtag seitens der mittelständlerischen Vereinigungen mit Anträgen auf Erhöhung der Warenhaussteuer bestürmt.

Das preußische Herrenhaus nahm in seiner Sitzung vom 30. Mai 1906 einen Kommissionsantrag auf Erhöhung der Warenhaussteuer trotz des Widerstandes der Regierung an.

Im Jahre 1907 beriet am 1. Mai die Handels- und Gewerbekommission des preußischen Abgeordnetenhauses einen Antrag aus Mittelstandskreisen auf Änderung des Warenhaussteuergesetzes. Es wurde beschlossen, die Petition der Königlichen Staatsregierung als Material zu überweisen.

Im Dezember 1907 brachte der Abgeordnete Hammer zum erstenmal seinen Antrag auf Erhöhung der Warenhaussteuer im preußischen Abgeordnetenhause ein. Dieser lautete:

> „die Königliche Staatsregierung wolle bald tunlich einen Gesetzentwurf zwecks Abänderung des Gesetzes vom 18. Juli 1900, die Besteuerung der Warenhäuser betreffend, dahingehend vorlegen, daß die Besteuerung nach dem Jahresumsatze und unter Berücksichtigung der Höhe des Anlage- und Betriebskapitals in der Weise erfolgt, daß der Steuersatz außer mit der Höhe des Umsatzes auch mit derjenigen des Anlage- und Betriebskapitals steigt."

Der Antrag wurde am 5. Dezember 1907 im Abgeordnetenhause beraten und dann der Handels- und Gewerbekommission überwiesen. In dieser wurde er am 15. Januar und 1. April 1908 beraten.

Nachdem der Antragsteller in der Kommission über seinen Antrag keine Klarheit hatte schaffen können, wurde im Plenum am 6. April 1908 der Antrag beraten.

Auch diese Debatten brachten keinerlei Klärung; trotzdem wurde der Antrag vom Plenum angenommen.

Da die Regierung, die durch ihre Vertreter stets hatte nachweisen lassen, daß eine Erhöhung der Warenhaussteuer insbesondere der Antrag Hammer, unmöglich sei, infolgedessen auf den Antrag nicht einging, so brachte der Abgeordnete Hammer am 15. Januar 1912 seinen Antrag erneut in folgender Form ein:

„Das Haus der Abgeordneten wolle beschließen:

die Königliche Staatsregierung zu ersuchen, eine Verbesserung (!) des Warenhaussteuergesetzes unter Zugrundelegung der in dem Antrag des Abgeordneten Hammer vom 1. April 1908 enthaltenen Gesichtspunkte in Erwägung zu ziehen und einen entsprechenden Gesetzentwurf demnächst vorzulegen.

Der Antrag des Abgeordneten Hammer vom 1. April 1908 lautete:

die Königliche Staatsregierung zu ersuchen, baldtunlichst einen Gesetzentwurf zwecks Abänderung des Gesetzes vom 18. Juli 1900 — die Besteuerung der Warenhäuser betreffend — dahingehend vorzulegen,

1. daß die Steuersätze für Betriebe mit einem Anlage- und Betriebskapital von mehr als 1000000 M allmählich ansteigend dergestalt erhöht werden, daß sie bei Betrieben mit etwa einem Anlage- und Betriebskapital von mehr als 5000000 M und einem Jahresumsatze von mehr als 20000000 M 4 vom Hundert des letzteren erreichen, und
2. daß der Prozentsatz von 20% auf 30% im § 5 erhöht wird."

Er wurde am 1. März 1912 im Plenum des Abgeordnetenhauses beraten, und nachdem sich die Konservativen, das Zentrum und die Nationalliberalen für die Grundtendenz des Antrages ausgesprochen hatten, der Handels- und Gewerbekommission überwiesen. Diese beriet am 30. April und 9. Mai den Antrag.

Da die Regierung aber nachwies, daß seine Durchführung unmöglich sei, so zog der Abgeordnete Hammer seinen Antrag zurück, und es wurde dafür einstimmig, unter einer Stimmenthaltung, folgender Antrag angenommen:

„Das Haus der Abgeordneten wolle beschließen:

1. Die Königliche Staatsregierung zu ersuchen, eine Verbesserung des Warenhaussteuergesetzes, insbesondere hinsichtlich der Grundlage der Steuerbemessung und in Verbindung damit ihrer Höhe sowie des Verwendungszwecks in Erwägung zu ziehen und demnächst einen entsprechenden Gesetzentwurf vorzulegen;
2. die zu dem Antrag eingegangenen Petitionen durch den Beschluß zu 1 für erledigt zu erklären."

Im preußischen Abgeordnetenhause wurde dann am 11. November über den Antrag der Kommission für Handel und Gewerbe beraten. Er wurde, da sich alle Parteien, mit Ausnahme der Sozialdemokraten dafür [1]) aussprachen, angenommen.

[1]) Für die fortschrittliche Volkspartei stimmte Dr. Pachnicke allerdings nur einer wirklichen Verbesserung des Gesetzes, insbesondere der Verwendung der Steuern zu.

Der Vertreter der Staatsregierung erklärte, daß die Staatsregierung durchaus bereit sei, in eine nochmalige Prüfung der Frage der Reform des Warenhaussteuergesetzes einzutreten. Er hat aber in seinen Ausführungen ausdrücklich betont, daß eine Erhöhung der Steuer über 2%, sowie eine Heraufsetzung der Beschränkung von 20 auf 30% des gewerbesteuerpflichtigen Reinertrages nicht in Frage kommen könne. Es könne sich hauptsächlich nur um eine Änderung des Verwendungszweckes der Steuer und um eine völlige Überweisung an die Gemeinden handeln.

Gesetz, betreffend die Warenhaussteuer.

Vom 18. Juli 1900 (GS. S. 294—300).

Exkurs zu den §§ 1 und 5 des WG. über die rechtliche Stellung bzw. Zulässigkeit der Warenhaus- und der anderen Ausnahmeumsatzsteuern.

I.

Daß die Warenhaus- usw. Steuern Ausnahmeauflagen bedeuten, die zwar in die Form von Steuern gekleidet sind, aber andere Zwecke als die Steuern verfolgen, ist allgemein zugestanden.

Wie die Begründungen der verschiedenen WG. und auch die Äußerungen nicht nur der Mittelstandspolitiker, sondern auch der Regierungsvertreter stets zugestanden haben, sind die WSt. usw. nicht zu finanziellen, sondern zu sozialpolitischen Zwecken auferlegt worden, um nämlich die Warenhausentwickelung zu verlangsamen und dadurch den Kleingewerbetreibenden Hilfe zu bringen.

Daß die WSt. als Maßregeln der Mittelstandspolitik gedacht sind, geht auch aus ihrer Verwendung, so in Preußen, hervor. Sie erhöhen nicht die Einnahmen der Gemeinde, sondern sie dienen nur dazu, um die Steuerzahler der 4. und 3. Gewerbesteuerklasse zu entlasten.

Infolgedessen sind die WSt. als Ausnahmesteuern und Maßnahmen der Mittelstandspolitik von der Wissenschaft fast allseitig verurteilt worden.

Fuisting im Bd. IV „Die preußischen direkten Steuern", Berlin 1902, urteilt z. B. über sie folgendermaßen:

Prohibitivsteuern „entsprechen weder dem in der Reichsgewerbeordnung an die Spitze gestellten Grundsatze der Gewerbefreiheit, noch dem Wesen und Zwecke der Steuer". „Steuern, mittelst deren eine Erwerbstätigkeit verhindert, also das Gegenteil ihres Zweckes erreicht werden soll (Aufbringung eines Teils des Staatsbedarfs), leiden an einem inneren Widerspruch und erscheinen als Mißbrauch des Besteuerungsrechtes."

„Wenn die Gerechtigkeit das Fundament der Staaten ist, und die Grundsätze der Gerechtigkeit bei allen großen Umgestaltungen im Steuerwesen an die Spitze gestellt werden, verbietet sich auch jeder Versuch, die wirtschaftlichen Kämpfe durch ungerechte Anwendung steuerlicher Machtmittel auszutragen." „Der Staat kann, ohne von den Grundsätzen der Gerechtigkeit abzuweichen, mittelst der gewerblichen Besteuerung zur Ausgleichung wirtschaftlicher und sozialer Gegensätze nur wenig beitragen." (S. 341.) — „Ist . . . auch die Pr. WSt. frei von den der bayerischen Besteuerungsform anhaftenden großen Mängeln, so treten doch die nachteiligen Folgen einer auf die Erreichung fremder nicht dem steuerlichen Gebiete angehörenden Zwecke deutlich hervor."

Von verschiedenen Seiten ist auch ihre rechtliche Zulässigkeit angezweifelt worden, so von Rehm[1]), v. Heckel[2]), Gehrig[3]), und dem Verfasser[4]).

Es ist daher notwendig, die Frage nochmals zu prüfen, ob die Warenhäuser anders als die anderen Gewerbebetriebe behandelt, ob ihnen Ausnahmesteuern aus sozialpolitischen Gründen auferlegt werden dürfen.

1. Die Warenhäuser sind stehende Gewerbe und fallen damit unter die RGewO. Die Vorschriften der RGewO., Gebote und Verbote, gelten daher für die Warenhäuser ebenso wie für die übrigen Gewerbebetriebe.

Die Warenhäuser sind kein besonderer Gewerbezweig, sondern sie sind Kleinhandelsbetriebe, sie fallen unter den Begriff des Kleinhandels.

Die Warenhäuser sind nun nicht mit irgendwelchen besonderen Schäden und Belästigungen für die Allgemeinheit verbunden, sie fallen also nicht unter diejenigen Gewerbearten, die in der RGewO. eine besondere Behandlung, bezw. Einschränkung erfahren haben. Sie sind daher vollständig erlaubt und dürfen nach § 1 der RGewO. keinen anderen Ausnahmen oder Beschränkungen als den in der RGewO. vorgesehenen unterworfen werden. Insbesondere ist nach § 3 der RGewO. der gleichzeitige Betrieb verschiedener Gewerbe gestattet. Wegen überwiegender Nachteile und Gefahren für das Gemeinwohl kann zwar nach § 51 der RGewO. die fernere Benutzung einer jeden gewerblichen Anlage durch die höhere Verwaltungsbehörde zu jeder Zeit untersagt werden, doch handelt es sich hier nur um reale, technische und gesundheitliche Gefahren und Nachteile.

2. Der Hauptparagraph der RGewO., der hier in Frage kommt, ist § 7 Ziff. 6, wonach aufgehoben sind, vorbehaltlich der an den Staat und die Gemeinde zu entrichtenden Gewerbesteuern, alle Abgaben, welche für den Betrieb eines Gewerbes entrichtet werden, sowie die Berechtigung, dergleichen Abgaben aufzuerlegen.

Diese Bestimmung bezweckte, wie besonders aus der Entstehungsgeschichte hervorgeht, nicht eine Belastung, sondern eine möglichste Entlastung aller GB., damit sich alle nicht durch die RGewO. beschränkten Gewerbebetriebe in voller Freiheit entwickeln könnten.

Die herrschende Ansicht, besonders auch bei Landmann, geht dahin, daß die Warenhaussteuern von dieser Ziffer 6 nicht getroffen werden, und sie berufen sich dabei auf die Entsch. des Pr. Obertribunals, Bd. IX, 376, Bd. XIV.,

---

[1]) Rehm: Warenhausumsatzsteuer und Gewerbefreiheit, Fürth und München 1900.

[2]) v. Heckel: Das Problem der Warenhäuser und der Warenhaussteuer, Dresden 1902.

[3]) Gehrig: Die Warenhaussteuer in Preußen, Leipzig und Berlin 1905.

[4]) Wernicke: Die Sonderumsatzsteuern im Lichte der Gewerbefreiheit, Berlin 1902.

Wernicke: Die Umsatzsteuern in wirtschaftlicher und rechtlicher Beziehung, Schanz, Finanzarchiv 1904.

131, Bd. XXVIII, 433. Danach sollen gemäß § 7 Ziffer 6 alle Abgaben aufgehoben worden sein, welche als Gegenleistung für die Erlaubnis zum Betriebe eines Gewerbes entrichtet wurden.

Auch das RG. hat sich in seinem Urteil v. 18. Februar 1882 (Reger III, 1) diesem Standpunkte angeschlossen, indem es sagte, daß es nur darauf ankomme, ob eine Abgabe vorliege, und ob diese für den Betrieb eines Gewerbes entrichtet werden müsse. Ob die Abgabe eine solche sei, welche für den Betrieb eines Gewerbes entrichtet werden müsse, hänge davon ab, ob zwischen der Befugnis zum Betriebe des Gewerbes und der Verpflichtung zur Entrichtung der Abgabe eine Wechselbeziehung stattfinde.

Dieses Urteil des RG., dem auch Landmann beitritt, geht aber fehl; denn aus der Entstehungsgeschichte der Ziffer 6 des § 7 geht klar hervor, daß nicht bloß Abgaben für die Erlaubnis eines Betriebes, sondern jede Abgabe für den Betrieb, auch Schutzabgaben usw., mit Ausnahme der allgemeinen Gewerbesteuer, aufgehoben werden sollte. Denn diese Bestimmung bezweckte ja eben den Schutz des Gewerbes, indem sie es von allen Lasten, Abgaben, Ausnahmesteuern, mit Ausnahme der regulären Gewerbesteuer, befreien wollte.

Zur richtigen Auslegung der Ziffer 6 des § 7 der RGewO. ist es daher notwendig, auf die Entstehungsgeschichte der Ziffer 6, sowie auf das grundlegende Urteil des Pr. Obertribunals vom 15. Februar 1847 näher einzugehen.

In dem Urteil des Obertribunals vom 15. Februar 1847 handelte es sich darum, zu entscheiden, welche bisherigen Abgaben von den Gewerben, die die Berechtigung zum Betriebe betreffen, mit Einführung der Gewerbesteuer aufhören sollten. Es werden in dieser Entscheidung zwei Arten von Abgaben unterschieden, und zwar solche grundherrlicher und gewerbezinslicher Natur, d. h., da hier Grundstücke mit gewerblichem Betriebe, wie z. B. Mühlen, in Frage kamen, handelte es sich darum, ob die Abgabe nur auf dem Grundstücke lastete, oder ob sie ursprünglich dafür entrichtet war, daß der Grundherr sein Recht, ein Gewerbe zu betreiben, an einen anderen abgetreten und dafür von ihm eine einmalige oder dauernde Abgabe erhalten hatte.

Das Obertribunal kam nun aber in dieser Entscheidung weiter auch zu dem Gesichtspunkte, daß nicht bloß Abgaben für die Zulassung zum Gewerbebetriebe, sondern auch Abgaben für die Ausübung des Betriebes oder für den Schutz des Gewerbebetriebes unter den § 30 des GewStGes. von 1810 fielen. Es führte in diesem Sinne weiter aus, daß der preußische Staatsrat im Jahre 1832 diesem § 30 des Ediktes von 1810 die Auslegung gegeben hatte, daß die Disposition des § 30 beabsichtigt habe, nicht nur diejenigen Gewerbeabgaben aufzuheben, welche unmittelbar und ausdrücklich für die Erlaubnis (Konzessionierung) zu dem Betriebe eines Gewerbes bedungen werden, sondern auch diejenigen, welche das Gewerbe selbst treffen und besteuern, gleichviel, ob sie ausdrücklich für die

Erlaubnis zum Betriebe oder etwa für die Abtretung oder Überlassung vorhandener durch das Gesetz aufgehobener Gewerbeberechtigungen oder für den gutsherrlichen Schutz des Gewerbebetriebes gegen Unbefugte bedungen worden sind.

Es ist also hier ganz klar gesagt, daß der § 30 nicht nur Konzessionsabgaben, sondern auch Abgaben oder Steuern für den Betrieb oder Schutz des Gewerbes aufgehoben hat, und dieser Auffassung ist denn auch das Pr. Obertribunal in der Bd. XIV, 104 ff. mitgeteilten Entsch. beigetreten, indem es ausführte: „Die Ansicht, daß dem Gewerbetreibenden die Steuer nur dann entlassen werden kann, wenn er nachweist, daß sie ausdrücklich und allein für die Konzession bedungen worden ist, ist verwerflich, weil die Abgabe nicht die Konzession allein betrifft, vielmehr eine die Gewerbebetriebe belastende Steuer ist." „Unter den gegen die eingeführten allgemeinen Gewerbesteuern aufgehobenen Abgaben von den Gewerben sind daher nur solche zu verstehen, die selbst die Natur einer Steuer haben." Sonach war die den tatsächlichen Verhältnissen Rechnung tragende offizielle Auslegung des für den § 7 Absatz 6 der RGewO. maßgebenden § 30 des GewstGes. von 1810 die, daß der § 30 alle Abgaben, Steuern usw. für die Zulassung, wie auch für den Betrieb und den Schutz der Gewerbe aufgehoben hat.

Demnach kann die in der Entsch. vom 17. September 1901 ausgesprochene Ansicht des RG., daß der § 7 Absatz 6 nur die Konzessionsabgaben vom Gewerbe aufgehoben habe, nicht aufrechterhalten werden. Es sind auch alle Abgaben für den Betrieb eines Gewerbes aufgehoben. Hätte der damalige Gesetzgeber ahnen können, daß man im 20. Jahrhundert zu Ausnahme-Gewerbebetriebssteuern greifen würde, so würde er sicherlich das verboten haben.

3. Nun bestimmt ferner der § 5 der RGewO., daß in den Beschränkungen des Betriebes einzelner Gewerbe, die auf den Zoll-, Steuer- und Postgesetzen beruhen, durch das gegenwärtige Gesetz (die RGewO.) nichts geändert werde.

Übereinstimmend bemerken hierzu die Kommentatoren, z. B. Landmann und Hoffmann, daß diese Beschränkungen nur solche in der Zulassung zum Gewerbebetriebe bedeuten sollen, da Beschränkungen in der Art der Ausübung schon nach § 1 zulässig seien. Trotzdem werden aber in den Anmerkungen zu Steuergesetzen neben dem Ges. vom 3. Juli 1878 betr. Spielkartenfabriken, auch die Gewerbesteuern aller Art, die Hausiersteuern, WSt., Gemeinde-, Kreis- und Provinzialabgaben aufgeführt, obwohl es sich doch ausdrücklich um Beschränkungen in der Zulassung zum G. handeln soll.

Die Beschränkungen in den Zulassungen, d. h. solche Abgaben, bei denen zwischen der Befugnis zum Betriebe des Gewerbes und der Verpflichtung zur Entrichtung der Abgabe eine Wechselbeziehung stattfindet, sind aber nach § 7, Ziff. 6 aufgehoben.

Die Kommentatoren bewegen sich hiernach in einem merkwürdigen Widerspruche.

Unseres Erachtens sind daher unter den Steuern des § 5 nur solche zu verstehen, die nicht für die Zulassung zum Gewerbe erhoben werden, sondern mit ev. sonstigen Beschränkungen der Gewerbe verbunden sind, z. B. bei der Spielkartenfabrikation, bei öffentlichen Lustbarkeiten, bei Wirtschaftsabgaben, beim Malzaufschlage und dergl.

Eine Einschränkung des § 7 Ziff. 6 kann der § 5 auch schon deshalb nicht enthalten, weil der § 7 Ziff. 6 ihm erst folgt.

Schon hieraus geht ohne Frage hervor, daß die Steuern des § 5 und des § 7 Ziff. 6 verschiedener Art sein müssen.

Die Beschränkungen des § 5 können nur solche durch besondere Vorschriften sein, während die Beschränkungen durch die Art und Höhe der Steuer an sich im § 7 Ziff. 6 verboten sind.

II.

Es fragt sich nun, sind die Ausnahmewarenhaussteuern Gewerbesteuern im Sinne des § 7 Ziff. 6 der RGewO. und stehen sie mit den Prinzipien und Tendenzen der RGewO., insbesondere des § 7, Ziff. 6 im Einklang.

Gewerbesteuern sind Abgaben der Gewerbebetriebe als solcher zur Bestreitung der Ausgaben des Staates bzw. der Gemeinden, die entweder allgemein für alle Gewerbe gleichmäßig oder aber für die einzelnen Gewerbe besonders geregelt sind. Sie haben sich allgemein von rohen Formen zu Ertragssteuern entwickelt. Allgemein anerkannt ist, daß die Gewerbesteuern nur nach finanziellen Gesichtspunkten, und zwar nach dem Prinzipe der Leistungsfähigkeit oder nach dem Prinzipe des Interesses (so besonders bei den Gemeindegewerbesteuern) auferlegt werden. Irgendwelche anderen Gesichtspunkte, so insbesondere sozialpolitische (wie eine bessere Verteilung des Einkommens usw.), spielen wohl ev. bei der Einkommensteuerveranlagung mit, nicht aber bei der Gewerbesteuer.

Entsprechen nun die Warenhaussteuern diesem allgemeinen und feststehenden Charakter der Gewerbesteuer?

1. Der Zweck der Warenhaussteuer ist, wie hervorgehoben, eine Verlangsamung der Warenhausentwicklung. Die Warenhaussteuer ist also keine steuerliche, sondern eine politische, prohibitive Maßnahme. Der Zweck der Warenhaussteuer läßt sich sonach mit dem Zwecke der Gewerbebesteuerung nicht vereinen.

2. Die Warenhaussteuer ist eine Ausnahmesondersteuer auf Grund des § 29 des KAG.[1]), während die Gewerbesteuern allgemeine Steuern sind.

---

[1]) Die §§ 20, 29 und 31 des KAG. lauten:

§ 20. Die direkten Gemeindesteuern sind auf alle der Besteuerung unterworfenen Pflichtigen nach festen und gleichmäßigen Grundsätzen zu verteilen. Handelt es sich um Veranstaltungen, welche in besonders hervorragendem oder geringem Maße einem Teile des Gemeindebezirkes oder einer Klasse von Gemeindeangehörigen zustatten kommen, und

Der Sinn und Zweck des ersten Satzes des § 20 ist, wie aus der Entstehungsgeschichte des § 29 hervorgeht, der, daß er ungebührliche Belastungen einzelner Gewerbebetriebe ausschließen sollte. Gewiß hat der § 29 des KAG. besondere Gewerbesteuern zur Durchführung des Interesseprinzips gestattet, es ist aber bei der Beratung dieses § 29 ausdrücklich hervorgehoben, daß er zu keinem anderen Zwecke als zur Durchführung des Interesseprinzips dienen sollte.

Die Einführung besonderer Gewerbesteuern ist den Gemeinden nachgelassen, wie es in den Motiven zu § 29 (Entw. § 24) heißt, mit Rücksicht auf besondere Vorteile aus gewissen Gemeindeeinrichtungen für einzelne Gewerbearbeiten oder auf besondere Lasten, die dem Verbande daraus erwachsen. Die hiervon betroffenen Gewerbearten (§ 31) können entweder mit höheren Steuersätzen oder mit höheren Prozenten herangezogen werden.

Das bestätigte auch in der Sitzung des AbgH. vom 25. April 1893 der Regierungsvertreter, trotzdem aber erklärte er noch in derselben Sitzung, daß z. B. für die Betriebe der höheren Gewerbesteuerklassen eine besondere Gewerbesteuer veranlagt werden könne, obwohl doch das nach den Motiven und seiner ersten Erklärung nur dann möglich wäre, wenn diese ganze Klasse besondere Vorteile genießen oder besondere Kosten verursachen würde.

Der Berichterstatter der Kommission, Dr. Würmling, trat denn auch sofort diesen Anschauungen entgegen, indem er konstatierte, daß die Auffassung der Kommission eine andere gewesen sei als die des Staatskommissars; die besondere Gewerbesteuer sollte nach der Absicht der Kommission nur im Falle des § 31 veranlagt werden.

Wenn das KAG. im § 29 auch die alten Veranlagungsarten nach dem Betriebsumfange zugelassen hat, so sollte damit der Charakter der Gewerbe-,

---

werden Beiträge nach §§ 9 und 10 nicht erhoben, so kann die Gemeinde eine entsprechende Mehr- oder Minderbelastung dieses Teiles des Gemeindebezirkes oder dieser Klasse von Gemeindeangehörigen beschließen. Bei der Abmessung der Mehr- oder Minderbelastung ist namentlich der zur Herstellung und Unterhaltung der Veranstaltungen erforderliche Bedarf nach Abzug des etwaigen Ertrages in Betracht zu ziehen. Der Beschluß bedarf der Genehmigung."

§ 29. Den Gemeinden ist die Einführung besonderer Gewerbesteuern gestattet. Die Gewerbesteuern können namentlich bemessen werden nach dem Ertrage des letzten Jahres oder einer Reihe von Jahren, nach dem Werte des Anlagekapitals oder des Anlage- und Betriebskapitals, nach sonstigen Merkmalen für den Umfang des Betriebes oder nach einer Verbindung mehrerer dieser Maßstäbe."

§ 31. „Eine verschiedene Abstufung der Gewerbesteuersätze und Prozente (der staatlich veranlagten Gewerbesteuer) ist zulässig, wenn 1. die einzelnen Gewerbearten iu verschiedenem Maße von den Veranstaltungen der Gemeinde Vorteil ziehen oder der Gemeinde Kosten verursachen, und soweit die Ausgleichung nicht nach §§ 4, 9, 10 oder 20 erfolgt; 2. wenn die gewerblichen Gebäude im stärkeren Verhältnis zur Gebäudesteuer herangezogen werden, als es auf Grundlage der staatlichen Gebäudesteuer der Fall sein würde, oder wenn die gewerblich benutzten Räume einer Mietssteuer unterliegen."

als Ertragssteuer nicht vollständig aufgegeben werden. Der Betriebsumfang sollte nur als ein einen Rückschluß auf den Ertrag zulassendes Merkmal gelten. Der Wortlaut und die Vorschriften der §§ 20 und 31 sind aber so allgemein gehalten, daß Willkürlichkeiten oder abweichende Auffassungen nicht ausgeschlossen sind. Darum hatte der Abgeordnete Engels zum § 29 folgenden Antrag eingebracht: „Diese Steuern sind auf sämtliche Gewerbebetriebe, welche nach § 28 der Gemeindebesteuerung unterliegen, nach gleichen Normen und Sätzen zu verteilen", der in der Sitzung vom 25. April 1893 beraten wurde. Der Kommissionsberichterstatter Dr. Würmling erwiderte darauf, daß der § 20 bereits die Willkür in der Bemessung der Gewerbesteuern ausschließe. Danach also ist der § 20 sowohl für die Frage, in welchen Fällen besondere Gewerbesteuern zulässig, als auch für die, in welcher Höhe sie zu erheben sind, maßgebend. In letzterer Beziehung sollen aber die besonderen Vorteile oder Kosten den Maßstab bilden.

Der Minister von Eulenburg äußerte bei der Beratung des § 29 (24 des Entw.), daß dem hier wie bei den anderen Realsteuern möglichen Mißbrauch der Freiheit (bei der Veranlagung) die Genehmigung der Aufsichtsbehörde vorbeuge.

Aus der Geschichte des KAG., besonders der Bgr. und den Verhandlungen ergibt sich also, daß der § 29 nicht zu dem Zwecke geschaffen ist, um mißliebige oder, wie man in Bayern sagt, hassenswerte Gewerbe mit möglichst hohen Steuern zu belegen, sondern nur um den Gemeinden die Möglichkeit zu geben, das Interesseprinzip in der Gewerbebesteuerung durchzuführen, d. h. die Betriebe, die den Gemeinden besonders hohe Kosten verursachen oder die von den Gemeindeeinrichtungen besonderen Nutzen haben, dementsprechend zu den Gemeindelasten heranzuziehen.

Jede Steuerwillkür, bzw. unverhältnismäßige Steuerbelastung, sollte aber nach dem Willen des Gesetzgebers hierbei — schon auf Grund des § 20 — ausgeschlossen sein.

Es ist aber bisher nicht der Nachweis erbracht worden, daß die Warenhäuser den Gemeinden verhältnismäßig besondere Kosten verursachen oder von den Gemeindeeinrichtungen verhältnismäßig größeren Nutzen haben als die anderen Detailgeschäfte. Dieser Nachweis ist bisher überhaupt nicht einmal versucht worden.

Dagegen ist der Gegenbeweis sehr leicht zu erbringen, daß die Fabriken den Gemeinden in der Regel viel höhere Kosten verursachen und von den Gemeindeeinrichtungen einen größeren Nutzen haben als die Detailgeschäfte, bzw. die Warenhäuser.

Die Warenhaussteuer als sozialpolitische Ausnahmesteuer läßt sich also auch auf § 29 des KAG. tatsächlich nicht basieren.

Die Warenhaussteuer wird zwar in Preußen unter Absetzung der Gewerbesteuer erhoben, bzw. wenn letztere höher ist als die Warenhaussteuer, wird nur die Gewerbesteuer erhoben.

In verschiedenen Staaten aber wird die Warenhaussteuer neben der Gewerbesteuer erhoben, so in Bayern, Elsaß-Lothringen, Hessen und Braunschweig. Dadurch tritt der Charakter der Ausnahmesteuer ganz offensichtlich hervor, und die Warenhaussteuer verliert dadurch ihren Gewerbesteuercharakter.

Ist schon die rechtliche Zulässigkeit der preußischen Warenhaussteuer aus obigen Gründen sehr zweifelhaft, so trifft dies bei den soeben angeführten Warenhaussteuern der anderen Bundesstaaten noch in verstärktem Maße zu, da nach § 7 Ziffer 6 nur noch Gewerbesteuern, aber nicht noch andere Auflagen zu irgendwelchen anderen Zwecken, sicherlich aber nicht mehrere, noch dazu darunter so hohe Sondergewerbesteuern, zulässig sind.

Das Umgekehrte gilt bezüglich der Geraer Warenhaussteuer. Denn in Gera besteht keine allgemeine Gewerbesteuer. Hier fehlt demnach überhaupt ein Rechtsboden gemäß § 7 Ziffer 6 der RGewO. für eine Ausnahmewarenhaussteuer.

3. Der Charakter der Umsatzsteuer ist eine Neuerung bzw. ein Rückgriff in längst überwundene Zeiten. Die hohe Umsatzsteuer, die keine Rücksicht auf den Ertrag nimmt, ist in der Begründung des preußischen WG. selbst genügend verurteilt worden. Sie läßt sich mit den allgemein anerkannten Steuerprinzipien und den Grundsätzen des PrGewstGes. und des KAG. nicht in Einklang bringen.

Denn das GewstGes. von 1891 wollte in Verbindung mit dem EinkstGes. die Besteuerung nach dem wirklichen Ertrage, dem Einkommen durchführen. Das KAG. hingegen wollte nach Überweisung der Realsteuern an die Gemeinden diesen die Möglichkeit geben, außer nach dem Ertrage oder in Anlehnung an diesen, die Gewerbebetriebe auch nach Merkmalen für den Umfang des Betriebes zu den Gemeindelasten heranzuziehen. Die Veranlagung der Gewerbesteuer nach, bzw. in Verbindung mit dem Umsatze, sollte nicht ausgeschlossen werden, indem man argumentierte, daß der Umsatz als Grundlage der Gewerbebesteuerung schon immer eine große Rolle gespielt habe.

Das ist richtig. Trotzdem bedeutet die Einführung von reinen Umsatzsteuern unbedingt, wie die Bgr. des Pr. WG. selbst ausführt, einen Rückschritt, da sie an sich eine sehr rohe Form der Besteuerung ist. Eine reine Umsatzsteuer, die keine Rücksicht auf die Ertragsverhältnisse nimmt, läuft mit den modernen Steuerprinzipien, die auf Individualisierung hinausgehen, weit auseinander.

Eine auf die individuellen Verhältnisse nicht Rücksicht nehmende Steuer kann nicht gerecht wirken. Gerechtigkeit ist aber der fundamentale Grundsatz aller Besteuerung. Man kann also die Einführung der Umsatzsteuer nicht damit rechtfertigen, daß sie früher bereits bestanden habe.

Zudem vergißt man dabei, daß die früheren Umsatzsteuern nur sehr niedrige waren, während die Warenhaussteuern im Verhältnis sehr hohe sind, da sie die regulären Gewerbesteuern um das Zehnfache und mehr übersteigen. Eine an sich ungerechte Steuer wirkt aber um so ungerechter, je höher sie ist, während ihre Ungerechtigkeit abgeschwächt wird, je niedriger sie ist.

Eine hohe Umsatzsteuer, die nicht Rücksicht auf den Ertrag nimmt, kann in vielen Fällen zur Vermögenskonfiskation führen, während eine niedrige Umsatzsteuer, wegen der geringen Beträge ev. leicht ertragen werden kann.

Eine hohe Umsatzsteuer, noch dazu als Ausnahmesteuer, ohne Rücksicht auf den Ertrag, entspricht also nicht den Absichten des Gesetzgebers beim Erlaß des GewstGes. und KAG.

4. Die abnorme Höhe der Warenhaus- und mancher besonderen Gemeindegewerbesteuern ist nun aber gerade das bedenkliche! Das Prinzip der Gewerbefreiheit verlangt eine gleichmäßige Behandlung der Gewerbetreibenden bzw. der betr. Gewerbezweige. Die Warenhaussteuern aber greifen einige wenige Gewerbebetriebe heraus und belegen sie mit hohen Ausnahmeumsatzsteuern, die entweder keine oder nur geringe Rücksicht auf den Ertrag nehmen. Sie stellen also eine Anzahl von Gewerbetreibenden viel schlechter als ihre Konkurrenten, ja, sie gehen in vielen Fällen so weit, daß sie diesen nicht nur den ganzen Ertrag, sondern auch noch einen Teil ihres Kapitals, ihres Vermögens fortnehmen.

Eine derartige Steuerpolitik hat aber der Gesetzgeber der RGewO. unbedingt nicht gewollt. Besonders mit dem § 3 der RGewO. lassen sich die Warenhaussteuern im Prinzip nicht in Einklang bringen, denn die WG. unterstellen die Warenhausbesitzer, weil sie gleichzeitig verschiedene Gewerbe betreiben, unter die Ausnahme-Warenhaussteuer. Sie wollen die Zulage von weiteren Branchen bei den Spezialgeschäften und Kaufhäusern, die Weiterentwickelung des Warenhauswesens aufhalten.

Die Warenhaussteuer trifft nun als außergewöhnlich hohe Steuer alle Zweige des Warenhauses gleichmäßig, obwohl die verschiedenen Branchen einer sehr verschiedenen Rentabilität unterliegen. Sie verhindert daher nachweislich bei vielen Spezialgeschäften und Kaufhäusern die Zulegung weiterer Artikel und macht daher für viele Geschäfte den § 1 und 3 des GewstGes. illusorisch, was z. B. in dem Jahresberichte des Verbandes Berliner Spezialgeschäfte für 1911 S. 11 folgendermaßen beklagt wird:

„Auch die Gesetzgebung selbst hat dem Spezialgeschäft unerwartete Nachteile gebracht, insonderheit das Gesetz, das gerade zum Schutz des Detailkaufmanns geschaffen worden ist, und das jetzt sich gegen ihn wendet, weil es eine schematische Regelung vorgenommen hat, das WG. Durch die künstliche Schaffung von vier Gruppen sind dem Spezialgeschäft geradezu Fußangeln gelegt, wird es in seiner Bewegungsfreiheit gehemmt, da die bloße Führung eines einzigen Artikels einer anderen Gruppe genügt, um erhebliche Steuerbeträge fällig zu machen. Dabei ist das Spezialgeschäft, wie wir bereits oben betont haben, in der heutigen Zeit gezwungen, die absolute Einseitigkeit aufzugeben und eine gewisse Risikoversicherung bei benachbarten Artikeln einzugehen, um gleichmäßig leistungsfähig zu bleiben. Kein Wunder, daß unter diesen Umständen, wo aus Wohltat Plage geworden ist, von seiten der Spezialgeschäfte auf diese

Form der gesetzlichen Bekämpfung der Warenhäuser immer weniger Wert gelegt wird."

Die Gruppeneinteilung im § 6 des WS., die die Steuerpflicht von der Führung von Waren aus mindestens zwei Gruppen abhängig macht, steht daher mit der Tendenz des § 3 der RGewO. nicht in Einklang, da sie die Warenhaussteuer für den Betrieb mehrerer Gr., bzw. Gewerbe auferlegt, andererseits aber die Spezialgeschäfte und Kaufhäuser hindert, sich Waren aus einer anderen Gr. zuzulegen.

Die mit den verschiedenen gesetzlichen und steuerlichen Prinzipien nicht in Einklang zu bringende Wirkung der sehr hohen Ausnahme-Umsatzsteuer kann dadurch ev. abgemildert werden, daß diese Steuer auf bestimmte Prozente des Ertrages beschränkt wird. Nur dadurch glaubte die Pr. Regierung die Einführung einer Warenhausumsatzsteuer rechtfertigen zu können, daß sie sich prinzipiell auf 20% des Ertrages beschränkte. Eine Verschärfung des Ges. bezüglich der Umsatzsteuer oder der Beschränkung auf die betr. Prozente des Ertrages erklärte die Pr. Regierung in ihrer Bgr., wie auch in beiden Verhandlungen des AbgH., für unmöglich, da 2% und 20% des Ertrages die nach den gesetzlichen Bestimmungen, besonders der RGewO., äußerst zulässigen Grenzen seien. Demnach erklärte die Pr. Regierung indirekt Umsatzsteuern, die über diese Grenzen hinausgingen, insbesondere keine Beschränkung auf den Ertrag enthielten, für unzulässig.

Wenn nun das Pr. AbgH. diese Beschränkung auf 20% des Ertrages für viele Fälle dadurch wieder unwirksam gemacht hat, daß im § 5 die Bestimmung hinzugefügt wurde, daß die Steuer mindestens die Hälfte des regulären Satzes, für die größeren Betriebe also 1% des Umsatzes, betragen müsse, so hat es der preußischen Warenhaussteuer dadurch nach Ansicht der Preußischen Regierung den Rechtsboden mindestens teilweise entzogen und die Preußische Warenhaussteuer in Konflikt mit den bestehenden gesetzlichen Bestimmungen, insbesondere der RGewO. gebracht. Das Gleiche gilt auch von der Geraer und Braunschweiger Warenhaussteuer, die nicht auf Prozente des Ertrages beschränkt sind.

Die verschiedenen Preußischen Gemeindegewerbesteuerordnungen enthalten zum Teil besondere direkte oder indirekte Bestimmungen für Warenhäuser. Es sind entweder Kopfsteuern, wie in Beuthen, Kattowitz und Remscheid, oder Umsatzsteuern, wie in Görlitz, Spandau, Zeitz, Gelsenkirchen usw. Die Beuthener und Zeitzer Gewerbesteuerordnungen enthalten keine Beschränkungen auf Prozente des Ertrages; sie sind infolgedessen sehr hoch und gehen bis ca. 3% des Umsatzes, während die anderen Gemeindegewerbesteuerordnungen Beschränkungen nach Art des § 5 des Preußischen WG. enthalten, die aber zum Teil wieder, wie z. B. in Beuthen und Spandau, durch die hohen Gemeindezuschläge eine ganz außergewöhnliche Höhe (von ca. 3% des Umsatzes) erreichen.

Die Steuersätze dieser besonderen Gemeindegewerbesteuerordnungen für Warenhäuser dürfen aber nicht eine prohibitive Wirkung äußern. „Es wird daher eine dem § 5 des WG. entsprechende Bestimmung in den Ordnungen jedenfalls dann vorzusehen sein, wenn hinsichtlich des Umfanges der Steuerpflichten oder der Steuerhöhe über den Rahmen jenes Gesetzes hinausgegangen werden soll. (MinErl. v. 18. November 1906, MDJ. IV Bd. II 585. Vgl. Freund „Das KAG." VII. A., Berlin 1910, S. 27).

Die Heranziehung der Filialen zu einer besonderen Gewerbesteuer ist in Preußen seit einigen Jahren schwankend gewesen. Durch MinErl. waren die Filialsteuern auf 2% des Ertrages beschränkt. Das OVG. hat dann in seiner Entscheidung vom 13. Februar 1908, Bd. 52, S. 149 solche Filialsteuern, die auf dem persönlichen Momente gegründet waren, daß der Inhaber seinen Wohnsitz außerhalb der betreffenden Stadt hat, für unzulässig erklärt, und die Ministerien hatten infolgedessen die Genehmigung besonderer Filialsteuern verboten. Ein besonderer MinErl. von 1910 hat aber eine etwas höhere Veranlagung der Filialen zur besonderen Gemeindegewerbesteuer zugelassen. Kürzlich hat nun das OVG. Filialsteuern, die nicht auf dem persönlichen Momente des auswärtigen Wohnsitzes des Inhabers gegründet sind, sondern auf dem Betriebsmomente, daß der Hauptsitz des Unternehmens sich außerhalb befindet und außerhalb Gewerbesteuern zahle, für zulässig erklärt, obwohl solche Filialsteuern dem § 3 RGewO. widerstreiten.

III.

Nun ist zwar die herrschende Lehre, daß es für die Rechtsgültigkeit eines Gesetzes unerheblich sei, ob es gegen die Grundsätze der Verfassung oder die in den Steuergesetzen niedergelegten Steuerrechtsgrundsätze verstoße, da die Rechtsgültigkeit allein davon abhänge, daß das betr. Gesetz verfassungsmäßig zustande gekommen sei.

Das OVG. und auch das RG. haben die Warenhaussteuer und besonders die Gemeindegewerbesteuern für zulässig und nicht gegen die Vorschriften der RGewO. verstoßend erklärt, auch wenn die Höhe der Steuer den Fortbetrieb des Gewerbes in Frage stellt. EStSt. vom 19. November 1903, XI, 439, EStSt. vom 27. September 1906, XIII, 439, und EStSt. vom 8. Februar 1908, XIII, 192. ERG. vom 17. September 1901.

Aus der durch solche Steuern herbeigeführten Erschwerung eines Betriebes könne nicht auf die Unvereinbarkeit solcher Steuern aus dem reichsrechtlichen Grundsatze der Gestattung des Gewerbetriebes für jeden geschlossen werden.

Bedenken gegen die Höhe der Steuersätze in Steuerordnungen für besondere Gewerbesteuern unterlägen ausschließlich der Würdigung der Genehmigungsbehörden, nicht derjenigen des Verwaltungsrichters. Entsch. OVG. vom 22. 2 01 und vom 16. Februar 1904, vgl. Freund a. a. O. S. 129 und 130.

Die EStSt. vom 19. 11. 03, XI, 439 ff. sagt:

„Der Einwand, daß die Warenhaussteuer der preußischen Verfassungsurkunde und den Bestimmungen der RGewO. überhaupt nicht zu Recht bestehe, ist unbegründet.

Des Eingehens auf die Frage, ob das WG. im Widerspruche zu den angeführten Bestimmungen der preußischen Verfassungsurkunde stehe, bedarf es überhaupt nicht, weil von der Bejahung oder Verneinung dieser Frage die rechtliche Gültigkeit und Verbindlichkeit des Gesetzes nicht abhängt. Hierfür genügt es vielmehr, daß das Gesetz in vorschriftsmäßiger Form zustandegekommen und veröffentlicht ist. Die sachliche Verfassungsmäßigkeit eines formell gültig erlassenen Gesetzes unterliegt nicht der richterlichen Prüfung (G. Meyer, Lehrbuch des deutschen Staatsrechts, 5. Aufl., S. 568; von Schultze-Gaevernitz, das preußische Staatsrecht, 2. Aufl., Bd. 2, S. 56). Des weiteren ist auch der behauptete Widerspruch zwischen dem WG. und den Vorschriften der RGewO. nicht anzuerkennen. Insbesondere findet sich in dem WG. keine Bestimmung, welche die Zulassung zum Warenhausbetrieb oder die Fortsetzung des Betriebes von bestimmten, mit dem in den §§ 1, 3, 143 der deutschen Gewerbeordnung ausgesprochenen Grundsatze der Gewerbefreiheit unvereinbaren Bedingungen abhängig machte. Die Belastung des Gewerbes mit Gewerbesteuern ist durch jenen Grundsatz nicht ausgeschlossen, vielmehr im § 7 Nr. 6 bei der Aufhebung aller Abgaben, welche für den Betrieb eines Gewerbes entrichtet werden, ausdrücklich vorbehalten.

Daß die Warenhaussteuer des Gesetzes vom 18. Juli 1900 aber eine wirkliche Gewerbesteuer ist, läßt sich nicht bezweifeln. Ihr steuerlicher Charakter ergibt sich daraus, daß sie einen nicht auf besonderer Gegenleistung beruhenden Beitrag zur Bestreitung der öffentlichen Ausgaben der Gemeinden bildet, und daß sie alle diejenigen belastet, für welche der die Voraussetzungen der Besteuerung bildende Tatbestand zutrifft. Insbesondere gehört sie zu den Gewerbesteuern, weil sie vom Gewerbebetrieb erhoben und nach wesentlichen Vorgängen im Gewerbebetrieb, Umsatz oder Ertrag, bemessen wird."

An diesem Standpunkte hat das OVG. auch weiter festgehalten.

In formalrechtlicher Beziehung mag diese herrschende Anschauung — teilweise — berechtigt sein, in materiellrechtlicher Beziehung aber ist ein derartiger Zustand äußerst bedenklich; denn dadurch werden ev. zwei völlig entgegengesetzte Rechts- und Steuerprinzipien, die miteinander in direktem Widerspruche stehen, zu gleicher Zeit als zu Recht bestehend anerkannt. Es wäre in Preußen dann also geltendes Recht, einmal, daß alle Staatsbürger vor dem Gesetze gleich sein sollen, und sodann, daß die Staatsbürger durch Ausnahmegesetze ungleichmäßig behandelt werden können, und ferner einmal, daß in steuerrechtlicher Beziehung die Steuern und Lasten allgemein und gleichmäßig auf alle Staatsbürger verteilt werden, und sodann, daß es gestattet ist, einzelne Staatsbürger herauszugreifen und sie mit abnorm hohen Ausnahmesteuern zu belegen.

Ein solcher Rechts- oder vielmehr Unrechtszustand, bei dem ein allgemein anerkannter Rechtsgrundsatz und zu gleicher Zeit das Gegenteil von ihm rechtsgültig sein soll, bedeutet aber eine vollständige Rechtsverwirrung und muß zu den bedenklichsten Konsequenzen in einem Rechtsstaate führen.

Es muß daher gefordert werden, daß ein jedes Gesetz, das erlassen werden soll, daraufhin geprüft werde, daß es nicht mit anderen Gesetzen und namentlich nicht mit den Verfassungs- und steuerrechtlichen Grundsätzen im Widerspruche stehe, damit bei einem solchen Zwiespalte nicht die unlösbare Frage gestellt werden kann: Welches Recht soll nun gültig sein, das ursprüngliche oder das entgegengesetzte? Denn eins kann doch logischerweise selbstverständlich nur gültig sein!

Der Ansicht des OVG. aber, daß die Höhe der Steuer — auch im Hinblick auf die Grundsätze und Tendenzen der RGewO. — unerheblich sei, selbst wenn sie soweit geht, den betreffenden Gewerbebetrieb unmöglich zu machen, kann nicht beigetreten werden. Sie ist keine steuerliche Maßnahme, sondern eine politische — gewerbepolitische, mittelstandspolitische, sozialpolitische. Die Gewerbe-, Sozial- oder Mittelstandspolitik darf aber die in der GewO. niedergelegte Gewerbepolitik, d. h. die Gewerbefreiheit, nicht durchkreuzen oder illusorisch machen, sondern sie muß sich dieser Politik anpassen. Als oberstes Prinzip muß die Gewerbefreiheit gelten und bestehen bleiben, und die Steuerpolitik hat sich dieser Gewerbepolitik unterzuordnen bzw. anzupassen, d. h. sie ist derartig einzurichten, daß durch sie nicht die Gewerbefreiheit dadurch unmöglich gemacht wird, daß den betreffenden Betrieben ihre Existenzfähigkeit durch die Steuern genommen wird. Die Höhe der Steuern ist daher gerade von ausschlaggebender Bedeutung, und das OVG. hat u. E. nicht nur das Recht, sondern auch die Pflicht, zu prüfen, ob Steuern wegen ihrer Höhe und wegen der ganzen Art der Veranlagung nicht gegen die allgemeinen Rechts- und Steuerprinzipien verstoßen, im besonderen, ob sie mit den Grundsätzen der PrVerf. und der RGewO. wie auch mit den Steuergrundsätzen vereinbar sind.

In der EStSt. vom 6. März 1902, Bd. X, 470 vertritt auch das OVG. selbst im Gegensatze zu obigen E. diesen Standpunkt, indem es folgendes ausführt:

„Gegenüber den mannigfachen, auf Unterdrückung der Warenhausbetriebe gerichteten Bestrebungen hat die Staatsregierung mit großem Nachdrucke ihre Absicht bekundet, den Warenhausbetrieb nicht in unzulässiger Weise durch die Besteuerung zu erdrücken oder unmöglich zu machen. Hierauf gerichtete Bestimmungen der Landesgesetze würden mit dem reichsrechtlich geschützten Grundsatze der Gewerbefreiheit nicht vereinbar und deshalb nicht rechtsgültg sein. Der § 5 soll aber gerade ein Ventil bilden, um einer, dem Reichsrechte widersprechenden, erdrückenden Besteuerung vorzubeugen. Die hier gegebene Rechtswohltat darf also nicht, wie es in der Berufungsentscheidung geschieht, in einschränkender Weise, sondern sie muß so ausgelegt werden, daß der Erdrückung des Warenhausbetriebes durch die Höhe der Besteuerung in wirksamer Weise vorgebeugt wird."

Auch der Vertreter des Finanzministeriums hat in den Debatten des AbgH. über die Anträge auf Erhöhung der Warenhaussteuer oft genug ausgesprochen, daß eine zu hohe Warenhaussteuer sich mit den Grundsätzen der Gewerbefreiheit nicht vereinigen lasse, und daß das OVG. eine solche Steuer für unzulässig erklären würde. Auch die Regierungsvertreter in den anderen Bundesstaaten haben sich auf diesen Standpunkt gestellt. Vor allem aber sei auf die Bgr. des Pr. WG. selbst verwiesen, in der es heißt:

„Die Regierung bezweckt mit der landesgesetzlichen Regelung keineswegs, die großen Warenhäuser und dgl. auf dem Wege der Besteuerung zu unterdrücken. Die Verfolgung eines solchen Zieles liegt nach der wirtschaftlichen und politischen Lage Deutschlands und dem Stande der Reichsgesetzgebung außerhalb der Macht und der Zuständigkeit der Gesetzgebung der einzelnen Bundesstaaten. Dasjenige, was allein das Ziel eines steuerlichen Vorgehens sein kann, ist eine der Leistungsfähigkeit und dem Interesse an den Gemeindeveranstaltungen entsprechende Erfassung der großen Warenhäuser usw."

„Die Regierung wünscht aber von vornherein keinen Zweifel darüber zu lassen, daß mit diesen Vorschlägen auch die äußerste Grenze dessen erreicht ist, was sie als mit den oben entwickelten für sie bei Aufstellung des früheren Entwurfes, so auch jetzt maßgebenden Grundsätzen einer rationellen Steuerpolitik für vereinbar erachtet, und daß deshalb für eine Verschärfung des Entwurfes in wesentlichen Punkten auf ihre Zustimmung nicht zu rechnen sein würde."

„Eine Steuer von mehr als 2 % des Umsatzes oder 20 % des Ertrages würde mindestens gegenüber manchen Betrieben den Charakter einer unstatthaften Prohibitivsteuer annehmen können, insbesondere kann auch gegenüber einer bis 2 % des Umsatzes steigenden Steuer ihre Beschränkung bis auf einen gewissen Prozentsatz des Ertrages nicht entbehrt werden, um nicht den steuerpflichtigen Betrieben die Führung solcher Branchen, an denen ein weniger hoher Prozentsatz des Umsatzes verdient wird, zur Unmöglichkeit zu machen, und insoweit daher doch zu einer Prohibitivsteuer zu gelangen. Wenn man den in den verschiedenen Branchen üblichen Nutzen am Umsatze berücksichtigt, so wird man zugeben müssen, daß die Grenze bei 2 % des Umsatzes und 20 % des Ertrages schon reichlich hoch gegriffen ist und eine weitere Erhöhung nicht verträgt."

Sonach ist festzustellen, daß die Warenhaussteuern und besonders Gemeindegewerbesteuern als Ausnahmesteuern und als hohe Umsatzsteuern — ganz abgesehen von den Verfassungsbestimmungen — mit den in den Steuergesetzen niedergelegten Prinzipien, ferner aber auch mit den Bestimmungen und Prinzipien der RGewO., besonders § 3 und § 7 Absatz 6, an sich nicht in Einklang zu bringen sind, da sie Steuern darstellen, deren Zulässigkeit nach § 7 Absatz 6 der RGewO. sehr zweifelhaft ist, und da sie anderseits die umgekehrte

Wirkung des § 3 der RGewO. für viele Spezialgeschäfte ausüben, d. h. vielen Betrieben die Zunahme anderer Branchen unmöglich machen. Diese Wirkungen sind aber um so schwerwiegender, je höher die Steuern sind, je weniger eine Beschränkung auf bestimmte — nicht zu hohe — Prozente des Ertrages stattfindet, als deren Höchstmaß die Pr. Regierung 20 % anerkannt hat. Solche Steuern hätte nach den Erklärungen der Pr. Regierung, wie auch nach seinen eigenen Auslassungen in der angezogenen Entsch. vom 6. März 1902 das OVG. einer Prüfung auf ihre materielle Rechtlichkeit und Zulässigkeit hin zu unterwerfen, und auch das RG. dürfte sich im Hinblick auf die nicht zutreffenden Entscheidungen von 1882 und 1901 (S. 45/46) dieser Pflicht nicht entziehen.

Das preußische Warenhaussteuergesetz.

§ 1[1][2].

Wer das stehende[3]) Gewerbe des Klein-[4]) (Detail-) Handels mit mehr[5]) als einer der im § 6 dieses Gesetzes unterschiedenen Warengruppen betreibt, unterliegt, wenn der Jahresumsatz[6]) in diesen Gruppen[7]) — einschließlich desjenigen der in Preußen belegenen Zweigniederlassungen[8]), Filialen, Verkaufsstätten — 400000 Mark übersteigt[9]), der nach Vorschrift dieses Gesetzes zu entrichtenden, den Gemeinden[10]) zufließenden Warenhaussteuer.

Ob der Kleinhandel im offenen Laden[11]), Warenhaus, Lager und dergleichen oder als Versandgeschäft, auf oder ohne vorgängige Bestellung betrieben wird, macht für die Besteuerung keinen Unterschied.

Erstreckt sich der Kleinhandelsbetrieb über mehrere Orte[12]), so tritt die Steuerpflicht nur insoweit ein, als seine Verkaufsstätten in einem und demselben Orte oder unmittelbar benachbarten Orten[13]) mehr als eine der im § 6 unterschiedenen Warengruppe führen.

Vereine, eingetragene Genossenschaften[14]) und Korporationen, welche nach § 5[14]) des Gewerbesteuergesetzes vom 24. Juni 1891 der Gewerbesteuer nicht unterworfen sind, unterliegen auch der Warenhaussteuer nicht. Dasselbe gilt von den auf Grund des § 3[15]) des gedachten Gesetzes beziehungsweise § 28[16]) des Kommunalabgabengesetzes vom 14. Juli 1893 von der Gewerbesteuer befreiten Betrieben.

[1]) Vgl. Bgr. S. 27 u. AA. Artikel 1 u. 2.

[2]) In den anderen Bundesstaaten — vgl. Anh. III — ist die Warenhaussteuerpflichtigkeit nach folgenden Grundsätzen geordnet:

1) In Chemnitz ist dieselbe Klasseneinteilung wie in Preußen getroffen.

2) In Württemberg, Anhalt, Gera, Elsaß-Lothringen und Hessen sind gewerbliche Unternehmungen (Kleinhandelsbetriebe) die sich mit dem Großbetriebe des Kleinhandels (mit dem Kleinhandel) mit Waren verschiedener Gattungen, nach Art der Warenhäuser,

Großbasare, Abzahlungs-, Versteigerungs- und Versandgeschäfte befassen, warenhaussteuerpflichtig.

In Baden haben Kleinhandelsbetriebe eine Warenhaussteuer als Gemeindeabgabe zu entrichten, wenn sie nach der Verschiedenheit der geführten Warengruppen, der Zahl der von ihnen beschäftigten Personen, der Höhe des Mietswertes der Geschäftsräume und der Art ihres Geschäftsverfahrens als Warenhäuser anzusehen sind. In Baden müssen also als Voraussetzung für die Heranziehung zur Warenhaussteuer folgende Momente zusammen gegeben sein:

a) die Verschiedenheit der geführten Warengruppen,
b) eine verhältnismäßig große Zahl von Personal,
c) ein verhältnismäßig höherer Mietswert,
d) eine besondere Art des Geschäftsverfahrens, d. h. wohl viel Reklame, Sonderangebote, Ausnahmeveranstaltungen, kurzum ein lebhafter Geschäftsbetrieb.

3) In Bayern unterliegen gewerbliche Unternehmungen, deren Geschäftsbetrieb zur gewinnbringenden Verwertung größerer Betriebsmittel eine außergewöhnliche Ausdehnung hat **und** durch die Art des Geschäftsverfahrens von den Grundsätzen und Formen der üblichen Gewerbeausübung wesentlich abweicht, der Warenhaussteuer.

Zu den gewerlichen Unternehmungen zählen unter den angegebenen Voraussetzungen insbesondere:

a) Warenhäuser, Großmagazine, Großbasare, Abzahlungsgeschäfte, Versteigerungsgeschäfte usw., durch die Waren, die nach ihrer Beschaffenheit verschiedenen Gattungen angehören oder als Erzeugnisse verschiedener Gewerbe- oder Handwerkszeige anzusehen sind, in größerem Umfange mittelst Einzelverkaufs in offenen Verkaufsstellen feilgehalten oder im Wege des unmittelbaren Versandes an die Verbraucher veräußert werden;
b) Gewerbe der in Ziffer 1 bezeichneten Art, in denen der Betriebsumfang durch Haltung einer Mehrzahl von Verkaufsstellen oder Niederlagen für den Vertrieb der Waren oder Erzeugnisse außergewöhnlich erweitert ist. — Die Voraussetzung zur Heranziehung zur Warenhaussteuer in Bayern ist also:
   α) Eine außergewöhnliche Ausdehnung des Geschäftsbetriebes **und**
   β) außerdem das Abweichen von den Grundsätzen und Formen der üblichen Gewerbeausübung durch die Art des Geschäftsverfahrens (letzteres ist also dasselbe Moment wie in Baden), ferner
   γ) Waren verschiedener Gattungen bzw. Erzeugnisse verschiedener Gewerbe- oder Handwerkszweige.

In Braunschweig sind die Gemeinden befugt, stehende gewerbliche Unternehmungen, welche von den Grundsätzen und Formen, unter denen der

Geschäftsbetrieb steuerpflichtiger Gewerbe regelmäßig ausgeübt wird, wesentlich abweichen, und die geeignet erscheinen, die in der Gemeinde ansässigen Betriebe des Kleinhandels oder des Kleingewerbes erheblich zu benachteiligen, zu einer besonderen Gemeindegewerbesteuer (Umsatzsteuer) heranzuziehen.

Einer solchen Steuer können unter den vorgenannten Umständen beispielsweise unterworfen werden:

a) Großbetriebe des Kleinhandels nach Art der Warenhäuser,
b) Abzahlungs-, Versteigerungs-, Ausverkaufs-, Rabattmarkengeschäfte und ähnliche,
c) Zweiggeschäfte auswärtiger Betriebe,
d) Produktivgenossenschaften,
e) Konsumvereine.

Die einzelnen Warenhaussteuergesetze sind hinten im Anhang III S. 172ff. abgedruckt.

[3]) Die Voraussetzungen für die Warenhaussteuerpflicht werden im § 1 des WG. nicht vollständig selbständig geregelt (entgegen EStSt. vom 12. Dezember 1901, X, 454), sondern auf Grundlage des § 5 des GewStGes.

Durch die Warenhaussteuer wird in Preußen nur das stehende Gewerbe des Kleinhandels mit mehreren Warengruppen besteuert. Unter Gewerbe ist eine mit der Absicht auf Gewinnerzielung unternommene selbständige berufsmäßige und erlaubte Arbeitstätigkeit zu verstehen, die sich als Beteiligung am allgemeinen wirtschaftlichen Verkehre darstellt (vgl. Fuisting a. a. O. S. 6, EOVG. Bd. XVII, 252, XVI, 87, EStSt. I, 395).

Eine einmalige, ohne die Absicht der Wiederholung vorgenommene Tätigkeit ist niemals ein Gewerbe, wohl aber kann schon eine einmalige Handlung, wenn sie in der Absicht der Wiederholung vorgenommen wird, als Beginn eines Gewerbes erscheinen (vgl. Fuisting a. a. O. S. 12).

Im allgemeinen muß aber die Tätigkeit eine wiederholte sein. Eine nur gelegentlich ausgeübte Tätigkeit, ohne die Absicht der Wiederholung, ist kein Gewerbebetrieb (Fuisting a. a. O. S. 13).

Der Gewerbebetrieb muß ein „stehender" sein, also nicht ein Gewerbebetrieb im Umherziehen, ein Wander- oder Hausierergewerbe.

Der Begriff des „stehenden" Gewerbes erfordert in positiver Beziehung eine feste gewerbliche Niederlassung an einem bestimmte Orte, an dem das Gewerbe hauptsächlich betrieben wird; sei es als Fabrik oder Handwerk, in Fabrikräumen oder Werkstätten; sei es als Handel, entweder als Engroshandel im Kontor und auch ev. in Niederlagen, Lagerräumen; oder als Kleinhandel in Verkaufsräumen oder Versandräumen. Die Haltung eines Lagers ist nicht Voraussetzung für den stehenden Gewerbebetrieb.

Der Gewerbebetrieb im Umherziehen, der Wanderlagerbetrieb, sowie ohne Gewinnabsicht betriebene Konsumanstalten fallen also nicht unter das WG.

[4]) Außer der Eigenschaft des stehenden Gewerbebetriebes ist eine weitere notwendige Voraussetzung für die Warenhaussteuerpflichtigkeit der Betrieb des

Klein- (Detail-) Handels. Das Gesetz gibt keine Definition des Kleinhandels, ebenso auch nicht seine Bgr. Klein- oder Detailhandel ist nach Strutz S. 28 der Warenverkauf unmittelbar an die Konsumenten im weiteren Sinne, d. h. diejenigen, welche die gekauften Verbrauchsgegenstände selbst verbrauchen, im Gegensatze zum Engroshandel, der an Wiederverkäufer verkauft. Vgl. Art. 1 AA. und Fuisting S. 508, der den Kleinhandel als den letzten Absatz der Waren, den „Einzelverkauf an das konsumierende Publikum" ansieht. EStSt. vom 28. November 1901, X, 456 und 20. Februar 1902, X, 457.

Es ist daher der Verkauf an Klein- oder Zwischenhändler, an Handwerker aller Art, Näherinnen, Schneiderinnen, Putzmacherinnen usw. (EStSt. vom 20. Februar 1902, X, 457 und vom 20. Mai 1903, XI, 456) kein Kleinverkauf, und daher von der Warenhaussteuer ausgeschlossen.

Ebenso ist das Schankgewerbe kein Kleinhandel, da, wie Strutz S. 48 mit Recht sagt, in der preußischen und in der Reichsgesetzgebung der Begriff der Gast- und Schankwirtschaft stets als ein besonderes Gewerbe dem Handel gegenübergestellt und nicht zu diesem gerechnet wird; ebenso auch nicht das photographische Atelier, vgl. EStSt. vom 12. November 1908, XIII, 435.

Kleinhandel mit geistigen Getränken, mit Spiritus usw. ist dagegen warenhaussteuerpflichtig, ebenso der Verkauf in der Schankwirtschaft nicht zum Genuß auf der Stelle.

Lieferungen für Staat oder Reich zur Versorgung größerer Personenmengen mit Bekleidungs- und Ausrüstungsstücken gehören nach EStSt. vom 20. Mai 1903, XI,463, nicht zum Kleinhandel, vgl. Fuisting S. 509.

In Chemnitz unterliegt der besonderen Gemeinde-, Warenhaus- und Filialsteuer an sich nur das Einkommen aus dem Detailumsatze. Diesem wird das Einkommen aus etwaigem Engroshandel hinzugerechnet.

In Bayern will der Artikel 1, II, Ziffer 1 des WG. Warenhäuser treffen, durch die Waren . . . . in größerem Umfange mittelst Einzelverkaufs in obigen Verkaufsstellen feilgehalten oder im Wege des unmittelbaren Versandes an die Verbraucher veräußert werden. Der Artikel 1 will also nur den Kleinhandelsumsatz besteuern. Dementsprechend schreibt Artikel 5 vor, daß die Warenhaussteuer nach der Gesamtroheinnahme des warenhaussteuerpflichtigen Gewerbebetriebes (dem Geschäftsumsatze) zu berechnen ist. Gemeint ist hier natürlich gemäß § 1 nur die Gesamtroheinnahme aus dem Detailumsatze des Warenhauses; denn Artikel 1 will, wie gesagt, nur den Detailumsatz des Warenhauses mit der Warenhaussteuer treffen.

Wenn in dem Kommentar von Henle zu den Bayerischen Gemeindesteuergesetzen, München 1911, S. 354 gesagt wird: Ob Großhandelsverkäufe und Kommissionsgeschäfte des Warenhausunternehmers zum Warenhausbetriebe gehören oder außerhalb dieses Betriebes stattfinden, sei eine Frage des Einzelfalls; die Großhandelsverkäufe, die in den Verkaufsräumen des Warenhauses stattfänden und Waren beträfen, die in diesen Räumen feilgehalten würden, seien regelmäßig zum warenhaussteuerpflichtigen Betriebe zu rechnen, so ist dem nicht beizutreten, ebenso nicht den dahin ergangenen Entscheidungen der Oberberufskommission. Vielmehr ist augenscheinlich der Wille des Gesetzgebers, ebenso wie in Preußen, der gewesen, daß nur der Detailhandelsumsatz von der Warenhaussteuer getroffen werden soll, nicht aber der Engrosumsatz. Ob dieser Engrosumsatz in gesonderten Geschäftsräumen oder in den Räumen des Warenhauses selbst stattfindet, ist unerheblich; es muß nur ein genügender bücherlicher Nachweis darüber geführt werden. Die Mitbesteuerung des Engrosumsatzes in Bayern ist also gesetzlich nicht gerechtfertigt, da sie dem Art. 1 des WG. widerspricht. Man wollte ja auch in Bayern nur die Konkurrenz der Warenhäuser mit ihrem Detailhandel, nicht mit ihrem Engroshandel oder ihrer Fabrikation treffen.

Auch die Badische Warenhaussteuer will nur den Kleinhandel treffen; denn der § 81 der Gemeinde- und Städteordnung spricht nur vom Kleinhandelsbetrieb, der ev. der Warenhaussteuer unterliegen soll. Es ist nur folgerichtig, wenn der Engrosumsatz von der Warenhaussteuer freigelassen wird.

In Braunschweig werden nach § 1 des Ges. Großbetriebe des Kleinhandels nach Art der Warenhäuser der Warenhaussteuer unterworfen. Auch hier will man also nur den Kleinhandel mit der Warenhaussteuer belegen,

ebenso in Anhalt,

ebenso auch in Hessen, wo in Artikel 22 ausdrücklich bestimmt ist, daß die besondere Gewerbesteuer ev. in Form eines Zuschlages oder nur nach dem im Kleinhandel erzielten Umsatze des Unternehmens erhoben werden soll.

Das gleiche gilt auch von Elsaß-Lothringen, wo nach § 1 des WG. gewerbliche Unternehmungen, die sich mit dem Kleinhandel mit Waren verschiedener Gattungen . . . befassen, der Warenhausabgabe unterliegen sollen.

Gewerbesteuerordnungen, die, wie z. B. die Beuthener und die Halberstädter, sich in dieser Beziehung widersprechen oder unklar ausdrücken, dürften vom OVG. deswegen für ungültig erklärt werden, da eine Steuerordnung so klar gehalten sein muß, daß sie jedermann verstehen kann und keine Widersprüche enthalten darf.

[5]) Nur wer Waren von mindestens 2 Gruppen des § 6 führt, unterliegt der Warenhaussteuer. Näheres darüber zu § 6 und Anh. II.

[6]) **Umsatz** ist nach der Bgr. des Gesetzes und nach Artikel 1 AA. der gesamte, für die im Kleinhandel veräußerten Waren erzielte Erlös, also die bare Einnahme zuzüglich der Außenstände für die in der betreffenden Periode verkauften Waren und abzüglich der Eingänge von Außenständen aus früheren Zeitabschnitten. EStSt. vom 20. Februar 02, X, 457.

Strutz hält den Abzug von uneinziehbaren oder unsicheren Außenständen vom Umsatze nicht für zulässig. Das dürfte aber zu weit gehen, da ein jeder gewissenhafte Geschäftsmann für solche ev. uneinziehbaren Warenforderungen — Dubiosen — jährlich bestimmte Abschreibungen machen muß; denn da der Umsatz ein erzielter Erlös sein soll, so müssen auch die nicht erzielten Erlöse,

d. h. die uneinbringbaren oder abgeschriebenen Forderungen abgezogen werden können.

Verzugszinsen für Außenstände und Aufschläge auf die Verkaufspreise für kreditierte Zahlungen erklärt Strutz mit Recht für abzugsfähig.

Der Umsatz der Konsumvereine im Lieferantenverkehre ist abzugsfähig, da nach der EStE. vom 20. Februar 1902, X, 458, weder ein Kleinhandel, noch überhaupt ein Handel vorliegt.

Der Umsatz eines warenhaussteuerpflichtigen auf Erzeugung von Brot und Bäckereiwaren im eigenen Betriebe berechneten Konsumvereins (eingetragene Genossenschaft) in selbstgefertigten, an Konsumenten (Mitglieder und Nichtmitglieder) verkauften Backwaren ist nach der EStE. vom 8. Juni 1905, XII, 476, umsatzsteuerpflichtig.

Ob einzelne Geschäfte ohne Absicht der Gewinnerzielung abgeschlossen, ob einzelne Artikel zu oder unter Einkaufspreisen abgegeben werden, ist für die Warenhaussteuerpflicht unerheblich. Sie unterliegen der Warenhaussteuer, EStE. vom 6. März 1902, X, 459.

Werden entgegen dem Verbote des Chefs von Angestellten einzelne Waren zum Verkaufe gebracht, so wird der Vertrieb dadurch nicht warenhaussteuerpflichtig, EStE. vom 12. Dezember 1901, X, 463.

Der Rabatt, d. h. der Betrag, den der Unternehmer für die an die Käufer verabfolgten Sparmarken eines Rabattsparvereins ausgegeben hat, ist nach EStE. vom 12. Dezember 1901, X, 453, und vom 22. März 1906, XIII, 433, nicht abzugsfähig. Diese Entsch. bezieht sich also zunächst nur auf die von einem Rabattsparverein ausgegebenen Rabattmarken, nicht aber auf die von einem Geschäfte selbst ausgegebenen eigenen Rabattmarken.

Es erscheint aber sehr zweifelhaft, ob diese Entsch. aufrecht zu erhalten ist; denn ohne alle Frage verringern sich die Einnahmen, der Erlös, um den tatsächlich an die Kunden gewährten Rabatt. Der Zweck des Rabatts ist hierbei unerheblich. Wenn nun der Rabatt gleich bei Zahlung des Kaufpreises abgezogen wird, der Erlös also tatsächlich nicht gleich dem vollen Verkaufspreise, sondern nur gleich dem Verkaufspreise abzüglich des Rabatts, ist, so erscheint es in diesem Falle tatsächlich und rechtlich völlig gerechtfertigt, den Rabatt nicht zum warenhaussteuerpflichtigen Umsatze hinzuzurechnen. Der erst später ausgezahlte Rabatt unterscheidet sich aber wirtschaftlich und rechtlich von dem sogleich vom Verkaufspreise abgezogenen Rabatt in keiner Weise. Es geht hieraus hervor, daß die in einem Jahre tatsächlich gezahlte Rabattsumme vom Umsätze abzugsfähig sein muß.

Bei der Ermittlung des für die Veranlagung zur Warenhaussteuer maßgebenden Umsatzes oder Ertrages sind nach EStE. vom 20. Mai 1903, XI, 455 ff. auch zu berücksichtigen.

a) die an das Geschäftspersonal abgelassenen Waren, selbst wenn die Ablassung zum Betrage der Selbstkosten einschließlich Spesen erfolgt;

b) der Verkauf und Versand von Waren nach nichtpreußischen Ländern;
c) die Verkäufe und der Versand der von dem Unternehmer selbst fabrizierten Waren einschließlich des Erlöses und Ertrages aus einer auf Bestellung der Abnehmer erfolgten besonderen Bearbeitung der Waren, wie z. B. aus der Gravierung von Metallwaren.

Dagegen sind dabei nicht zu berücksichtigen:
a) der Wert der von dem Unternehmer zum eigenen Gebrauch aus dem Geschäft entnommenen Waren;
b) Lieferungen an das Reich oder an einen Staat zum Zwecke der Versorgung größerer Personenmengen mit Bekleidungs- und Ausrüstungsstücken.

Die Regierung darf von dem durch den Steuerausschuß schätzungsweise festgestellten Verhältnisse der auf den Kleinhandel und der auf den Großhandel entfallenden Teile des Gesamtumsatzes zuungunsten des Steuerpflichtigen nicht ohne tatsächliche Unterlagen abweichen.

Wesentliche Verfahrensmängel sind die Nichterhebung des von dem Steuerpflichtigen hinsichtlich dieses Verhältnisses, insbesondere durch Bezugnahme auf das Zeugnis seines Geschäftspersonals, angebotenen Beweises aus unzutreffenden Gründen.

7) Nur der Umsatz in den Waren, die den im § 6 aufgeführten Gruppen angehören, ist umsatzsteuerpflichtig. Waren, die nicht in diese Gruppen fallen, sind also warenhaussteuerfrei, vgl. Anm. 2 zu § 6.

Es ist nach Art. 1 AA. dem Steuerpflichtigen in erster Linie überlassen, seine Ansprüche auf Befreiung des nicht umsatzsteuerpflichtigen Umsatzes geltend zu machen und zu begründen.

Gleichwohl bleiben die Veranlagungsbehörden verpflichtet, auch von Amts wegen nicht umsatzsteuerpflichtigen Umsatz von der Warenhaussteuer freizulassen.

Nur wer Waren aus mehr als einer Gruppe führt, ist umsatzsteuerpflichtig. Die Gruppeneinteilung ist im § 6 gegeben. Alles Nähere darüber dort.

8) Bei denjenigen Betrieben, die Filialen oder Zweigniederlassungen besitzen, wird für die Warenhaussteuerveranlagung der Umsatz aller Filialen an demselben Orte, gleichgültig, ob die einzelnen Filialen alle Warengruppen oder nur einzelne Gruppen führen, zusammengerechnet, sofern nur alle Filialen an demselben Orte zusammen Waren aus mehreren Gruppen führen.

Von den Filialen dagegen, die außerhalb des Stammsitzes des Geschäfts liegen, wird nach Absatz 3 des § 1 der Umsatz nur dann zur Warenhaussteuer mit herangezogen, wenn sie — jede für sich — Waren aus mehreren Gruppen führen, also an sich der Warenhaussteuer unterliegen. Der Umsatz von Filialen außerhalb des Wohnsitzes des Geschäfts also, die nur eine Warengruppe führen, wird zur Warenhaussteuer nicht mitgerechnet und veranlagt. EStSt. vom 20. Februar 1902, X, 464.

Veranlagt wird nur der in den in Pr. gelegenen Filialen erzielte Detailumsatz in warenhaussteuerpflichtigen Waren.

9) Eine weitere Voraussetzung für die Warenhaussteuerpflichtigkeit ist die Erzielung eines Umsatzes von mehr als 400 000 Mark. Ein Umsatz von 400 000 Mark ist also noch nicht warenhaussteuerpflichtig.

In Chemnitz wird ein Mindestumsatz von 200 000 Mark,

in Bayern wird ein Mindestumsatz überhaupt nicht erfordert.

In Württemberg berträgt der Mindestumsatz in Städten

bis	10 000	Einwohnern	80 000 Mark,
von	10—50 000	„	150 000 „
über	50 000	„	200 000 „

Ähnlich ist es in Hessen, wo in Städten bis zu 10 000 Einwohnern ein Mindestumsatz von 80 000 Mark, in Städten über 10 000 Einwohner ein Mindestumsatz von 150 000 Mark erfordert wird.

In Baden ist der Mindestumsatz 200 000 Mark.

In Braunschweig ist eine Mindestgrenze nicht festgesetzt.

In Anhalt beträgt der Mindestumsatz 100 000 Mark, und in Elsaß-Lothringen in Städten unter 10 000 Einwohnern mindestens 100 000 Mark, in Städten von 10—50 000 Einwohnern mindestens 150 000 Mark, über 50 000 Einwohnern mindestens 200 000 Mark.

In Gera ist die Untergrenze 150 000 Mark.

10) Die Warenhaussteuer wird zwar staatlich erhoben, fließt aber den Gemeinden, bei Gutsbezirken den Kreisen (vgl. § 14, Absatz 4) zu. Die Warenhaussteuer gilt als eine auf Grund des § 29 KAG. erhobene Gewerbesteuer. Sie ist vom OVG. in den EStSt. vom 27. September 1906, XIII, 439, vom 12. Oktober 1908, XIII, 439, vom 19. November. 1903, XI, 439, als zulässig und als Gewerbesteuer erklärt worden. (Näheres siehe darüber im Exkurse vor § 1, S. 53.) Sie ist daher als solche von dem gewerbesteuerpflichtigen Ertrage, wie auch vom Einkommen abzugsfähig (in Bayern ist sie dagegen nach Art. 12 des EinkStGes. vom 14. August 1910 wie alle direkten Steuern und Umlagen nicht vom Einkommen und vom Ertrage abzugsfähig).

Die Warenhaussteuer trifft nicht nur eigentliche Warenhäuser, sondern auch häufig Spezialgeschäfte, die Artikel aus zwei oder mehreren Warengruppen führen, ferner auch Konsumvereine, Versandgeschäfte, Abzahlungsgeschäfte und dergleichen.

11) Offener Laden bedeutet hier die dem Publikum offenstehenden Verkaufsräume der Detailgeschäfte. Das OVG. hat, wie in der Bgr. des PrWG. zu § 1 ausgeführt wird, den Begriff des offenen Ladens dahin definiert, daß als solcher ein jedes Verkaufslokal anzusehen sei, in dem die zur Abgabe an etwa erscheinende Käufer vorhandenen Warenvorräte im Kleinverkehr an die Eintretenden ohne vorherige Bestellung und ohne daß ein physisches Hindernis für den Eintritt bestehe, abgegeben werden. Näheres darüber in Anm. 16.

[12]) Unter **Orten** sind hier Gemeinden, bzw. Gutsbezirke zu verstehen. Vgl. das oben unter Nr. 10 Gesagte.

[13]) Unmittelbar benachbarte Orte sind nach Strutz solche, deren Gemarkungen aneinander grenzen.

[14]) Nur solche Vereine, eingetragene Genossenschaften, also besonders Konsumvereine, und Korporationen, die, nach § 5 des GewstGes. vom 24. Juni 1891, nicht von der Gewerbesteuer befreit sind, können, wenn die Voraussetzungen der Absätze 1, 2 und 3 des WG. auf sie zutreffen, zur Warenhaussteuer herangezogen werden. Vgl. Artikel 2 AA.

§ 5 des GewstGes. lautet:

> „Der Gewerbesteuer sind ferner nicht unterworfen: Vereine, eingetragene Genossenschaften und Korporationen, welche nur die eigenen Bedürfnisse ihrer Mitglieder an Geld, Lebensmitteln und anderen Gegenständen zu beschaffen bezwecken, wenn sie satzungsgemäß und tatsächlich ihren Verkehr auf ihre Mitglieder beschränken und keinen Gewinn unter die Mitglieder verteilen, auch eine Verteilung des aus dem Gewinne angesammelten Vermögens unter die Mitglieder für den Fall der Auflösung ausschließen.
>
> Konsumvereine mit offenem Laden unterliegen der Besteuerung; ebenso unter derselben Voraussetzung Konsumanstalten, welche von gewerblichen Unternehmern im Nebenbetriebe unterhalten werden.
>
> Molkereigenossenschaften, Winzervereine und andere Vereinigungen zur Bearbeitung und Verwertung der selbstgewonnenen Erzeugnisse der Teilnehmer unterliegen der Gewerbesteuer nur unter denselben Voraussetzungen, unter welchen auch der gleiche Geschäftsbetrieb des einzelnen Mitgliedes hinsichtlich seiner selbstgewonnenen Erzeugnisse der Gewerbesteuer unterworfen ist."

Der Vorstand des Vereins der Kaufberechtigten eines Warenhauses, der den Warenhausbetrieb lediglich im Namen und auf Rechnung des Vereins führt, betreibt für sich kein Gewerbe und ist deshalb für seine Person nicht warenhaussteuerpflichtig. EStSt. vom 5. November 1903, XI, 442.

Da die Warenhaussteuer eine Gewerbesteuer ist, so ist es auch selbstverständlich, daß nur solche Betriebe bzw. Vereine, die überhaupt gewerbesteuerpflichtig sind, zur Warenhaussteuer herangezogen werden können. Da die meisten Konsumvereine aber nur Waren aus der Gruppe A führen, so werden nur wenige von ihnen unter die Warenhaussteuer fallen.

Konsumanstalten, die nicht auf Gewinnerzielung gerichtet sind, sind nicht Gewerbe im steuerlichen Sinne und fallen nicht unter die Warenhaussteuer, EStSt. vom 12. Dezember 1901, X, 455, wohl aber Konsumanstalten im Nebenbetrieb von gewerblichen Unternehmungen, sofern sie einen **offenen** Laden besitzen, auch wenn sie ohne die Absicht der Gewinnerzielung betrieben werden, da sie auf Grund des § 5 Absatz 2 der Gewerbesteuer unterliegen. Vgl. Anm. 16.

[15]) Der § 3 GewstGes. in der durch den § 28 KAG. vom 14. Juli 1893 abgeänderten Fassung lautet:

„Von der Gewerbesteuer sind befreit:

1. das Deutsche Reich (und die Gewerbebetriebe des Pr. Staates und der Reichsbank);
2. die landschaftlichen Kreditverbände sowie die öffentlichen Versicherungsanstalten;
3. die Kommunalverbände wegen folgender von ihnen betriebenen gewerblichen Unternehmungen:
   a) der zu gemeinnützigen Zwecken dienenden Geld- und Kreditanstalten, als Sparkassen, Landeskreditkassen, Landeskulturrentenbanken, Bezirks- und Provinzialhilfs- und Darlehnskassen usw.;
   b) der Kanalisations- und Wasserwerke, letzterer jedoch nur, soweit sich der Betrieb auf den Bezirk der unternehmenden Gemeinde beschränkt;
   c) der Schlachthäuser und Viehhöfe;
   d) der Markthallen;
   e) der Volksbäder;
   f) der Anstalten zur Beleihung von Pfandstücken.

Der Finanzminister ist ermächtigt, auch für andere im öffentlichen Interesse unternommene gewerbliche Betriebe der Kommunalverbände Steuerfreiheit zu gewähren. Solange solche Betriebe ertraglos sind, muß auf Antrag vom Finanzminister die Steuerfreiheit gewährt werden.

Der Finanzminister ist ermächtigt, vorstehende Bestimmungen auch auf Unternehmungen anderer Korporationen, Vereine und Personen, welche nur wohltätige oder gemeinnützige Zwecke unter Ausschluß eines Gewinnes für die Unternehmer verfolgen (z. B. öffentliche Volksküchen, Kaffeeschänken, Volksbibliotheken und dergleichen), zu erstrecken, und finden dieselben zugleich in betreff der Betriebssteuer (§§ 59 ff.) Anwendung."

Hiernach ist das Deutsche Reich sowie der Pr. Staat von der Warenhaussteuer befreit, ebenso die ev. von ihnen betriebenen Konsumanstalten für Beamte und Arbeiter. Markthallen sind keine einheitlichen Betriebe, sondern sie sind von den Kommunen errichtete Gebäude, in denen an die einzelnen Unternehmer Stände vermietet werden; die Markthallen selbst können also zur Warenhaussteuer nicht herangezogen werden, die einzelnen Standinhaber nur nach den Bedingungen des § 1.

[16]) Die ev. Befreiung der Konsumvereine usw. von der Warenhaussteuer erfolgt ipso jure aus der Gewerbesteuerfreiheit. Die bezüglich der Gewerbesteuerveranlagung auf Grund des § 5 des GewstGes. erfolgte Befreiung von der Gewerbesteuer ist bei der Veranlagung zur Warenhaussteuer maßgebend. (Vgl. Strutz Anm. 16 und Bgr. S. 31.)

Diese Vereinigungen unterliegen der Warenhaussteuer nicht, wenn sie nach § 5 des GewStGes. nicht gewerbesteuerpflichtig sind. Sie werden warenhaussteuerpflichtig, wenn die Voraussetzungen des § 1 des WG. erfüllt, und sie außerdem gewerbesteuerpflichtig sind. Die Voraussetzungen für die Warenhaussteuerpflicht solcher Vereinigungen sind also

I. die im § 1 des WG. aufgestellten Vorbedingungen:

1. Betrieb eines stehenden Gewerbes, also mit Gewinnabsicht, ferner
2. Betrieb eines Kleinhandels mit mehr als einer Gruppe des § 6, sowie
3. ein Mindestumsatz von 400 001 Mark.

II. Vorbedingungen auf Grund des § 5 GewStGes. vom 24. Juni 1891:

1. Ausdehnung des Verkehrs auf Nichtmitglieder (nicht satzungsgemäße und tatsächliche Beschränkung des Verkehrs auf ihre Mitglieder), oder
2. Gewinnverteilung unter die Mitglieder, oder
3. Nichtausschluß der Verteilung des aus den Gewinnen angesammelten Vermögens unter die Mitglieder für den Fall der Auflösung,
4. Konsumvereine mit offenem Laden, ebenso Konsumanstalten im Nebenbetriebe von Gewerbebetrieben mit offenem Laden.

ad. II, 1. Eine Ausdehnung des Verkehrs über den Kreis der Mitglieder hinaus ist nach der AA. zum GewStGes., Artikel X, erst dann anzunehmen, wenn der Verein Nichtmitglieder an denjenigen Zwecken teilnehmen läßt, zu deren Erreichung er gebildet worden ist.

ad. II, 2. Jede Verteilung der Geschäftsüberschüsse, die nach anderen Rücksichten als nach dem Verhältnisse der von den Mitgliedern mit dem Vereine gemachten, dessen Zwecke entsprechenden Geschäfte (Darlehn, Warenbezüge usw.) erfolgt, begründet die Gewerbesteuerpflicht. Überschüsse dagegen, welche lediglich aus dem Geschäftsverkehre mit den Mitgliedern stammen und diesen nach dem Verhältnisse ihres Geschäftsverkehres satzungsgemäß zurückerstattet werden, dürfen nach Fuisting a. a. O., S. 85 nicht für verteilten Gewinn erachtet werden (vgl. EStSt. vom 9. April 1904, XI, 218).

Die Verteilung des sogenannten Kundengewinns macht also nicht gewerbesteuerpflichtig, denn die satzungsgemäße Auszahlung dieser Überschüsse bedeutet lediglich eine Rückerstattung des im Preise zuviel Gezahlten.

Werden die Überschüsse aber nach Maßgabe der Geschäftsanteile verteilt oder gutgeschrieben, so liegt stets eine Gewinnverteilung vor (vgl. EStSt. vom 23. Juni 1910, XIV, 417).

Ist in der Satzung nicht bestimmt, daß die Überschüsse als Kundengewinn entsprechend den Bezügen der Mitglieder zurückvergütet werden, sondern hat die Generalversammlung das Verfügungsrecht über die Verteilung der Überschüsse, so liegt nach der eben angeführten Entsch. vom 9. April 1904, eine Gewinnverteilung vor, und der betr. Konsumverein wird dadurch gewerbesteuerpflichtig.

Werden die Überschüsse dagegen satzungsgemäß als Kundengewinn verteilt, so macht auch das Rabattgeschäft mit Gewerbetreibenden und die daraus fließenden Einnahmen und ihre Verteilung auf die Mitglieder nicht gewerbesteuerpflichtig (vgl. EStSt. vom 20. Februar 1902, X, 457).

ad. II, 4. Bezüglich einer Konsumanstalt entschied das OVG., EStSt. vom 12. Dezember 1901, X, 453, daß die Voraussetzungen der Steuerpflicht im § 1 des WG. als durchaus selbständig und ohne jede Abhängigkeit von den Vorschriften des GewstGes. festgestellt seien. Der Absatz 4 des § 1 des WG. enthalte nur ein Verbot der Besteuerung, nicht aber eine positive Vorschrift über die Steuerpflichtigkeit. Der Absatz 2 des § 5 des GewstGes. werde von der Bestimmung im § 1, Absatz 4 des WG. nicht berührt. Konsumanstalten im Nebenbetriebe seien dort überhaupt nicht genannt, für diese sei daher lediglich der § 1, Absatz 1 des WG. maßgebend. Konsumanstalten, die nicht auf Gewinnerzielung gerichtet seien, stellten sich aber begrifflich nicht als Gewerbe im steuerlichen Sinne dar und fielen deshalb überhaupt nicht unter das WG.

An dieser Entsch. hat der sechste Senat bezügl. der Konsumvereine nicht festgehalten. Die Entsch. vom 22. Oktober 1903, 20. Oktober 1904 und vom 8. Juni 1905 begründeten die Warenhaussteuerpflicht auf die satzungsgemäß nicht ausgeschlossene Gewinnverteilung.

Die EStSt. vom 19. Juni 1908, XIII, 430 begründete die Warenhaussteuerpflicht auf Grund des § 5, Abs. 2 des GewstGes. auf das Vorhandensein eines offenen Ladens, und zwar unter ausdrücklicher Aufhebung der entsprechenden Ausführungen des Urteils vom 12. Dezember 1901. Der vierte Absatz des § 1 des WG. sollte nun nicht mehr ein bloßes Verbot, sondern ein Gebot der Veranlagung enthalten.

Dieses Urteil wurde durch das vom 23. Juni 1910, XIV, 415 aufrechterhalten.

Der Begriff des offenen Ladens[1]) bei Konsumvereinen ist nach der AA. zum GewstGes. vom 24. Juni 1891 in Artikel 10 folgender:

> „Als offener Laden ist nicht nur ein mit Warenauslagen und sonstigen Einrichtungen zur Heranziehung des Publikums (Schaufenster usw.) versehenes Geschäft, sondern überhaupt jedes Verkaufslokal anzusehen, in dem vorhandene Warenvorräte im Kleinverkehr an die erscheinenden Käufer ohne vorherige Bestellung, und ohne daß ein physisches Hindernis (Verschluß) für den Eintritt besteht, verabfolgt werden."

(Vgl. die grundlegende EStSt. vom 11. April 1893, I, 300.)

Einem offenen Laden kann daher nach Strutz, GewstGes., 2. Aufl., S. 73, dieser Charakter nur dadurch genommen werden, daß der ungehinderte

---

[1]) Bezügl. der Einkommensteuer unterliegen nach Artikel 23 der AA. zum KAG. vom 14. Juli 1893 die Konsumvereine (sofern sie nicht etwa als Aktiengesellschaften, juristische Personen usw. steuerpflichtig sind) nur dann der Steuerpflicht, wenn die Genossenschaft nach Maßgabe des Reichsges. vom 1. Mai 1889 (jetzt Ges. vom 20. Mai 1898) in das Genossenschaftsregister eingetragen worden ist. Ist die Eintragung erfolgt, so gilt jeder Konsumverein mit offenem Laden, kraft des Ges. und ohne Zulassung eines Gegenbeweises, als ein solcher, dessen Geschäftsbetrieb über den Kreis seiner Mitglieder hinausgeht.

Zutritt durch Herstellung von Einrichtungen aufgehoben wird, welche zunächst dem freien Eintritt eines jeden entgegenstehen und den Eintritt von Nichtmitgliedern unbedingt ausschließen. Erklärungen des Konsumvereins in der Satzung, daß der Verkauf nur an Mitglieder stattfinde, Bekanntmachungen, durch die Nichtmitgliedern der Eintritt untersagt wird, sind nicht genügend, da die allgemeine tatsächliche Zugänglichkeit des Verkaufslokals hierdurch nicht aufgehoben wird (EStSt. I, 304ff.).

Hieran hat auch das Reichsges. vom 12. August 1896 nichts geändert (EStSt. VIII, 372). Sind an allen Eingängen Pförtner aufgestellt, die jedem, der eine Legitimationsmarke als Mitglied nicht vorzeigen kann, den Eintritt verwehren, so ist der Laden kein offener (EStSt. vom 4. Dezember 1902, XI, 398).

Hierzu sagt Fuisting, „Die direkten Steuern", Bd. I, Anm. 36 zu § 1 des EinkStGes., S. 23:

> „Es hat etwas Seltsames an sich, einen offenen Laden anzunehmen, wenn gesetzliche Verbote und Strafandrohungen die Verabfolgung von Waren an Nichtmitglieder, also an das Publikum, in wirksamer Weise ausschließen. Jedenfalls ist mit diesen gesetzlichen Bestimmungen (Genossenschaftsnovelle von 1896) der Grund beseitigt, der für die Besteuerung der Konsumvereine mit offenem Laden bestimmend gewesen ist."

Die Eintragung, bzw. das Vorhandensein der juristischen Persönlichkeit ist für die Gewerbesteuerpflichtigkeit nach Abs. 2 des § 5 kein Erfordernis, wie bei dem EinkStGes.

Die weiteren Entsch. des OVG. haben nun den Begriff des offenen Ladens, bzw. die Beseitigung dieses Begriffes näher festgestellt.

Die EStSt. vom 4. Dezember 1902, XI, 398 führt aus, daß die alleinige Feststellung der bloßen Möglichkeit, daß Verkäufe an Nichtmitglieder erfolgen können, die sich unberechtigterweise in den Besitz einer Legitimationsmarke gesetzt haben, zur Bgr. der Gewerbesteuerpflicht nach § 5, Abs. 1 des GewStGes. nicht genüge. Es hätte also noch der Feststellung bedurft, daß tatsächlich Verkäufe an Nichtmitglieder stattgefunden und daß die Organe des Vereins einen Mißbrauch der Legitimationsmarken auch geduldet haben.

Die Entsch. verneinte dann auch die Steuerpflicht aus § 5, Abs. 2 des GewStGes., da ein offener Laden nicht vorliege; denn wenn die beiden Pförtner jedem, der eine Legitimationsmarke nicht vorweisen könne, den Eintritt verwehrten, so sei der Laden für das Publikum geschlossen.

Hiernach genügte die Anstellung von Pförtnern außerhalb des Konsumvereins, die nur Mitglieder hineinließen, um den Begriff des offenen Ladens auszuschließen.

Die EStSt. vom 30. November 1904, XII, 258 stellte — allerdings in Einkommensteuersachen — fest, daß der unbedingte Ausschluß von Nichtmitgliedern als Merkmal eines geschlossenen Ladens in dem Sinne aufzufassen sei, daß die angebrachten mechanischen Hindernisse genügen müßten, um (in Verbindung mit den getroffenen Anordnungen) den Eintritt jeder einzelnen Person in jedem Falle von der willkürlichen Entschließung des Ladeninhabers oder einer seiner Angestellten abhängig zu machen.

Eine weitere EStSt. vom 19. Juni 1908, Bd. XIII, 431 stellte entgegen der EStSt. vom 12. Dezember 1901, Bd. X, 453 fest, daß die in dem Absatz 2 des § 5 des GewstGes. betr. die Konsumvereine mit offenem Laden ausgesprochene unbedingte Steuerpflichtigkeit auch für die Warenhaussteuer gelten solle.

Die EStSt. vom 23. Juni 1910, Bd. XIV, 414 ff. führte aus: Ein solcher Verein (Konsumverein) ist demnach, wenn er sich als Konsumverein mit offenem Laden darstellt, im Falle des Absatzes 2 des § 5 immer, sonst aber, wenn auch nur eins der im Absatz 1 des § 5 des GewstGes. aufgeführten Merkmale entfällt, kraft Gesetzes als Gewerbetreibender anzusehen, und deshalb nach § 1 des GewstGes. gewerbesteuerpflichtig.

Für den Eintritt in diese Verkaufslokale, wird weiter ausgeführt, besteht zwar das *physische Hindernis*, daß die Türen an der Außenseite keine Klinken haben und deshalb von außen nicht geöffnet werden können. Auf ein Klingelzeichen werden aber die Türen von innen für jedermann geöffnet, so daß der Eintritt in Wirklichkeit ungehindert ist; denn es kann keinen Unterschied machen, ob der Eintretende zur Öffnung der Tür einen Mechanismus oder eine menschliche Tätigkeit in Bewegung setzen muß. Entscheidend bleibt vielmehr die Tatsache, daß jedermann nach Belieben eintreten kann, und daß dieser Zustand von den Vereinsleitern auch gewollt ist. Die Geschlossenheit der Läden ist also keine solche, daß sie den Nichteintritt von Nichtmitgliedern gewährleisten könnte.

Als einziges physisches Hindernis zur Beseitigung des Begriffs eines offenen Ladens gilt demnach bisher nach den Entscheidungen des OVG. nur die Aufstellung von *Pförtnern* außerhalb des Ladens, die den Eintritt von Nichtmitgliedern verhindern.

Dieses Erfordernis des OVG. geht aber unbedingt über das notwendige Maß hinaus. Nachdem den Konsumvereinen unter Strafandrohung der Verkauf an Nichtmitglieder verboten ist, besteht rechtlich und in den weit überwiegenden Fällen auch *tatsächlich* für sie der Begriff des offenen Ladens nicht mehr. Den Verkäufern in den Konsumvereinen an den kleineren und mittleren Orten sind in der Regel die Mitglieder bekannt, ein Verkauf an Nichtmitglieder wird daher dort in der Regel überhaupt schon ausgeschlossen sein.

Für größere Vereine genügt aber die Vorschrift, daß die Mitgliedsmarken beim Kaufe vorzuzeigen sind, vollständig, um den Verkauf an Nichtmitglieder auszuschließen.

Für die Konsumvereine würde es daher keines weiteren physischen Hindernisses bedürfen, falls der Begriff des offenen Ladens für die Konsumvereine mit Rücksicht auf obiges Verbot richtig ausgelegt würde.

Denn der Laden der Konsumvereine ist infolge jenes Verbots überhaupt kein offener mehr im üblichen Sinne. Die Konsumvereine haben wohl noch einen Laden — nur noch für die Mitglieder —, aber nicht mehr einen offenen

Laden. Dies ist nach der Genossenschaftsnovelle der allein logische Gegensatz, genau sowie das Restaurant einer geschlossenen Gesellschaft, z. B. einer Loge, das nur von Mitgliedern besucht wird, kein öffentliches Schanklokal ist. Nichtmitglieder werden den Laden nur in den allerseltensten Ausnahmefällen betreten, weil jedermann weiß, daß Konsumvereine nicht mehr an Nichtmitglieder verkaufen dürfen und auch nicht mehr an solche verkaufen. Eines physischen Hindernisses bedarf es daher weder rechtlich noch tatsächlich für die Konsumvereine mehr.

§ 2[1]).

Die Warenhaussteuer beträgt vorbehaltlich der Bestimmung im § 5[2]) bei einem Jahresumsatz[3]) von

mehr als		bis		Steuersatz[5])	
[4]) 400000	Mark	450000	Mark	4000	Mark
450000	„	500000	„	5500	„
500000	„	550000	„	7500	„
550000	„	600000	„	8500	„
600000	„	650000	„	9500	„
650000	„	700000	„	10500	„
700000	„	750000	„	11500	„
750000	„	800000	„	12500	„
800000	„	850000	„	13500	„
850000	„	900000	„	15000	„
900000	„	950000	„	16500	„
950000	„	1000000	„	18000	„
1000000	„	1100000	„	20000	„
1100000	„	1200000	„	22000	„

und so fort für jede 100000 Mark mehr 2000 Mark Steuer mehr.

[1]) Vgl. Bgr. S. 31 und AA. Art. 8.

[2]) Die Bestimmung im § 15 Absatz 2, daß die bei Veröffentlichung dieses Gesetzes bereits bestehenden Warenhäuser die Steuer für das Rechnungsjahr 1901 nur zur Hälfte zu entrichten haben, hat z. Z. keine Bedeutung mehr.

[3]) Über Jahresumsatz vgl. Anm 4, 5, 6, 7, 8, 9 zu § 1.

[4]) Über die Mindestumsatzsätze in den anderen Bundesstaaten vgl. Anm. 9 zu § 1.

[5]) Die Warenhaussteuer beträgt also 1—2 % des Umsatzes. 2 % des Umsatzes bilden auch die Höchstgrenze in Braunschweig, und nach dem neuen Ges. vom 5. August 1912 auch in Baden, ferner in Gera, während sie in Elsaß-Lothringen auf 1½ % des Umsatzes begrenzt ist, in Hessen bis zu

5 %, in Bayern sogar bis zu 7 % gehen darf. Doch ist diese an sich ganz außerordentliche Höhe der Steuer in Bayern durch die Begrenzung auf 20 % des Ertrages wie in Preußen, und in Hessen durch Begrenzung auf 15 % des Ertrages, in Hessen also sogar noch weiter als in Preußen, abgemildert.

Daß die Umsatzsteuer eine sehr rohe Form der Besteuerung ist, die in ein fortgeschrittenes und fein ausgebildetes Steuersystem nicht mehr paßt, wird in der Bgr. des PrWG. selbst sehr zutreffend auseinandergesetzt. Vgl. Exkurs vor § 1.

§ 3[1]).

Unterhält ein Unternehmen der im § 1 bezeichneten Art, welches seinen Sitz außerhalb Preußens hat, in Preußen eine oder mehrere Verkaufsstätten (Zweigniederlassungen, Filialen usw.), so unterliegt jede dieser Verkaufsstätten ohne Rücksicht auf die Höhe des Umsatzes[2]) einer Warenhaussteuer von zwei vom Hundert ihres Jahresumsatzes.

Der geringste Steuersatz beträgt 200 Mark bei einem jährlichen Umsatze von 10000 Mark oder weniger. Die Steuersätze steigen um je 200 Mark für je 10000 Mark[3]) des Jahresumsatzes.

Die Heranziehung nach Abs. 1 und 2 unterbleibt, wenn der Unternehmer vor eingetretener Rechtskraft der Veranlagung nachweist, daß der Gesamtumsatz[4]) des ganzen Unternehmens 400000 Mark nicht übersteigt. Ingleichen sind, wenn der Gesamtumsatz mehr als 400000 Mark, aber nachgewiesenermaßen nicht mehr als 1000000 Mark beträgt, die inländischen Verkaufsstätten nur mit dem ihrem Anteil an dem Gesamtumsatz entsprechenden, auf die nächste durch 10 teilbare Zahl von Mark abzurundenden Teilbetrage desjenigen Steuersatzes zu veranlagen, welcher nach § 2 auf das Gesamtunternehmen zu veranlagen sein würde, wenn sich seine sämtlichen Betriebsstätten in Preußen befänden[5])[6]).

[1]) Vgl. Bgr. S. 32. AA. Art. 3 u. 9.

[2]) Umsatz ist hier, wie im § 1, nur der Umsatz im Kleinhandel mit Waren der im § 6 aufgeführten Gruppen.

[3]) Nur für volle Beträge von je 10 000 Mark. Bei einem Jahresumsatz von 26 000 Mark würde also die Steuer, wie Strutz ausführt, 400 Mark betragen.

[4]) Gesamtumsatz ist hier wieder der Umsatz im Kleinhandel mit Waren der im § 6 aufgeführten Gruppen. Wenn der Gesamtdetailumsatz des ganzen Unternehmens, also einschließlich der außerhalb Preußens belegenen Betriebe,

400 000 Mark nicht übersteigt, so bleibt es, wie die betreffenden Warenhausbetriebe in Preußen, steuerfrei.

[5]) Ausländische Betriebe, deren Gesamtdetailumsatz in den Gruppen des § 6 nicht mehr als 1 Million beträgt, sind nicht nach den Bestimmungen von Absatz 1 und 2 zu veranlagen, sondern regulär nach den Bestimmungen des § 2. — Wenn ein Betrieb z. B. zwei Filialen mit Umsätzen von je 150 000 Mark und 240 000 Mark in Preußen unterhält, zusammen also mit einem Umsatze von 390000 Mark, während der ganze Betrieb 780 000 Mark umsetzt, so würde der Gesamtsteuersatz für einen Kleinumsatz von 780 000 Mark 12 500 Mark = 1,6 % betragen. Diese Steuer hätte jede der beiden Filialen zu zahlen.

[6]) Eine Ermäßigung der Steuer nach den Vorschriften des § 5 findet bei der Besteuerung auswärtiger Filialen nicht statt, vgl. § 5 Absatz 2, weil die internen Verhältnisse fremder Betriebe der Kontrolle einheimischer Steuerbehörden nicht unterstehen. EStSt. vom 3. November 1904, XII, 480.

§ 4[1]).

Für die Steuerveranlagung maßgebend ist der Umsatz des bei der Vornahme derselben abgelaufenen[2]) Jahres. Besteht der Gewerbebetrieb noch nicht ein Jahr lang[3])[4]), so ist der Umsatz nach dem zur Zeit der Veranlagung vorliegenden Anhalte zu schätzen. Während des Steuerjahrs eintretende Änderungen[5]) sind erst bei der Besteuerung für das folgende Jahr zu berücksichtigen[6])[7])[8])[9]).

[1]) Vgl. AA. Art. 7 u. 10, GewstGes. § 24, Abs. 2—4, AA. z. GewstGes. Art. 18.

[2]) Wenn die Steuerveranlagung, d. h. der betreffende Beschluß des Steuerausschusses z. B. im März erfolgt, das Geschäftsjahr des Betriebes aber mit dem Kalenderjahr zusammenfällt, so ist das abgelaufene Jahr das am 31. Dezember zu Ende gegangnee. Vgl. EStSt. vom 20. Dezember 1894, III, 357. Daß die Ergebnisse dieses abgelaufenen Geschäftsjahres bereits vollständig büchermäßig vorliegen, ist nicht erforderlich. Es ist hierauf keine Rücksicht zu nehmen. Liegen die Ergebnisse noch nicht vor, was z. B. bei Aktiengesellschaften meistens der Fall ist, so wird der Ertrag des abgelaufenen Jahres geschätzt. Wird Einspruch gegen die Veranlagung erhoben, und sind im Laufe des Verfahrens die Ergebnisse des Geschäftsjahres festgestellt, so werden diese in der Veranlagung zugrunde gelegt. Ausnahmsweise können auch die Ergebnisse des letzt vorangegangenen Jahres, für die die Abschlüsse schon bewirkt werden konnten, bei Vornahme der Veranlagung als maßgebend angenommen werden. Vgl. EStSt. vom 31. Oktober 1895. IV, 408 und vom 6. März 1902, X, 467, vom 8. November 1906, XIII, 442,

[3]) Besteht der Gewerbebetrieb bei der Vornahme der Steuerveranlagung noch nicht ein Jahr lang, so sind die Ergebnisse des noch nicht abgelaufenen ersten Betriebsjahres auf Grund der büchermäßigen Feststellungen und Schätzungen

maßgebend. Werden während eines schwebenden Rechtsmittelverfahrens die Ergebnisse für das erste Betriebsjahr inzwischen endgültig festgestellt, so sind diese der Veranlagung zugrunde zu legen.

Hat während des ersten Jahres eine Verlegung der Geschäftsräume oder eine etwa damit verbundene bedeutende Ausdehnung des Betriebes stattgefunden, so sind trotzdem die Ergebnisse des ersten Jahres zugrunde zu legen (EStSt. vom 9. Oktober 1902, XI, 451 ff.).

Nur wenn wesentliche Änderungen der Betriebsweise selbst und der Betriebsmittel vorliegen, handelt es sich um einen neuen Betrieb, der dann auf der Grundlage von Schätzungen besonders zu veranlagen ist.

Es kommen hier nun noch folgende zwei Fälle in Betracht:

a) Der Kleinhandelsbetrieb besteht zwar schon länger als ein Jahr, aber der Kleinhandelsbetrieb mit mehr als einer Warengruppe besteht noch nicht ein Jahr lang, dann ist der Umsatz nach dem zur Zeit der Veranlagung vorliegenden Anhalte zu schätzen. Nach § 12 des Gesetzes ist von einer Ausdehnung auf mehr als eine der Warengruppen der Gemeindebehörde Anzeige zu machen.

b) Besteht der Kleinhandelsbetrieb mit Waren aus mehr als einer Gruppe schon länger als ein Jahr, hat er aber den Umsatz von 400000 Mark noch nicht seit einem Jahre erreicht, dann ist der Betrieb in diesem Jahre überhaupt noch nicht steuerpflichtig, vielmehr tritt die Steuerpflicht erst vom nächsten Steuerjahre ab ein (vgl. AA. Art. 7).

[4]) Eintreten der Steuerpflicht (§ 13 WG. u. Art. 7 der AA.):

a) Bei Eröffnung eines nach § 1 warenhaussteuerpflichtigen Betriebes oder bei Ausdehnung des Betriebes auf mehrere Warengruppen oder bei Eröffnung einer Warenhausfiliale in Preußen seitens eines außerpreußischen Unternehmens beginnt die Steuerpflicht mit dem Anfange des auf die Eröffnung des Betriebes usw. folgenden Kalendervierteljahrs.

b) Wächst ein Betrieb im Laufe eines Steuerjahres erst in den Umsatz von mehr als 400000 Mark hinein, so beginnt die Steuerpflicht erst vom nächsten Steuerjahre ab.

[5]) Unter den während des Steuerjahres eintretenden Änderungen, sind solche in der Höhe des Umsatzes, wegen Betriebsänderungen, Vergrößerungen, Aufgabe einer oder mehrerer Warengattungen, Beschränkung auf nur eine Warengruppe, bereits zur Warenhaussteuer veranlagter Betriebe zu verstehen.

[6]) Während bei der Eröffnung eines warenhaussteuerpflichtigen Betriebes oder bei der Ausdehnung auf mehrere Gruppen die Steuerpflicht mit dem Anfange des auf die Eröffnung bzw. die Ausdehnung des Betriebes folgenden Kalendervierteljahres beginnt, erfolgt nach § 12 und 13 bei der Beschränkung des Kleinhandels auf nur eine Warengruppe oder bei dem Sinken des Um-

satzes unter die Grenze von 400000 Mark die Befreiung von der Warenhaussteuer erst vom Beginne des nächsten Steuerjahres ab.

[7]) Ist die Änderung nach erfolgter Veranlagung, aber vor Beginn des Steuerjahres eingetreten, so kann sie nach Strutz mit Erfolg im Rechtsmittelverfahren geltend gemacht werden, und zwar sowohl in der Einspruchs- als in der Berufungsinstanz, nicht dagegen in der Beschwerdeinstanz, wenn sie in den Vorinstanzen nicht geltend gemacht war, wohl aber wenn das OVG. aus anderen Gründen die Sache in die Berufungsinstanz zurückweist, bei der nochmaligen Behandlung der Sache bei dieser.

[8]) Die erst im Laufe des Steuerjahres getroffenen Änderungen in der Warenklassifizierung können auf die zur Zeit der Veranlagung und auch noch beim Beginne des Steuerjahres gemäß den früheren Klassifizierungsvorschriften bestehenden Rechtsverhältnisse keine die Veranlagung für das neue Steuerjahr zuungunsten des Steuerpflichtigen beeinflussende Wirkung äußern, und dies muß auch für das sich der Veranlagung anschließende Rechtsmittelverfahren gelten. EStSt. vom 8. Oktober 1903, XI, 459, vom 20. Mai 1903, XI, 455.

[9]) Von der Eröffnung eines unter die Warenhaussteuer fallenden Betriebes oder von der Ausdehnung des Betriebes auf mehr als eine der Warengruppen des § 6 oder von der Errichtung einer nach § 3 der Warenhaussteuer unterliegenden Verkaufsstelle in Preußen ist nach § 12, wenn nicht, abgesehen von den Fällen des § 3, nach den Verhältnissen des Betriebes von vornherein ausgeschlossen ist, daß der Gesamtumsatz die warenhaussteuerpflichtige Höhe von 400000 Mark erreicht, der Gemeinde-, bzw. der Steuerbehörde vorher oder gleichzeitig Anzeige zu machen.

§ 5[1])[2]).

Würde die nach § 2 berechnete Warenhaussteuer eines Steuerpflichtigen nachweislich[3]) 20 Prozent des nach dem Gesetze vom 24. Juni 1891 für das betreffende Steuerjahr gewerbesteuerpflichtigen Ertrags[4]) seines der Warenhaussteuer unterliegenden Unternehmens übersteigen, so ist sie auf seinen Antrag[5]) auf diesen Betrag, keinesfalls aber weiter als bis auf die Hälfte[6]) des nach § 2 sich ergebenden Steuersatzes, herabzusetzen. Der Antrag ist entweder bei Abgabe der Steuererklärung (§ 9) oder im Wege der gesetzlichen Rechtsmittel (§ 13) anzubringen.

Auf Konsumvereine und Konsumanstalten[7]), welche nach § 1 Abs. 4 steuerpflichtig[8]) sind, ingleichen auf die im § 3 bezeichneten Unternehmen[9]) findet die Bestimmung keine Anwendung.

[1]) s. AA. Art. 8 und Bgr. zu § 5 S. 33.

[2]) Eine Beschränkung der Warenhaussteuer auf bestimmte Prozente des Ertrages findet sich außer in Preußen auch in Bayern, wo im Art. 6 Abs. 3 die Steuer wie in Preußen auf 20% des gewerblichen Reinertrages beschränkt ist, mindestens aber 1% des Geschäftsumsatzes betragen muß, ferner in Baden, wo sie früher auf 10% des gewerblichen Ertrages begrenzt war, doch mindestens 1/10% des Umsatzes ausmachen mußte, während sie durch das neue badische WG. vom 5. August 1912 bei einem Umsatze bis zu 300000 Mark auf 12%, stufenweise weiter bei einem Umsatze bis zu 3 Millionen auf 19%, über 4 Millionen Umsatz aber auf 20% des Ertrages beschränkt worden ist. Jedoch darf sie nach dem neuen Ges. wie in Preußen nur bis zur Hälfte des regulären Steuersatzes herabgesetzt werden.

In Hessen ist sie auf 15% des Ertrages und mindestens 1% des Umsatzes beschränkt, in Elsaß-Lothringen auf 15% der Ertragsfähigkeit, die aber erheblich höher ist als der wirkliche Ertrag, vielfach sogar das Dreifache von diesem ausmacht.

In Anhalt, wo aber eine Warenhaussteuer noch nicht eingeführt ist, ist sie auf 2% des steuerpflichtigen Reingewinns beschränkt.

In Braunschweig und Gera ist eine solche Beschränkung auf bestimmte Prozente des Ertrages nicht vorgesehen. Nach den Erklärungen der Preußischen Regierung — vgl. Exkurs vor § 1, S. 52 — wären daher diese Umsatzsteuern zu beanstanden.

[3]) Vgl. Art. 8 AA. Der § 5 ist nicht, wie Strutz annimmt, für Betriebe, die noch nicht mindestens 1 Jahr bestehen, ausgeschlossen, sondern er ist nach EStSt. vom 7. Mai 1903, XI, 466 und 6. März 1902, X, 467, für solche Betriebe auf Grund von Schätzungen anwendbar.

[4]) Maßgebend ist der gewerbesteuerpflichtige, d. h. der nach den Vorschriften des GewstGes., besonders des § 22, berechnete Ertrag des Geschäftes, aber nur soweit es der Warenhaussteuer unterliegt, also nach Ausscheidung des Ertrages der nicht warenhaussteuerpflichtigen Geschäftszweige und Waren. Ertrag ist nach Strutz:

„Ertrag im Sinne des GewstGes. ist der Inbegriff dessen, was innerhalb einer gewissen Periode an Geldwerten, Gütern und Nutzungen durch objektiven Gewerbebetrieb hervorgebracht wird. Was sich wirtschaftlich hiernach überhaupt nicht als Ertrag in diesem Sinne darstellt, erscheint auch nicht als steuerpflichtiger Ertrag. Im Ges. ist eine Definition des Ertrages nicht gegeben, und in der früheren Gesetzgebung war das Wort „Ertrag" im steuertechnischen Sinne kein technischer Ausdruck. Wie sich schon daraus, daß das GewstGes. die Bezeichnung „Einkommen" gänzlich vermeidet und sich überall des Ausdrucks „Ertrag" bedient, mit Sicherheit ergibt, bezeichnet „Ertrag" etwas anderes als „Einkommen", „steuerpflichtiges Einkommen" und „Einkommen aus Gewerbebetrieb" in den EinkstGes. „Einkommen" ist ein subjektiver, „Ertrag" ein objektiver Begriff. Eingänge können „Einkommen" sein, ohne „Ertrag" zu sein, und umgekehrt: so bildet der durch

Ausgabe neuer Aktien gegen Aufgeld von einer Aktiengesellschaft erzielte Agiogewinn keinen Teil des gewerbesteuerpflichtigen Ertrages, wohl aber einen solchen des einkommensteuerpflichtigen Einkommens; denn dieser Agiogewinn ist nicht durch den Betrieb des Gewerbes erzielt, ESt St. IV, 360, V, 421, I, 292, II, 38, IV, 225. Mit den aus dem Unterschiede zwischen gewerbesteuerpflichtigem Ertrage und einkommensteuerpflichtigem gewerblichen Einkommen sich ergebenden Maßgaben darf von den Feststellungen des letzteren bei Feststellung des ersteren ohne erkennbaren Grund nicht abgewichen werden. ESt St. IV, 378. Natürlich darf nicht außer acht gelassen werden, daß der Gewerbesteuer der Ertrag des letzten Jahres, der Einkommensteuer das Einkommen nach dem Durchschnitt der drei letzten Jahre zugrunde zu legen ist.

Bei Gewerbebetrieben mit kaufmännischer Buchführung ist Ertrag im Sinne des § 22 derjenige Vermögenszuwachs, welcher sich beim Abschlusse des Geschäftsjahres im Vergleich mit dem Abschlusse des vorhergehenden Geschäftsjahres aus den Bilanzen usw., eventuell nach Berichtigung gemäß den besonderen Vorschriften des § 22, ergibt, ESt St. IV, 423, Ertrag einer Aktiengesellschaft dasselbe, was das Handelsrecht mit Gewinn bezeichnet, nämlich der sich am Schlusse des Geschäftsjahres ergebende und nach der Verfassung der Aktiengesellschaft ihr zur freien Verfügung stehende Vermögenszuwachs — N.B. im Sinne des § 22, soweit er durch den Betrieb des Gewerbes erzielt ist — ESt St. III, 412. Gewinne und Verluste aus Spekulationsgeschäften, welche als Ausfluß einer gewerbsmäßigen Tätigkeit anzusehen sind, sind bei der Berechnung des gewerbesteuerpflichtigen Ertrages in Ansatz bzw. Abzug zu bringen. Mskr. vom 21. März 1893 (Mitt. XXVI, 37). Zu dem steuerpflichtigen Ertrage des Gewerbebetriebes einer Kommanditgesellschaft auf Aktien gehören auch die auf die Gewinnbeteiligung der persönlich haftenden Gesellschafter (Geschäftsinhaber) entfallenden Beträge. ESt St. IV, 283."

„Gewerbesteuerpflichtiger" Ertrag ist der nach den Vorschriften des GewStGes. berechnete, nicht der zur Gewerbesteuer bereits veranlagte Ertrag. Denn andernfalls könnte der Antrag nicht schon bei Abgabe der Steuererklärung gestellt werden."

Der Artikel 16 der AA. vom 4. November 1895 zum GewStGes. vom 24. Juni 1891 lautet:

„Der der Besteuerung zugrunde zu legende Ertrag wird gefunden durch Abzug:

1. der Betriebskosten, d. h. der zur Erzielung des Gewinnes gemachten Aufwendungen (Nr. II) und
2. der Abschreibungen (Nr. III)

von der gesamten Betriebseinnahme (Roheinnahme [Nr. I]).

I. Zu der Roheinnahme gehören insbesondere:

1. die für geschäftliche oder gewerbliche Leistungen jeder Art bedungenen oder gewährten Provisionen, Zinsen und sonstigen Gegenleistungen;

2. der erzielte Preis für alle gegen Barzahlung oder auf Kredit verkauften Waren und Erzeugnisse;
3. der Geldwert der zum Gebrauche oder Verbrauche des Steuerpflichtigen, seiner Angehörigen und der nicht zum Gewerbebetriebe gehaltenen Dienstboten und sonstigen Hausgenossen aus dem Betriebe entnommenen Erzeugnisse und Waren. Sind Erzeugnisse oder Waren teils für den Haushaltsbedarf, teils für Zwecke des Gewerbebetriebes verwendet, so ist eine den tatsächlichen Verhältnissen entsprechende Trennung nach billigem Ermessen zuzulassen. Dasselbe gilt von den gemeinsamen zu beiden Zwecken gemachten Ausgaben.

II. Als Betriebskosten sind insbesondere abzugsfähig:

1. die Kosten der Unterhaltung der dem Betriebe dienenden Gebäude und sonstigen baulichen Anlagen sowie zu Erhaltung und Ergänzung des vorhandenen lebenden und toten Betriebsinventars;
2. die Kosten für Versicherung der zu 1 gedachten Gegenstände sowie der Warenvorräte gegen Brand und sonstigen Schaden;
3. der Pacht- und Mietszins für die zum Geschäftsbetriebe gepachteten und gemieteten[1]) Grundstücke, Gebäude, Räumlichkeiten und Utensilien:
4. die Ausgaben für die im Betriebe erforderliche Heizung und Beleuchtung;
5. die Anschaffungskosten für die eingekauften Roh- und Hilfsstoffe und Waren sowie für die sonst im Betriebe erforderlichen Materialien;
6. die Löhnung der für den Gewerbebetrieb angenommenen Angestellten, Gesellen, Gehilfen, Arbeiter, einschließlich des Geldwertes der etwa gewährten Beköstigung und sonstigen Naturalleistungen, soweit diese nicht aus den Betriebsbeständen entnommen werden;
7. die von dem Unternehmer gesetz- oder vertragsmäßig für das Betriebspersonal (Nr. 6) zu entrichtenden Beiträge zu Kranken-, Unfall-, Alters- und Invalidenversicherungs-, Witwen-, Waisen-, Pensions- u. dgl. Kassen;
8. die auf den dem Betriebe dienenden Grundstücken und dem Gewerbe haftenden Realabgaben und sonstigen öffentlichen Lasten sowie die im Geschäftsbetriebe zu entrichtenden indirekten Abgaben (Zölle usw.)[2]).

Der Abzug von Einkommen- und sonstigen Personalsteuern ist, sofern es sich nicht um rein gewerbliche Erwerbsgesellschaften handelt, unzulässig.

III. Von der Roheinnahme dürfen ferner in Abzug gebracht werden diejenigen Abschreibungen, welche einer angemessenen Berücksichtigung der Wertsverminderung der dem Gewerbebetriebe gewidmeten Gegenstände und Rechte (Art. 17) entsprechen, insbesondere für die Abnutzung von Gebäuden, Maschinen, Betriebsgerätschaften usw., für Substanzverminderungen (z. B. beim Bergbau, bei Sand-, Kalk- und Tonlagern), für unsichere Forderungen u. dgl.

---

[1]) Nicht aber der Mietwert der eigenen Geschäftsräume.

[2]) Der Abzug der Gewerbesteuer ist nach dem Urteile des OVG. vom 31. Januar 1895, VI, 9909 zulässig, ebenso die Warenhaussteuer als Gewerbesteuer vgl. EStSt. vom 19. November 1903, XI, 440.

Für das Maß der hiernach zulässigen Abschreibungen sind die bezüglich der kaufmännischen Buchführung geltenden Grundsätze bestimmend.

Bei Gegenständen, welche gänzlich aus dem Betriebe ausscheiden, kann die Differenz zwischen dem Buchwerte und dem ihnen nach der Ausscheidung verbliebenen Werte abgezogen werden. Ist der verbliebene Wert größer als der Buchwert, so ist ein Abzug nicht statthaft.

IV. Nicht abgezogen werden dürfen:

1. die Zinsen für das Anlage- und Betriebskapital, dasselbe mag dem Gewerbetreibenden selbst oder dritten gehören, und für Schulden, welche behufs Anlage oder Erweiterung des Geschäfts, Verstärkung des Betriebskapitals oder zu sonstigen Verbesserungen des Betriebes aufgenommen sind.

   Dagegen sind Zinsen für die laufenden Geschäftsschulden, d. h. solche, die sich aus der laufenden Geschäftsführung ergeben und auf dem regelmäßigen Geschäftskredit beruhen (z. B. die aus dem Kontokorrent, aus dem Bezuge gegen Kredit entnommener Waren), abzugsfähig;
2. Kapitalsverluste;
3. Ausgaben für Tilgung der Schulden und des Anlagekapitals;
4. Aufwendungen für Verbesserungen und Geschäftserweiterungen (vgl. Art. 27 Nr. 1 Absatz 2 der AA. vom 5. August 1891 zum EinkstGes.);
5. die Rücklagen in den Reservefonds mit der auch bei der Einkommensteuer für die Versicherungsgesellschaften zugelassenen Ausnahme (vgl. Art. 27 Nr. 1 Absatz 1 und Absatz 4 Satz 1 der vorerwähnten AA.);
6. Ausgaben für den Unterhalt des Gewerbetreibenden und seiner Angehörigen.

Vertragsmäßig bedungene Aufwendungen (Gehalt, Lohn, Beköstigung usw.) für die im Gewerbebetriebe beschäftigten Verwandten sind jedoch abzugsfähig, sofern letztere nicht (wie z. B. Ehegatten und Kinder) zur Haushaltnng des Gewerbetreibenden gehören." —

Der gewerbesteuerpflichtige Ertrag ist der Ertrag des letzten Jahres bzw. desselben Jahres, dessen Umsatz der Veranlagung zugrunde gelegt wird. Von diesem Ertrage ist abzuziehen der Ertrag der nicht der Warenhaussteuer unterliegenden Gewerbezweige und Waren des betreffenden Gewerbebetriebes, ebenso die Steuern und Lasten, auch die im Vorjahre gezahlte Warenhaussteuer. Vgl. EStSt. vom 27. September 1906, XIII, 439 und EStSt. vom 12. Oktober 1908, XIII, 439, die auch vom Einkommen abzugsfähig ist, vgl. EStSt. vom 8. Februar 1908, XIII, 192. (In Bayern ist sie nach Art. 12 des EG. nicht abzugsfähig.)

Ein Warenhaus hat z. B. in einem Jahre einen Gesamtumsatz von 1 000 000 Mark erzielt, wovon aber nur 800 000 Mark umsatzsteuerpflichtig sein sollen. Der Ertrag hat sich im ganzen auf 50 000 Mark = 5 % des Umsatzes belaufen. An Warenhaussteuer hat es für das betreffende Jahr — nach dem Umsatz des Vorjahres berechnet — 7500 Mark gezahlt.

Auf Grund dieser Zahlen berechnet sich die Warenhaussteuer für das nächste Jahr folgendermaßen:

Da der Ertrag sich auf 5 % des Umsatzes stellt, so beträgt er von dem steuerpflichtigen Umsatz 40000 Mark. Von ihm ist die gezahlte Warenhaussteuer von 7500 Mark abzuziehen, so daß sich der gewerbesteuerpflichtige Ertrag des § 5 auf 32500 Mark stellt.

Nach § 5 kann die Warenhaussteuer auf 20 % dieses Ertrages, jedoch äußerst nur bis auf die Hälfte des regulären Steuersatzes ermäßigt werden, also von 12500 auf 6500 Mark, so daß 6000 Mark gespart werden.

In der GStS. vom 7. Dezember 1905, XII, 478 ist ausgesprochen worden: 1. daß, wenn mit einem Warenhausbetrieb andere Geschäftszweige verbunden sind, wie z. B. Großhandel, Wirtschaftsbetrieb (Erfrischungsräume) oder ähnliche Betriebe, dann sowohl der Umsatz, als auch der Ertrag aus diesen nicht warenhaussteuerpflichtigen Geschäftszweigen für die Warenhaussteuer außer Berechnung bleiben, 2. daß, wenn ein Teil des Anlage- und Betriebskapitals außerhalb des Warenhausbetriebes anderweitig eine ertragbringende Anlage gefunden hat, z. B. in Grundstücken, Fuhrwerksbetrieben, Fabrikation u. dgl., der Umsatz und Ertrag hieraus für die Warenhaussteuer ebenfalls nicht in Berechnung kommen.

[5]) Das OVG. sagt in seinen Entsch. vom 7. Mai 1903, XI, 466 hierüber folgendes:

Der § 5 wird nur auf **Antrag** des Steuerpflichtigen angewandt. Der Antrag ist bei Abgabe der Steuererklärung zu stellen. Wird er erst später wenn auch vor erfolgter Veranlagung angebracht, so kann der Steuerpflichtige nur beanspruchen, daß er als Rechtsmittel gegen die Veranlagung behandelt wird, vgl. auch GStS. vom 6. März 1902, X, 467.

[6]) Ist **kein Ertrag** erzielt, so ist doch die Hälfte des regulären Steuersatzes zu entrichten. Die Worte: „unter Abrundung auf die nächste durch Hundert teilbare Zahl" sind nach Strutz versehentlich vom AbgH. infolge Einschaltung des Antrages Schaube (keinesfalls aber weiter als bis auf die Hälfte des nach § 2 sich ergebenden Steuersatzes) gestrichen.

[7]) Auf Konsumvereine und Konsumanstalten findet der § 5 nicht Anwendung, ebenso nicht auf die Filialen auswärtiger Betriebe, auch nicht solcher Unternehmungen, die ihren Sitz in einem deutschen Bundesstaate haben, in Preußen aber eine oder mehrere Verkaufsstätten unterhalten. GStS. vom 3. November 1904, XII, 480.

Auf steuerpflichtige Konsumvereine und Konsumanstalten kann der § 5 keine Anwendung finden, weil, wie es in der Bgr. heißt, diese Unternehmungen es in der Hand haben, durch die Normierung der Verkaufspreise den Ertrag völlig verschwinden zu lassen. — Dies dürfte indes nicht zutreffen, denn die Konsumvereine sind unbedingt darauf angewiesen, eine gleichmäßige Dividende zu verteilen, sonst würden sie keine Mitglieder mehr bekommen, und die vorhandenen Mitglieder würden bald austreten. Außerdem ist ja auch zu berücksichtigen, daß die Warenhaussteuer nicht weiter als bis auf die Hälfte herabgesetzt werden kann.

[8]) Diese Fassung ist ungenau, denn im § 1, Absatz 4, sind die betreffenden Konsumvereine und Konsumanstalten nicht als warenhaussteuerpflichtig, sondern als warenhaussteuerfrei erklärt; die anderen im § 1, Absatz 4 genannten Vereine und Korporationen, die warenhaussteuerpflichtig sind, genießen dagegen den Vorteil des § 5.

[9]) D. h. die Filialen auswärtiger Unternehmungen.

§ 6[1]).

Die nach § 1 zu unterscheidenden Warengruppen[2])[3]) sind:

A. Material- und Kolonialwaren[4]), Eß- und Trinkwaren und Genußmittel, Tabak und Tabakfabrikate (auch Rauchutensilien), Apothekerwaren[5]), Farbwaren, Drogen und Parfümerien[6]);

B. Garne und Zwirne, Posamentierwaren, Schnitt-, Manufaktur- und Modewaren, gewebte, gestrickte, gewalkte und gestickte Waren, Bekleidungsgegenstände[7]) (Konfektion, Pelzwaren), Wäsche jeder Art, Betten und Möbel[8]) jeder Art, Vorhänge, Teppiche, Möbelstoffe und die zu deren Verarbeitung dienende Anfertigung von Zimmerdekorationen[9]);

C[10]). Haus-, Küchen- und Gartengerätschaften, Öfen, Glas-, Porzellan-, Steingut- und Tonwaren, Möbel jeder Art und die dazu dienenden Möbelstoffe, Vorhänge und Teppiche.

D. Gold-, Silber-, und sonstige Juwelierwaren[11]), Kunst-, Luxus-[12], Galanteriewaren[13]), Papp- und Papierwaren[14]), Bücher und Musikalien, Waffen, Fahrräder, Fahr-, Reit- und Jagdutensilien, sonstige Sportartikel[15]), Nähmaschinen[16]), Spielwaren[17]), optische, physikalische, medizinische und musikalische Instrumente und Apparate.

Waren, welche zu keiner der im ersten Absatz unterschiedenen Gruppen gehören, werden als besondere Warengruppe nicht gezählt[18]).

Solche Waren, die vermöge ihrer Beschaffenheit oder Bestimmung sowohl der einen wie der anderen jener Gruppen zugerechnet werden können, werden nur einmal gezählt, und zwar, wenn auch andere zu denselben Gruppen gehörige Waren geführt werden, bei derjenigen, der diese Waren angehören[19]).

Ingleichen wird, wenn sich der Handel mit Waren der einen Gruppe nach Herkommen und Gebrauch[20]) auch auf Waren anderer Gruppen erstreckt, welche mit ersteren zugleich feilgeboten zu werden pflegen — wie bei Handlungen mit Eisen- und Stahlwaren[21]), Gummiwaren und dergleichen —, nur Handel mit einer Warengruppe angenommen.

Wie eine Ware nach Maßgabe der in den vorstehenden vier Absätzen niedergelegten Grundsätze zu klassifizieren ist, wird im Zweifelsfalle[22]) von dem Minister für Handel und Gewerbe oder der von ihm bestimmten Behörde mit bindender Kraft[23]) festgestellt.

Maßgebend ist die zur Zeit der Veranlagung[24]) geführte Zahl von Warengruppen.

[1]) Vgl. Bgr. zu § 6 S. 33 AA. Art. 4 und Anh. II, die Warenklassifikation.

[2]) Durch die Unterscheidung der vier Gruppen wird derjenige, der seinen Betrieb über die Waren einer Gruppe ausdehnt, einer hohen Steuer unterworfen, was unbedingt mit dem Geiste und der Absicht des § 3 RGewO. nicht harmoniert. Anderseits aber hat die drohende Warenhaussteuer tatsächlich in vielen nachweisbaren Fällen diese Ausdehnung auf mehrere Gruppen verhindert, also die Benutzung der Erlaubnis des § 3 RGewO. verhindert. Diese Außerkraftsetzung des § 3 RGewO. für zahlreiche Gewerbetreibende — die durch das WG. beabsichtigte Aufhaltung der Warenhausentwickelung — setzt die Warenhaussteuer mit der RGewO. in Widerspruch und macht ihre reichsgesetzliche Zulässigkeit sehr fraglich. Vgl. Exkurs vor § 1.

[3]) Unter die vier Gruppen fällt nicht, ist also — als nicht warenhaussteuerpflichtig — abzugsfähig folgender Umsatz: der Engrosverkauf, der Verkauf an Wiederverkäufer, wie Näherinnen, Schneider usw. vgl. EStSt. vom 20. Mai 1903, XI, 454ff. ferner der Umsatz in folgenden Waren (vgl. Anh. II):

Abziehsteine, anatomische Lehrmittel, Bergmannslampen, Bettfedern, Bindfaden, Bleiplomben, Brennmaterialien (wie Holz, Kohlen), Brot und Futtergetreide, Carbolineum, Dachpappen, Dengelzeuge, Draht, Drahtstifte, Emballagen, Fahrradmutterschlüssel, Feueranzünder, Futterartikel (als Schrot, Kleie, Mais, Maisschrot), Gartensämereien, Getreide, Gips, Haarnetze aus Naturhaar, Haarschermaschinen, Handwerkzeug, Isolierpappe, Kalk, Käsebohrer, Kleie, Kohlen, künstliche Düngemittel, Laubsägeholz, Laubsägevorlagen, Mais, Plombierzangen, Polsterartikel (wie Roßhaare, Gras, Holzwolle, Hanf, Sprungfedern), Reißzwecken, Sensen, Sensensteine, Sohlenimprägniermittel, Spanisch Rohr, Stabjalousien, Stiefelleder (Oberleder, Sohlenleder), Streichhölzer, Teer, Viehsalz, Wohltätigkeitsmarken, Zahnstocher, Zement.

6*

Ferner sind frei: frische Blumen, der Umsatz im photographischen Atelier, ebenso im Erfrischungsraume, vgl. § 1 Anm. 4.

Die selbsthergestellten Waren, wie z. B. in der Konfektion, wie auch den Verkauf an die Angestellten ohne Profit hat das OVG. für nicht abzugsfähig erklärt, unserer Meinung nach aber zu Unrecht.

Es ist sehr zu empfehlen, den abzugsfähigen Umsatz in den Büchern besonders festzustellen. Es ist daher angebracht, allabendlich bei der Feststellung des Umsatzes zugleich auch den abzugsfähigen Umsatz zu ermitteln und ihn in den Büchern besonders einzutragen, damit der Steuerbehörde der bücherliche Nachweis darüber erbracht werden kann.

Nach der Bgr. zu Art. 6 sind die einzelnen Warengruppen so weit gegriffen, damit nicht verwandte, herkömmlich in demselben Betriebe feilgehaltene Waren in verschiedene Gruppen fallen und dies nicht zur Besteuerung von Geschäften führt, denen tatsächlich der Warenhauscharakter völlig abgeht. Das Schwergewicht ist auf die Frage gelegt, welche Waren werden nach der Entwickelung herkömmlich derart in demselben Geschäfte feilgehalten, daß sie als zusammengehörig zu bezeichnen sind, und daß ihre Vereinigung einem Betriebe noch nicht den Charakter des Warenhauses gibt. Die gesamten in dem § 6 unter derselben Gruppe aufgeführten Bezeichnungen bilden ein zusammengehöriges Ganze, dergestalt, daß überall die Feststellung genügt, unter welche Gruppe eine bestimmte Ware gehört, und es für die Steuerpflicht ohne praktische Bedeutung ist, unter welcher der zur Charakterisierung dieser Gruppe angegebenen Einzelbegriffe sie zu subsumieren ist. Waren, welche keiner der vier Gruppen zugerechnet werden können, bleiben außer Berücksichtigung, werden nicht etwa als eine besondere Gruppe gezählt. Eine und dieselbe Ware kann vermöge ihrer Beschaffenheit oder Bestimmung sowohl der einen wie der anderen Gruppe zugezählt werden, z. B. silberne Gabeln, Messer, Leuchter usw., sowohl der Gruppe C wie der Gruppe D, gewisse Rauchutensilien den Gruppen A und D; Sportbekleidung der Gruppe B und D. Solche Waren werden nur einmal gezählt. Ausnahmen bilden die Fälle, wo Waren geführt werden, von denen zwar zweifellos die eine dieser, die andere jener Gruppe angehört, die aber nach Herkommen und Gebrauch in denselben Kleinhandelsbetrieben feilgeboten zu werden pflegen. In diesem Falle ist trotz des Vorhandenseins von Waren mehrerer Gruppen nur Handel mit einer Gruppe anzunehmen und deshalb die Steuerpflicht nicht begründet. Diese Bestimmung wird jedoch von dem Minister für Handel und Gewerbe gegenwärtig sehr scharf interpretiert und nur für die reinen Spezialgeschäfte zugelassen, gilt also in der Regel nicht für die Kaufhäuser, die zahlreiche Warengattungen führen (vgl. die neue Warenklassifikation vom 6. April 1911, Anh. II, S. 139 ff.).

Über die Warenklassifizierung haben die Steuer- wie die Rechtsmittelbehörden nicht zu entscheiden, denn die Warenklassifizierung einschließlich der zulässigen Ausdehnung des Handels auf mehrere Gruppen des § 6 Absatz 4 wird nach der ausdrücklichen Vorschrift in § 6 Absatz 5 im Zweifelsfalle von dem Minister für Handel und Gewerbe mit bindender Kraft festgestellt. In solchen Fällen ist die Rechtsmittelbehörde verpflichtet, die Entscheidung des Ministers einzuholen. (EStSt. vom 7. Mai 1903, XI, 450 ff.). Ein Irrtum des Steuerpflichtigen hinsichtlich der Zugehörigkeit der Waren zu den einzelnen Gruppen ist unerheblich (EStSt. vom 7. Mai 1903, XI, 467).

Sofern die Beschränkung auf eine Gruppe nicht bereits vor der allgemeinen Veranlagung, wenn auch nach Abgabe der Steuererklärung, erfolgt ist, ist die Veranlagung zu bewirken und dem Veranlagten zu überlassen, nach geschehener Einschränkung seines Betriebes auf eine Gruppe seine Freistellung, wenn die Einschränkung vor Beginn des Steuerjahres erfolgt und die Frist zur Einlegung des Einspruchs noch nicht abgelaufen ist, im Wege des Einspruchs, falls aber die Einspruchsfrist bereits abgelaufen ist, durch Abmeldung zu betreiben. Geht letzterenfalls die Abmeldung ein, bevor die Warenhaussteuerrolle dem Gemeindevorstande zugesandt ist, so genügt es, wenn nach erfolgter Prüfung der Abmeldung der Betrieb kurzerhand in der Warenhaussteuerliste und, falls die Warenhaussteuerrolle schon angefertigt ist, in dieser unter Eintragung entsprechender Vermerke, Spalte 13 der Liste und Spalte 8 der Rolle, gestrichen wird. Ist dagegen die Warenhaussteuerrolle schon zur Absendung gelangt, so ist wegen der Inabgangsstellung nach Art. 31, bzw. dem Schlußsatze des Art. 23, 1 der AA. zu verfahren. Die Abmeldung ist in diesen Fällen bei dem Vorsitzenden des für die Warenhaussteuer zuständigen Steuerausschusses zu bewirken.

[4]) Material- und Kolonialwaren heißen auch Spezereiwaren. Es sind Waren vegetabilischen und mineralischen Ursprungs, wie Gewürze, Kaffee, Zucker, Tee, Reis, Graupen, getrocknete Früchte und Gemüse, Salz, Öl, Essig, Petroleum usw. (vgl. Strutz, S. 48).

Kohlen und Brennholz fallen nicht darunter.

Schankwirtschaft ist nicht Kleinhandel mit Waren aus der Gruppe A, fällt also nicht unter die Warenhaussteuer (vgl. § 1, Anm. 4). Verkauf von Waren nicht zum Genuß auf der Stelle in der Schankwirtschaft ist aber warenhaussteuerpflichtig, ebenso Kleinhandel mit geistigen Getränken.

[5]) Unter Apothekerwaren fallen auch, wie bei den Drogenhandlungen, kleine Instrumente, wie Spritzen usw., die sonst unter Gruppe D fallen. Die Drogenhandlungen führen auch Kämme, Bürsten, Zelluloidhüllen usw.

[6]) Ebenso die Parfümerien.

[7]) Bekleidungsgegenstände ist der umfassende Begriff. Zu Uniformen dürfen auch die dazugehörigen Waffen geführt werden.

[8]) Möbel waren in der Gesetzesvorlage nicht enthalten, sie sind vom AbgH. hineingebracht worden, obwohl sie nicht in die Bekleidungsgruppe gehören, denn ebensogut wie Möbel müßten auch Haus- und Küchengeräte hineingehören.

Der Minister für Handel und Gewerbe. Berlin W 9, den 29. April 1912.

Auf Grund des § 6 des Gesetzes, betreffend die Warenhaussteuer, vom 18. Juli 1900 (GS. S. 294) will ich anerkennen, daß Spezialgeschäfte der Wohnungseinrichtungsbranche, welche nach einheitlichen Gesichtspunkten ausgeführte Zimmereinrichtungen feilhalten, nach Herkommen und Gebrauch Kunst- und kunstgewerbliche zur Gruppe D gehörige Waren, welche zur Vervollständigung des Gesamtbildes der Zimmereinrichtungen dienen, im Rahmen ihrer Aufträge mitliefern dürfen.

Durch die vorstehende Entscheidung ist ein Herkommen und Gebrauch lediglich für Spezialgeschäfte der gedachten Art anerkannt worden. Es werden also namentlich davon nicht diejenigen Geschäfte betroffen werden, welche zwar Wohnungseinrichtungen führen, aber sich nicht auf diese Spezialität in der durch den Erlaß vom 4. Dezember 1901 (HMBl. S. 356) begrenzten Art beschränken. Voraussetzung für eine derartige Befugnis soll ferner sein, daß Zimmereinrichtungen, die nach einheitlichen Gesichtspunkten hergestellt sind, feilgehalten werden, daß also unter diesen Begriff Geschäfte, welche Stapelwaren führen, nicht fallen werden.

Durch die Beschränkung, daß Kunst- und kunstgewerbliche Gegenstände der Dekoration nur im Rahmen der Aufträge mitgeliefert werden dürfen, soll die Anwendung des Herkommens auf solche Geschäfte ausgeschlossen werden, welche neben Wohnungseinrichtungen der gedachten Art Kunst- oder kunstgewerbliche Waren auch außerhalb des Rahmens der Lieferung von Wohnungseinrichtungen feilhalten. Zu diesen werden vor allem solche Geschäfte zählen, welche eine besondere Abteilung für den Verkauf von Kunst- oder kunstgewerblichen Gegenständen unterhalten.

Bei der Frage der Anwendung des Herkommens wird es gegebenenfalls von Wert sein, vor der Entscheidung eine gutachtliche Äußerung der Handelsvertretung oder der Handwerkskammer einzuziehen. gez. Dr. Sydow.

Wenn auch der Erlaß es nicht ausdrücklich sagt oder verlangt, so wird sich die Erlaubnis, Kunstgegenstände im Rahmen der Aufträge mitzuverkaufen, in der Hauptsache doch auf Möbelkunstwerkstätten, bzw. Handlungen mit künstlerischen Wohnungseinrichtungen beschränken.

9) Unter Zimmerdekorationen sind nur Textildekorationen zu verstehen, nicht aber Bilder und Kunstgegenstände, die nicht einmal von den einfachen Möbelgeschäften geführt werden dürfen, sondern nur von den Kunstwarengeschäften und Möbel-Kunstwerkstätten s. Anm. 8.

10) Hierunter fallen Glas-, Porzellan- und Tonwaren, auch künstlerische (vgl. EStSt. vom 19. Mai 1904, XII, 483, s. Anh. II S. 163), Öfen, Möbel, Lampen und sonstige Beleuchtungsgegenstände, Metallgeschirr, Tisch- und Küchenmesser, Gabeln, Löffel, die meisten Erzeugnisse der Kleineisenindustrie, viele Korb-, Böttcher- und Seilerwaren, wie Wasch- und Marktkörbe,

Kinderwagen, Waschfässer, Waschleinen u. dgl., Gartenscheren, Harken oder Rechen usw., ferner wieder Möbel jeder Art, die auch in Gruppe B fallen.

[11]) Sonstige Juwelierwaren sind die Bijouterien, die unechten Schmuckwaren aller Art.

[12]) Kunst- und Luxuswaren umfassen alle möglichen feineren Kunstgewerbe- und Kunstwaren aus Leder, aus Porzellan, aus Glas, aus Bronze usw. Die Glas- und Porzellangeschäfte dürfen auch die Kunstwaren aus Glas, Porzellan, Ton führen, ohne warenhaussteuerpflichtig zu werden (vgl. Anm. 8 u. 10).

[13]) Unter Galanteriewaren sind besonders feine Lederwaren, Täschchen, Gürtel usw. der Damen zu verstehen.

Den Begriff „Kurzwaren", der in der Regierungsvorlage vorhanden war, hat das Herrenhaus gestrichen, da der Begriff ein schwankender ist und allerlei verschiedene Waren aus den verschiedensten Gruppen umfaßt. Es gehören darunter Textilkurzwaren, wie Borden, Litzen, Garne, Zwirne usw., ferner Hartkurzwaren, wie Knöpfe, Fächer, Nadeln, Haarnadeln usw., Gegenstände aus Horn, Schildpatt u. dgl. Zu den Textilkurzwaren gehören auch „Posamentierwaren", d. h. Spitzen, Besatzartikel usw.

[14]) Zu den Papp- und Papierwaren gehören auch die Schreib- und Zeichenutensilien, wie Bleistifte, Federhalter, Tinte, Gummi, Siegellack, Briefwagen, Tintenfässer, Lineale usw.

[15]) Unter Sportartikel ist hier nicht die Sportbekleidung zu verstehen, die an sich unter Gruppe B fallen würde, doch dürften Sportbekleidungsgeschäfte auch nebenbei sonstige Sportartikel führen (vgl. Zusammenstellung der klassifizierten Waren, Anhang II, S. 163).

[16]) Ob die Nähmaschinengeschäfte nebenbei auch Nähmaschinenutensilien aller Art aus der Gruppe B führen dürfen, ist bisher noch nicht entschieden. In der Zusammenstellung der klassifizierten Waren findet sich unter Teil II, 2b) unter 5 auf S. 163 die Notiz, daß Spezialgeschäfte für Manufaktur- und Konfektionswaren in Marienwerder neben diesen Waren auch Nähmaschinen führen. Das ist aber der umgekehrte Fall, während es sich bei unserer obigen Fragestellung um Nähmaschinengeschäfte handelt.

[17]) Spielwaren fallen in der Regel unter Gruppe D, auch Puppen, gekleidete und ungekleidete, Puppenbetten, Puppenhüte, Puppenmöbel, Puppenschaukeln, Puppentragmäntel, Puppenwiegen, Puppenwagen, Puppenteile, während Wollpuppen, Wolltiere auch unter die Gruppe B fallen. Hier liegen demnach noch bedenkliche Inkonsequenzen vor, da doch die Textilpuppensachen ohne weiteres auch unter B fallen müßten.

Kinderporzellanservice als Spielwaren fallen unter die Gruppen C und D, Kinderrasseln unter D, Kindersaugflaschen mit Saugern unter C und D, Kinderstühle unter B und C, Kinderfahrräder unter D, Kindersportwagen unter B und C.

[18]) Sind also nicht warenhaussteuerpflichtig, vgl. Anm. 2.

[19]) Wir haben bereits unter der Anm. 16 bei Spielwaren eine Reihe von Artikeln aufgeführt, die in mehrere Gruppen fallen. In der im Anh. II abgedruckten Zusammenstellung der klassifizierten Waren findet sich eine große Anzahl von Waren, die mehreren Gruppen angehören, z. B. Blumentische (B u. C), Bohnertücher (B u. C), Brennmaschinen (Frisierlampen) (C u. D), Brennscheren (C u. D), Bureaumöbel (B u. C), Wandkonsolen (B u. C), Docht (A, B, C), Eisenmöbel (B u. C), Feldstühle (B u. C), Fensterleder (A u. C), gewebte Fensterleder (A, B, C), Fußmatten (B u. C), Gardinen (B u. C), Gartenstühle (B u. C), Gewürzschränke (B u. C), Gobelins (B u. C), Gummiarabikum (A u. D), Gummibettstoffe (B u. D), Gürtel, Gürtelschlösser, Gürtelschnallen, Gürteltäschchen (B u. D), Haarnadeln (B u. D), Hängematten (B, C, D), Handtäschchen aus Leder, Pelz, Perlen, mit Stickereien (B u. D), Hausapotheken (B u. C), Hocker (B u. C), Holzbrandmöbel (B u. C), Japanwaren, wie Möbel, Vorhänge, Teppiche, Möbelstoffe (B u. C) usw., vgl. Anh. II.

[20]) Die angenommenen Herkommen und Gebräuche, insbesondere die örtlichen Herkommen und Gebräuche, sind hinten im Anh. II in der Zusammenstellung der klassifizierten Waren Teil II, S. 160ff. wiedergegeben.

[21]) Vgl. Anh. II Zusammenstellung der klassifizierten Waren, S. 163.

[22]) Sei es, daß Zweifel von dem Steuerpflichtigen, sei es von der veranlagenden Behörde erhoben werden; jeder von beiden ist berechtigt, letztere aber auch verpflichtet, die Entsch. des Ministers herbeizuführen, vgl. EStSt. vom 7. Mai 1903, XI, 448. Der Minister für Handel und Gewerbe hat durch Erlaß v. 4. Dezember 1901, IIb, 9285 die erste Zusammenstellung der klassifizierten Waren veröffentlicht. Es sind weiter eine große Anzahl von ministeriellen Entscheidungen hierzu ergangen, bis dann die II. Zusammenstellung der klassifizierten Waren vom 6. April 1911 erschienen ist, vgl. Anh. II. Die seitdem noch ergangenen Entscheidungen sind in den Anhang II eingefügt. Die Warenklassifikation erinnert lebhaft an die Zustände in Österreich, wo bereits 10000e Entscheidungen über die Innungskonpetenzstreitigkeiten ergangen sind. Welche Arbeitsverschwendung!

[23]) An diese Entsch. des Handelsministers bzw. von der von ihm bestimmten Behörde sind alle Behörden und Instanzen, auch das OVG. sowie die ordentlichen Gerichte, gebunden. Die Entsch. des Handelsministers können nicht angefochten werden. Ob der Minister eine Feststellung der von ihm bestimmten Behörde aufheben kann, ist zweifelhaft, da deren Feststellung nach Abs. 5 mit bindender Kraft erfolgt. EStSt. vom 20. Oktober 1904, XII, 482.

[24]) D. h. zur Zeit der wirklich erfolgenden Veranlagung.

Es ist aber nicht zulässig, daß jemand bis zur Zeit der Veranlagung als Warenhaus mehrere Gruppen führt, sie dann aufgibt und nach der Veranlagung wieder führt. Das verbieten die §§ 12 und 13. Im § 12 ist vorgeschrieben, daß man, wenn man den Kleinhandel auf mehr als eine der Warengruppen des § 6 ausdehnt, der Steuerbehörde davon Anzeige machen muß, und daß, wenn man den Kleinhandel im Laufe des Steuerjahres auf nur eine Warengruppe beschränkt, also die anderen aufgibt, dies an der veranlagten Warenhaussteuer nichts ändert.

Die Vorschrift des bayerischen WG. im Art. 1, daß die betreffenden der Warenhaussteuer unterliegenden Geschäfte Waren führen müssen, die nach ihrer Beschaffenheit verschiedenen Gattungen angehören oder als Erzeugnisse verschiedener Gewerbe- oder Handwerkszweige anzusehen sind, deckt sich nicht mit der preußischen Gruppeneinteilung, denn Waren verschiedener Gattungen sind Konfektion, Pelzwaren, Leinenwaren, Schnittwaren, Kurzwaren, Stiefel, Möbel usw. Die Handwerker sind in der Regel noch größere Spezialisten als die oben angeführten Warengattungen.

Dasselbe trifft auf Württemberg zu, ebenso auf Hessen, während das badische WG. Verschiedenheit der geführten Warengruppen verlangt. Da hierüber nun nichts Näheres bestimmt ist, so ist nicht die preußische Gruppeneinteilung die Voraussetzung, sondern es kann auch eine andere, ähnlich wie in Bayern usw., vorgenommen werden.

§ 7 [1]).

Durch die Zerlegung eines Warenhausbetriebes in mehrere gesonderte, selbständige Betriebe werden diese Betriebe von der Entrichtung der Steuer nach Maßgabe des Gesamtumsatzes nicht befreit, wenn die begleitenden Umstände erkennen lassen, daß die Zerlegung in mehrere Betriebe behufs Verdeckung des Warenhausbetriebs stattfindet.

Der hiernach auf die Gesamtheit der Betriebe einheitlich veranlagte [2]) Steuersatz ist unter sinngemäßer Anwendung der Bestimmungen im § 38 des Gewerbesteuergesetzes vom 24. Juni 1891, beziehungsweise im § 32 des Kommunalabgabengesetzes vom 14. Juli 1893 in die auf die einzelnen Betriebe entfallenden Teilbeträge zu zerlegen.

[1]) Vgl. AA. Art. 5. Dieser § 7 ist durch das AbgH. erst in das Gesetz eingefügt worden. Er will die Umgehung der Warenhaussteuer dadurch, daß der Betrieb in mehrere anscheinend selbständige Betriebe zerlegt wird, verhindern, worauf in den Debatten über das Gesetz von verschiedenen Seiten öfters hingewiesen worden war.

Die Voraussetzung für die Anwendung dieses Paragraphen ist also, daß die begleitenden Umstände es erkennen lassen, daß die Zerlegung in mehrere Betriebe behufs Verdeckung des Warenhausbetriebes stattfindet. Die Anwendung dieser Ausnahmebestimmung setzt also voraus: 1. das Vorhandensein eines Warenhausbetriebes im Sinne des § 1 des Gesetzes, 2. dessen Zerlegung in mehrere selbständige Geschäfte, 3. den Nachweis bestimmter Tatsachen, aus denen sich ergibt, daß die Zerlegung die Verdeckung des Warenhausbetriebes bezweckt. Fehlt auch nur eine dieser Voraussetzungen, so kann von der Anwendung des § 7 nicht die Rede sein. Die Betriebe müssen also aus einem Warenhause im Sinne des § 1 des WG. hervorgegangen sein. Wenn mehrere Unternehmer, die nicht aus einem bisher einheitlichen Warenhausbetriebe hervorgegangen sind, ihre Betriebe nur räumlich zusammenlegen, ohne ihre geschäftliche Selbständigkeit aufzugeben, kann § 7 nicht angewandt werden.

Welcher Art die begleitenden Umstände, aus denen auf einen verdeckten Warenhausbetrieb zu schließen ist, sein können, bleibt der Beurteilung von Fall zu Fall vorbehalten. In allen Fällen muß es sich aber um bestimmte Tatsachen handeln, welche die Veranlagungsbehörde nachzuweisen in der Lage und, wenn sie vom Steuerpflichtigen bestritten werden, auch verpflichtet ist. Die begleitenden Umstände sind nach Strutz z. B.: Von mehreren Inhabern eines Warenhauses errichtet jeder ein Spezialgeschäft mit einer Warengruppe in einer der Etagen des bisherigen Warenhauses, oder sie errichten nebeneinander mehrere Geschäfte, von denen jedes eine G. m. b. H. ist, wobei aber dieselben Inhaber sind, oder wobei die verschiedenen Inhaber gegenseitig beteiligt oder irgendwelche gegenseitige Verpflichtungen eingegangen sind. Werden die Geschäfte an verschiedenen Orten errichtet, so liegt kein Warenhausbetrieb vor, es tritt also auch die Warenhaussteuerpflicht nicht mehr ein. EStSt. vom 14. Januar 09, XIV, 467 und vom 15. April 09, XIV, 473. Wenn mehrere selbständige Unternehmen mit verschiedenen Inhabern nur auf Grund dieses Paragraphen der Warenhaussteuer unterworfen sind, so darf zu ihr keiner von jenen Inhabern allein veranlagt werden. Vielmehr müssen sämtliche Inhaber der Einzelbetriebe zur Steuererklärung aufgefordert und zur Warenhaussteuer gemeinsam veranlagt werden.

[2]) Die Besteuerung auf Grund des § 7 darf erst erfolgen, nachdem dem Inhaber eines jeden der zu besteuernden Betriebe nach Maßgabe derselben Vorschriften wie der anderen Steuerpflichtigen Gelegenheit zur Abgabe einer Steuererklärung gegeben worden ist. Wenn Einwendungen gegen die Veranlagung zur Warenhaussteuer erhoben werden, so darf die Veranlagung erst nach Eingang einer solchen Gegenerklärung oder fruchtlosen Ablaufes der für diese gestellten Frist erfolgen. Vgl. die obigen Entsch.

§ 8[1]).

Die Veranlagung der Warenhaussteuer erfolgt für jedes Steuerjahr im Anschluß an diejenige der allgemeinen Gewerbesteuer nach dem Gesetze vom 24. Juni 1891[2]) für alle Gewerbesteuerklassen durch den örtlich zuständigen Steuerausschuß der Gewerbesteuerklasse I. Der Finanzminister kann anordnen, daß demselben zu diesem Zweck zwei weitere Mitglieder hinzutreten, von denen das eine von dem Finanzminister zu ernennen, das andere nach Maßgabe des § 10 des Gewerbesteuergesetzes zu wählen ist.

[1]) Vgl. Bgr. zu § 8 (Entw. § 7) und AA. Art. 11.

[2]) Der § 17 des GewstGes. Abs. 2—5 schreibt vor:

„Die Besteuerung erfolgt in dem Veranlagungsbezirke, in welchem das Gewerbe betrieben wird.

Findet der Betrieb in mehreren Veranlagungsbezirken statt, so erfolgt die Besteuerung in dem Bezirke, in welchem die Geschäftsleitung des Unternehmens ihren Sitz oder der in § 2 Abs. 2 erwähnte Vertreter seinen Wohnsitz hat.

Dasselbe gilt, wenn mehrere Gewerbe von derselben Person betrieben werden.

Erforderlichenfalls bestimmt der Finanzminister endgültig den Veranlagungsbezirk, in welchem die Besteuerung stattzufinden hat."

§ 9[1]).

Jeder bereits zur Warenhaussteuer veranlagte[2]) Gewerbetreibende ist auf die jährlich durch öffentliche Bekanntmachung[3]) ergehende Aufforderung des Vorsitzenden des nach § 8 zuständigen Steuerausschusses verpflichtet, die Höhe seines steuerpflichtigen Jahresumsatzes anzugeben. Diese Erklärungen sind innerhalb der auf mindestens 14 Tage zu bemessenden Frist[4]) nach den vom Finanzminister vorgeschriebenen, kostenlos zu verabfolgenden Formularen[5]) bei dem im ersten Satze bezeichneten Vorsitzenden des Steuerausschusses schriftlich oder zu Protokoll[6]) unter der Versicherung[7]) abzugeben, daß die Angaben nach bestem Wissen und Gewissen gemacht sind[8]).

Andere Gewerbetreibende sind zur Abgabe einer solchen Erklärung verpflichtet, sobald eine besondere[9]) Aufforderung des im Absatz 1 bezeichneten Vorsitzenden des Steuerausschusses an sie ergeht.

Die Erklärungen (Absatz 1 und 2) sind geheim aufzubewahren[10]).

Der § 56[11]) des Gewerbesteuergesetzes vom 24. Juni 1891 findet auf diese Erklärungen sinngemäße Anwendung.

[1]) Vgl. Bgr. zu § 9 (Entw. § 8) und AA., Art. 12. § 9, Abs. 1 und 2, ist den §§ 24 und 25 des EinkstGes. nachgebildet.

[2]) Es ist unerheblich, ob die Veranlagung bereits rechtskräftig geworden ist oder nicht. Sie muß aber dem betreffenden Steuerpflichtigen selbstverständlich offiziell zugegangen sein.

[3]) Z. B. in Berlin:

Veranlagungsbezirk Berlin. Berlin, den 13. Dezember 1912.

Öffentliche Bekanntmachung.

Warenhaussteuerveranlagung für das Steuerjahr 1913.

Auf Grund des § 9 des Ges., betreffend die Warenhaussteuer vom 18. Juli 1900 (Gesetzsammlung S. 294) wird hiermit jeder bereits zur Warenhaussteuer veranlagte Steuerpflichtige in der Stadt Berlin aufgefordert, die Steuererklärung über den steuerpflichtigen Jahresumsatz nach dem vorgeschriebenen Formular in der Zeit vom 25. Januar bis 10. Februar 1913 dem Unterzeichneten schriftlich oder zu Protokoll unter der Versicherung abzugeben, daß die Angaben nach bestem Wissen und Gewissen gemacht sind.

Die oben bezeichneten Steuerpflichtigen sind zur Abgabe der Steuererklärung verpflichtet, auch wenn ihnen eine besondere Aufforderung oder ein Formular nicht zugegangen ist. Auf Verlangen werden die vorgeschriebenen Formulare, denen zugleich die maßgebenden Bestimmungen beigefügt sind, von heute ab in dem Amtslokal des Unterzeichneten kostenlos verabfolgt.

Die Einsendung schriftlicher Erklärungen durch die Post ist zulässig, geschieht aber auf Gefahr des Absenders und deshalb zweckmäßig mittelst Einschreibebriefes. Mündliche Erklärungen werden von dem Unterzeichneten im Amtslokal werktäglich von 11 Uhr vormittags bis 2 Uhr nachmittags zu Protokoll entgegengenommen.

Die Versäumung der obigen Frist hat gemäß § 11 des Gesetzes betreffend die Warenhaussteuer, den Verlust der gesetzlichen Rechtsmittel gegen die Einschätzung für das Steuerjahr zur Folge.

Wissentlich unrichtige oder unvollständige Angaben oder wissentliche Verschweigung von steuerpflichtigem Umsatz in der Steuererklärung sind mit Strafe bedroht.

[4]) Die Frist ist streng einzuhalten, und die Erklärung ist bei der betreffenden Steuerbehörde einzureichen. Wird sie bei einer anderen Behörde eingereicht, so trägt der Einreichende die Verantwortung dafür, daß sie rechtzeitig bei der richtigen Behörde eingeht. Der Vorsitzende des Steuerausschusses kann die Frist verlängern. Auch können nach § 11 Umstände dargetan werden, welche die Versäumnis entschuldbar machen. Die Steuererklärungen sind in der Zeit vom 25. Januar bis einschließlich 10. Februar abzugeben. Wenn irgend möglich, muß der Antrag auf Fristverlängerung noch innerhalb der ursprünglich bemessenen Frist erfolgen. Sollte eine Antwort und Gewährung der Fristverlängerung nicht noch innerhalb des Zeitraums der ursprünglich gestellten Frist erfolgen, so empfiehlt es sich, eine provisorische Steuererklärung mit der Bemerkung abzugeben, daß die definitive noch nicht erfolgen kann, aber später, sobald es möglich ist, erfolgen wird. In solchen Fällen empfiehlt sich auch eine mündliche Besprechung mit dem Vorsitzenden des Steuerausschusses.

Nach dem Urteil des OVG. vom 9. Oktober 1902 (U. VI, W. 14) soll die Behörde in dieser Beziehung mit möglichster Nachsicht vorgehen und selbst nach Ablauf der ursprünglichen Frist eingegangenen Anträgen auf Fristverlängerung stattgeben, da ein begrifflicher Unterschied zwischen einer Fristverlängerung, die zwar auf einen innerhalb der ursprünglichen Frist gestellten Antrag, aber erst nach Ablauf dieser Frist erfolgt, und einer solchen, die erst nach Ablauf der ursprünglichen Frist beantragt war, nicht gefunden werden kann. (Fuisting a. a. O. Anm. 5 zu § 9.

Muster I.

5) (Zu Art. 13 Nr. I.)

Veranlagungsbezirk . . . .

Steuererklärung
zum Zwecke der Veranlagung

de . . . . (Firma)
in . . . . (Sitz)
zur Warenhaussteuer für das Steuerjahr . . . .
(umfassend den Zeitraum vom 1. April . . . . . bis zum 31. März . . . .).

Der warenhaussteuerpflichtige Jahresumsatz (Art. 1 Nr. 3 AA. vom 26. September 1900) einschließlich desjenigen der nachstehend verzeichneten Zweigniederlassungen[1]):

. . . .
. . . .
. . . .
. . . .
. . . .
. . . .

beträgt nicht mehr als . . . . Mark[2]).

Es wird versichert, daß die vorstehenden Angaben nach bestem Wissen und Gewissen gemacht sind.

. . . . (Ort), den . . .ten . . . . 1. . .

Für (Firma) . . . .

(Name) . . . .

Steuererklärungen ohne Unterschrift
gelten als nicht abgegeben.

---

1) Bei Vorhandensein einer größeren Zahl von Zweigniederlassungen, für deren Angabe das Muster nicht ausreichenden Platz bietet, sind dieselben auf einer Anlage zur Steuererklärung zu verzeichnen.

2) Der Umsatz ist nach dem Betrage des letzten Geschäftsjahres, wenn aber der Kleinhandel mit mehr als einer der im § 6 des WG. unterschiedenen Warengruppen noch nicht ein Jahr lang betrieben wird, nach dem mutmaßlichen Jahresbetrage in Ansatz zu bringen (AA. vom 26. September 1900, Art. 10).

Seite 1 des Formulars ist in jedem Falle auszufüllen; zur Vermeidung von Rückfragen und Beanstandungen empfiehlt es sich jedoch, hierunter oder auf einer Anlage die folgenden Angaben zu machen:

1. Von dem auf Seite 1 angegebenen Jahresumsatze entfallen auf die einzelnen Betriebsstätten, und zwar Mark
   1. . . . .
   2. . . . .
   3. . . . .
   4. . . . .
   usw.

2. Bei der Angabe des Jahresumsatzes sind von dem Gesamtumsatze unseres Unternehmens in Abrechnung gebracht:
   a) der Umsatz unserer außerpreußischen Betriebsstätten . mit . . . ℳ
   b) derjenige, welcher in Preußen durch andere Gewerbe als den Kleinhandel erzielt ist . . . . „ . . . . „
   c) derjenige unserer preußischen Betriebsstätten aus Waren, welche keiner der im § 6 des Ges. unterschiedenen Gruppen angehören . . . . „ . . . . „

3. Das stehende Gewerbe des Kleinhandels wird betrieben mit folgenden der im § 6 des Ges. unter A, B, C, D anfgeführten Warengruppen:

und zwar in der oben (Nr. 1) unter Ziffer
   1. genannten Betriebsstätte mit Gruppe[1])
   2. „ „ „ „
   3. „ „ „ „
   4. „ „ „ „ usw.

[6]) D. h. schriftlich. Die protokollarische Abgabe der Steuererklärung steht der schriftlichen gleich und kann von dem Steuerpflichtigen verlangt werden. Wird sie ihm verweigert, so hat er seiner Pflicht genügt. Eine freiwillige Abgabe der Steuererklärung ist selbstverständlich zulässig. Ein noch nicht zur Warenhaussteuer Veranlagter, dem auch keine besondere Aufforderung zur Steuererklärung zugegangen ist, kann zur Warenhaussteuer nicht veranlagt werden, auch nicht in den Fällen des § 7 (EStSt. vom 7. Mai 1903, XI, 470).

[7]) Diese Versicherung ist notwendig, da die Steuererklärung sonst ungültig ist.

[8]) D. h. alle Gewerbetreibenden, die zur Zeit der öffentlichen Aufforderungen für das laufende Steuerjahr zur Warenhaussteuer noch nicht veranlagt sind, auch wenn sie kein Warenhaus oder keinen warenhaussteuerpflichtigen Betrieb besitzen (EStSt. vom 14. Mai 1908, XIII, 443).

---

[1]) Angabe der Gruppen nach § 6 Abs. 1 des Ges. durch die betreffenden Buchstaben A, B, C, D.

[9]) Die besondere Aufforderung zur Abgabe einer Warenhaussteuererklärung ist unwirksam, wenn sie die Belehrung über den Verlust der gesetzlichen Rechtsmittel gegen die Veranlagung als Folge der Versäumung der gestellten Frist nicht enthält (EStSt. vom 7. Mai 1903, XI, 467 ff). Die E. besagt weiter:

Von der Vorschrift in Art. 16 IV der AA. vom 26. September 1900 zum WG., wonach die zum Zwecke der ordentlichen Veranlagung erfolgenden besonderen Aufforderungen zur Warenhaussteuererklärung in der Regel mit der in der öffentlichen Aufforderung bestimmten Frist erlassen werden sollen, darf nur dann abgewichen werden, wenn sie so spät ergehen, daß die letztere Frist nicht mehr ausreichen würde.

Die Vorschrift in Art. 16 I, Absatz 2 der AA., wonach ein noch nicht zur Warenhaussteuer veranlagter Gewerbetreibender, der weder eine besondere Aufforderung zur Steuererklärung erhalten, noch auch freiwillig eine Steuererklärung abgegeben hat, zur Warenhaussteuer nicht veranlagt werden darf, steht im Einklang mit dem Gesetze.

Eine der vorgeschriebenen Form (Art. 13 d. AA.) entsprechende Warenhaussteuererklärung ist gültig, auch wenn der warenhaussteuerpflichtige Umsatz mit Null angegeben ist. Hat eine Beanstandung einer derartigen Steuererklärung oder eine Aufforderung des Steuerpflichtigen zur Äußerung über die obwaltenden Bedenken nach Maßgabe des § 10 des WG. innerhalb des Steuerjahres nicht stattgefunden, so ist eine Nachbesteuerung nach § 13 a. a. O. und § 78 des GewStGes. nicht zulässig, vgl. aber Anm. 2 zu § 10.

[10]) Vgl. § 57, Absatz 3, EinkStGes. (bei Strutz verdruckt).

[11]) Der § 56 des GewStGes. lautet:

„Die nach den §§ 52 bis 55 den Gewerbetreibenden obliegenden Verpflichtungen sind:

1. für Personen, welche unter väterlicher Gewalt, Pflegschaft oder Vormundschaft stehen, von deren Vertretern,
2. für Gewerbebetriebe der Gesellschaften, Genossenschaften, juristischen Personen, Vereinen usw. von den in §§ 18 und 19 bzw. § 2, Absatz 2 bezeichneten Personen zu erfüllen" (d. h. den Vorstandsmitgliedern bzw. den persönlich haftenden Gesellschaftern).

§ 10[1]).

Bei der Veranlagung darf von den Angaben in der Erklärung (§ 9) nur abgewichen werden, nachdem dem betreffenden Steuerpflichtigen Gelegenheit mit mindestens 14tägiger Frist zur Äußerung über die obwaltenden Bedenken gegeben worden ist[2]).

Zum Zwecke der Prüfung der Erklärung ist der Steuerpflichtige auf Beschluß des Steuerausschusses auch verpflichtet, seine Geschäftsbücher vorzulegen[3])[4])[5]).

[1]) Vgl. Bgr. zu § 10 (Entw. § 9) und AA. Art. 18 und 19. Absatz 1 entspricht dem § 38 Absatz 1—3 des EinkstGes.

[2]) Wenn dem Steuerpflichtigen die gegen seine Steuererklärung obwaltenden Bedenken nicht mitgeteilt und ihm nicht Gelegenheit mit mindestens 14tägiger Frist zur Äußerung darüber gegeben worden ist, darf der Steuerausschuß von der Angabe in der Erklärung nicht abweichen. Eine gegen die Vorschriften verstoßende Veranlagung ist unhaltbar. Auch eine Nachbesteuerung ist ausgeschlossen (OSt. vom 3. April 1902, X, 472 und vom 7. Mai 1903, XI, 473). Die neuere OStSt. vom 14. Januar 1909, XIV, 473, hat aber im Gegensatze dazu und unter Aufhebung der obigen OE. insoweit die Nachholung der Beanstandung der Steuererklärung im Rechtsmittelverfahren mit rechtlicher Wirkung zugelassen.

[3]) Der Steuerpflichtige ist also verpflichtet, seine Geschäftsbücher vorzulegen (aber sie nicht aus der Hand zu geben), während für die Gewerbebesteuerung ein solcher Zwang nicht gesetzlich vorgeschrieben ist. Die Befugnis, dieses zu verlangen, steht aber nach der AA. nur dem Steuerausschusse, nicht dem Vorsitzenden zu. Die Vorlegung der Geschäftsbücher hat auf Verlangen des Steuerausschusses bei diesem zu erfolgen. Die Prüfung der Bücher hat, wenn möglich, unter Zuziehung des Steuerpflichtigen, unter Verhandlung mit ihm und unter Aufnahme des Ergebnisses in einem von ihm zu unterzeichnenden Protokolle zu geschehen. Es ist auf die Bequemlichkeit des Steuerpflichtigen so weit tunlichst Rücksicht zu nehmen, als hierdurch der Zweck der Büchervorlegung nicht beeinträchtigt wird. Zur Offenbarung von Geschäftsgeheimnissen, die nicht in den Geschäftsbüchern enthalten sind, ist nach § 13 WG. und nach § 27 Absatz 2 des GewstGes. der Steuerpflichtige nicht verpflichtet.

Nach der Bgr. zu § 10 kann nur der Steuerausschuß, nicht der Vorsitzende allein die Vorlegung der Geschäftsbücher verlangen. Eine Bestrafung wegen Nichterfüllung dieser Auflage findet nach der Bgr. ebensowenig statt wie wegen Nichtabgabe von Erklärungen auf die Beanstandung. Nur unrichtige Erklärungen unterliegen nach § 13 Absatz 3 der Bestrafung. Dagegen verliert der Steuerpflichtige, wenn er die Bücher nicht vorlegt, die gesetzlichen Rechtsmittel gegen seine Veranlagung für das betreffende Steuerjahr, sofern sein Versäumnis nach § 11 nicht entschuldbar ist.

[4]) Der Steuerausschuß ist gemäß § 13 Absatz 1 des WG., nach den §§ 26 und 27 des GewstGes. berechtigt, Sachverständige und Auskunftspersonen zu vernehmen, nötigenfalls auch diese zu beeidigen oder deren eidliche Vernehmung zu veranlassen. Personen, welche bei dem Steuerpflichtigen bedienstet sind oder waren, bleiben von der Vernehmung ausgeschlossen, insofern der Steuerpflichtige mit der Vernehmung nicht einverstanden ist.

Mit der Besichtigung der Anlage, Betriebsstätten und Vorräte können ohne Zustimmung des Gewerbetreibenden andere Personen als Staatsbeamte nicht beauftragt werden.

[5]) Die Unterlassung der Erhebung eines von dem Steuerpflichtigen über

erhebliche Tatsachen angebotenen Beweises bildet einen wesentlichen Mangel des Verfahrens (EStSt. vom 20. Mai 1903, XI, 457).

§ 11 [1]).

Wer die ihm nach § 9 obliegende Erklärung nicht innerhalb der vorgeschriebenen Frist abgibt oder den auf Grund der Vorschrift § 10 an ihn gerichteten Aufforderungen [2]) nicht Folge leistet, verliert die gesetzlichen Rechtsmittel gegen seine Veranlagung zur Warenhaussteuer für das betreffende Steuerjahr, insofern nicht Umstände dargetan werden, welche die Versäumnis entschuldbar [3]) machen.

[1]) Vgl. Bgr. zu § 11 (§ 10 des Entw.) und Art. 14 und 18 der AA.

[2]) Diese Aufforderung muß nach § 10 eine mindestens 14tägige Frist enthalten, die strenge innezuhalten ist.

[3]) Vgl. § 31 Absatz 3, 2. Satz des EinkStGes., welcher lautet: „Die Festsetzung unterbleibt, wenn Umstände dargetan werden, welche die Versäumnis entschuldbar machen.“ EStSt. vom 14. Mai 1908, XIII, 446. Die Anwendung dieses Satzes ist von einer Feststellung der Möglichkeit oder Unmöglichkeit, rechtzeitig wenigstens um Erstreckung der Frist nachzusuchen, nicht abhängig. Die Behörde hat schon angesichts der bloßen Tatsache, daß die Steuererklärung verspätet oder gar nicht eingeht, in die Prüfung darüber einzutreten, ob diese Versäumnis nach Lage der vom Pflichtigen darzulegenden Umstände entschuldbar ist (EOVG. vom 5. November 1903, XIIIc, 21). Die Folgen der Fristversäumnis können den Steuerpflichtigen nur treffen, wenn ihm letztere bekannt sein mußten (EStSt. I, 22 und vom 11. Juli 1896). Bei Unmöglichkeit der Abgabe der Steuererklärung muß die Entschuldbarkeit anerkannt werden (EOVG. vom 9. Mai 1901, XIIIb 27). Auf ein innerhalb der Erklärungsfrist eingegangenes Gesuch um deren Verlängerung kann der Steuerpflichtige Bescheid erwarten EStSt. I, 41. Vgl. Fuisting-Strutz EinkStGes., 3. Aufl., S. 184. Diese Entsch. aus dem Gebiete des EinkStGes. werden auch auf die Warenhaussteuer in Fällen des § 11 zutreffen.

§ 12 [1]).

Gewerbetreibende, welche im Laufe des Steuerjahres den Kleinhandel mit mehr als einer der im § 6 unterschiedenen Warengruppen anfangen oder auf mehr als eine dieser Warengruppen ausdehnen, oder eine nach § 3 der Warenhaussteuer unterliegende Verkaufsstelle in Preußen errichten, haben hiervon, wenn nicht nach den Verhältnissen des Betriebes von vornherein ausgeschlossen ist, daß der Gesamtumsatz [2]) die warenhaussteuerpflichtige Höhe [3]) erreicht[4]), der von dem Finanzminister zu bestimmenden Behörde[5]) vorher oder gleichzeitig Anzeige zu machen.

Die im Laufe eines Steuerjahres erfolgende Beschränkung des Kleinhandels eines zur Warenhaussteuer veranlagten Betriebes auf nur eine der im § 6 unterschiedenen Warengruppen oder auf Waren, welche keiner derselben angehören, ändert an der veranlagten Warenhaussteuer nichts[6]).

[1]) Vgl. Bgr. zu § 12 (§ 11 des Entw) und Art. 20 bis 23 AA. Der § 12 will es unmöglich machen, daß Gewerbetreibende durch nur zeitweilige Ausdehnung ihres Geschäftsbetriebes auf mehrere Warengruppen, besonders ev. zur Weihnachtszeit, sich der Steuerpflicht entziehen. Eine solche Ausdehnung auf mehr als eine Warengruppe oder der Beginn eines Warenhausbetriebes ist der Steuerbehörde bzw. der Gemeindebehörde anzuzeigen. Solche Betriebe sind mit dem darauffolgenden Kalendervierteljahre steuerpflichtig (vgl. Anm. 4 zu § 4).

[2]) D. h. der warenhaussteuerpflichtige Kleinhandelsumsatz mit Waren aus den im § 6 unterschiedenen Gruppen.

[3]) 400000 Mark, mit Ausnahme der Filialen auswärtiger Betriebe, die nach § 3 immer steuerpflichtig sind.

[4]) Der betreffende Gewerbetreibende muß nach bestimmten Anhaltspunkten, insbesondere nach dem bisher monatlich erzielten Umsatze, berechtigt gewesen sein, darauf zu schließen, daß der Jahresumsatz von 400000 Mark nicht erreicht werde. Stellt sich bei der Prüfung aber später heraus, daß er auf Grund dieser Anhaltspunkte unbedingt hätte annehmen müssen, daß der Umsatz 400000 Mark übersteigen würde, so macht er sich strafbar. Im Zweifelsfalle ist es jedenfalls besser, die Anzeige zu machen, um sich keinen ev. Weiterungen und Bestrafungen auszusetzen.

[5]) Die Behörden sind in Art. 20 der AA bestimmt. In Gemeinden von mehr als 20000 Einwohnern ist die Anmeldung beim Gemeindevorstand, in Berlin bei der Kgl. Direktion für die Verwaltung der direkten Steuern, in allen anderen Gemeinden bei der Bezirksregierung zu machen.

[6]) Wenn also jemand den Gewerbebetrieb auf Waren einer zweiten Gruppe ausdehnt, und sein Umsatz über 400000 Mark beträgt, er diese Ausdehnung aber nach 8 Tagen oder einem Monat wieder aufgibt, so bleibt er für das betreffende Jahr warenhaussteuerpflichtig. Vgl. § 4, Anm. 3—6.

§ 13[1]).

Soweit in dem Vorstehenden nicht ein anderes bestimmt ist, finden auf die Warenhaussteuer hinsichtlich der Veranlagung, der Rechtsmittel[2]), der Zerlegung der Steuersätze[3]), der Zu- und Abgänge, der Abmeldungen, der Befugnisse der Steuerausschüsse und ihrer Vorsitzenden, der den Gewerbetreibenden und ihren Vertretern obliegenden Verpflichtung zur Auskunftserteilung, der Nachbesteuerung[4]), der Ausfälle, des Erlasses[5]) und der Ermäßigung[5]) veranlagter Steuerbeträge sowie der Oberaufsicht die für die Gewerbesteuerklasse I geltenden Vorschriften §§ 17 bis 21, 25, 26, 27 Absatz 2, 3 §§ 30 bis 38, 42 bis 53, 76 bis 78 des Gewerbesteuergesetzes vom 24. Juni 1891 sowie §§ 9, 10 Absatz 2, § 11 Absatz 1, 2, § 14 Absatz 1, 2, § 15 Absatz 1 des Gesetzes wegen Aufhebung direkter Staatssteuern vom 14. Juli 1893 sinngemäße Anwendung.

Die in den §§ 54 und 56 des Gewerbesteuergesetzes den Gewerbetreibenden und ihren Vertretern auferlegte Verpflichtung zur Auskunftserteilung[6]) erstreckt sich fortan für alle Gewerbetreibenden, welche den Kleinhandel betreiben, auch auf die Angabe, mit welchen Warengattungen[7]) dies geschieht.

Die Strafbestimmungen in den §§ 70 und 71[8]) Nr. 1 des Gewerbesteuergesetzes sind auch auf die durch das gegenwärtige Gesetz den Gewerbetreibenden und ihren Vertretern auferlegte Verpflichtung zur Anmeldung und zur Abgabe von Erklärungen entsprechend anzuwenden. Ingleichen finden die §§ 71 Nr 2, 72 und 73[8]) a. a. O.[9]) bei der Warenhaussteuer sinngemäße Anwendung.

[1]) Vgl. Bgr. zu § 13 (§ 12 Entw.) u. AA. Art. 6, 7, 11, 15—29, 31, 32, 34, 35.

[2]) Eine nach Zustellung der Warenhaussteuerzuschrift abgegebene Erklärung des Adressaten, daß er nicht mehr Inhaber der veranlagten Firma sei, ist nach EStS. vom 9. Januar 1908, XIII, 447 als gültiger Einspruch gegen die Veranlagung anzusehen.

[3]) Die Zerlegung des Steuersatzes muß, je nachdem die Veranlagung nach dem Umsatze oder nach dem Ertrage erfolgt ist, nach dem Maßstabe des Umsatzes oder Ertrages bewirkt werden, EStS. vom 22. Oktober 1903, XI, 475, gleichgültig, ob einzelne Gemeinden sich dadurch schlechter stehen.

Für länger als ein Jahr bestehende Betriebe ist der in den einzelnen Gemeinden wirklich erzielte Umsatz oder Ertrag zugrunde zu legen.

Im Falle der Veranlagung nach dem Ertrage hat daher die Zerlegung des Steuersatzes auch dann nach dem Maßstabe des Ertrages zu erfolgen, wenn bei dieser Zerlegungsart einzelne Betriebsorte ungünstiger gestellt werden, als wenn die Warenhaussteuer für sie allein unter Berücksichtigung des in ihnen erzielten Umsatzes und Ertrages veranlagt würde. Dies gilt selbst dann, wenn dabei der auf eine Gemeinde entfallende Steueranteil noch unter die Hälfte der Steuer sinkt, die nach Maßgabe des dort erzielten Umsatzes festzusetzen wäre.

Besteht das der Warenhaussteuer unterliegende Gewerbe des Kleinhandels zur Zeit der Veranlagung länger als ein Jahr und ist die Veranlagung nach den Ergebnissen des letzten Betriebsjahres erfolgt, so ist für die Zerlegung des Steuersatzes nur der in diesem Jahre an den einzelnen Betriebsorten wirklich erzielte Umsatz oder Ertrag in Betracht zu ziehen, gleichviel, ob die Teilbetriebe an den einzelnen Betriebsorten während dieses ganzen Jahres bestanden haben oder erst im Laufe desselben eröffnet worden sind. Die Berechnung eines vollen Jahresumsatzes oder Jahresertrages im letzteren Falle ist unzulässig.

[4]) Eine Nachbesteuerung kann nach § 13 des WG. und nach § 78 des GewstGes. nur dann eintreten, wenn der Steuerpflichtige bei der Veranlagung, entgegen den Vorschriften des WG., übergangen oder steuerfrei geblieben ist (EStSt. XI, 477).

[5]) Die Befugnis zum Erlasse oder zur Ermäßigung steht nach AA. Art. 32 den Gemeinden zu. Es handelt sich nach § 44 des GewstGes. um Schädigungen des Betriebes durch Tod, Krankheit des Inhabers, Brandunglück, Überschwemmungen usw.

[6]) Diese Vorschrift bezieht sich auf alle Gewerbetreibenden, die den Kleinhandel betreiben, gleichgültig, ob sie mit einer oder mehreren Warengruppen handeln, und gleichgültig, wie hoch ihr Umsatz ist.

[7]) „Warengattungen" sind nicht gleich „Warengruppen" des § 6, sondern weit enger, gleich „Warenart", z. B. Kleider, Konfektion, Hemden usw.

[8]) § 70 des GewstGes. bestimmt, daß, wer die gesetzliche Verpflichtung zur Anmeldung eines steuerpflichtigen Gewerbes innerhalb der vorgeschriebenen Frist nicht erfüllt, in eine dem doppelten Betrage der einjährigen Steuer gleiche Geldstrafe verfällt.

§ 71 Abs. 1 lautet:

„Mit Geldstrafe bis zu dreihundert Mark wird bestraft,

1. wer die nach den Bestimmungen der §§ 28, 54, 55 und 56 dieses Gesetzes ihm obliegende Verpflichtung nicht erfüllt; insbesondere auch, wer die erforderte Erklärung, zu welcher er nach Vorschrift der §§ 54 bis 56 verpflichtet ist, wissentlich unvollständig oder unrichtig abgibt;
2. wer den nach § 25 Abs. 4 Zuständigen die Einsicht der gewerblichen Anlagen, Betriebsstätten oder Vorräte verweigert."

§ 72 bestraft die unbefugte Offenbarung von Geschäftsgeheimnissen eines Steuerpflichtigen seitens der bei der Steuerveranlagung beteiligten Beamten, die nur auf Antrag erfolgt.

§ 73 regelt das Strafverfahren (vgl. Art. 34 der AA.).

[9]) d. h. des Gewerbesteuergesetzes.

§ 14 [1]).

Die Veranlagung zur allgemeinen Gewerbesteuer nach dem Gesetze vom 24. Juni 1891 und zu besonderen auf Grund des

§ 29[2]) des Kommunalabgabengesetzes vom 14. Juli 1893 eingeführten Gewerbesteuern wird durch die Warenhaussteuer nicht berührt. Die empfangsberechtigte Gemeinde hat aber die Warenhaussteuer nur so weit zu erheben, als sie die von ihr nach § 29 oder § 30 des Kommunalabgabengesetzes von dem der Warenhaussteuer unterliegenden Betrieb erhobene Gewerbesteuer übersteigt[3]). Erstreckt sich die Gewerbesteuerveranlagung auf mehrere Betriebe, die nicht sämtlich der Warenhaussteuer unterliegen, so ist der auf die warenhaussteuerpflichtigen Betriebe entfallende Teilbetrag der Gewerbesteuer unter sinngemäßer Anwendung der Vorschriften im § 38 des Gewerbesteuergesetzes vom 24. Juni 1891 und § 32 des Kommunalabgabengesetzes festzustellen[4]).

Die Warenhaussteuer ist von den Gemeinden (Gutsbezirken) in vierteljährlichen Beträgen zu erheben. Die Bestimmung des § 40 und § 41 des Gewerbesteuergesetzes findet auch auf die Warenhaussteuer Anwendung[5]).

Das Aufkommen an Warenhaussteuer[6]) ist von den Gemeinden, soweit dieselben zur Deckung ihrer Ausgaben von den nach den Vorschriften des Gewerbesteuergesetzes in den Steuerklassen III und IV veranlagten Gewerbetreibenden Prozente der vom Staate veranlagten Gewerbesteuer oder eine besondere Gewerbesteuer erheben, zur Erleichterung der von diesen Steuerklassen zu erhebenden Prozente beziehungsweise Steuer, anderenfalls[7]) zur Bestreitung von Gemeindebedürfnissen vorzugsweise im Interesse der kleineren Gewerbetreibenden zu verwenden. Eine Anrechnung der Warenhaussteuer auf den nach §§ 54 bis 57 des Kommunalabgabengesetzes durch besondere Gemeindegewerbesteuern oder Prozente der vom Staate veranlagten Gewerbesteuer aufzubringende Teil des Steuerbedarfs findet nicht statt[8]).

Die Gutsbezirke haben die erhobenen Beträge an Warenhaussteuer am Schlusse eines jeden Vierteljahres an die Kreiskommunalkasse abzuführen. Die Kreise haben diese Beträge vorzugsweise im Interesse der kleineren Gewerbetreibenden zu verwenden[9]).

1) Vgl. AA. Art. 33.

2) Bei Strutz statt § 29 § 28 verdruckt. § 29 des KAG. lautet:

„Den Gemeinden ist die Einführung besonderer Gewerbesteuern gestattet. Die Gewerbesteuern können namentlich bemessen werden nach dem Ertrage des letzten Jahres oder einer Reihe von Jahren, nach dem Werte des Anlagekapitals oder des Anlage- und Betriebskapitals, nach sonstigen Merkmalen für den Umfang des Betriebes oder nach einer Verbindung mehrerer dieser Maßstäbe."

[3]) Die Gemeinden haben das Recht, die Gewerbebetriebe auf Grund der staatlich veranlagten Gewerbesteuer oder auf Grund besonderer gemäß § 29 des KAG. eingeführten Gewerbesteuern zu veranlagen. Dieses Gewerbesteuerrecht der Gemeinden wird durch das WG. nicht berührt. Es wird in Preußen von einem Gewerbebetriebe immer nur eine Gewerbesteuer — voll — erhoben. Die Warenhäuser werden sowohl zur Gewerbe-, bzw. zu besonderen Gemeindegewerbesteuern als auch zur Warenhaussteuer veranlagt. Die Gewerbesteuer ist immer zu zahlen. Ist die Gewerbesteuer, bzw. die besondere Gemeindegewerbesteuer niedriger als die Warenhaussteuer, so wird die Warenhaussteuer erhoben und fließt den Gemeinden zu.

Die Gewerbesteuer, bzw. die besondere Gemeindegewerbesteuer wird in diesem Falle von der Warenhaussteuer abgesetzt.

Ist die Gewerbesteuer, bzw. die besondere Gemeindegewerbesteuer höher als die Warenhaussteuer, so bleibt die Warenhaussteuer unerhoben, und nur die Gewerbesteuer wird von den Warenhäusern erhoben.

Die Gewerbesteuer, bzw. besondere Gemeindegewerbesteuer wird also stets unverkürzt erhoben. Die Warenhaussteuer dagegen, wenn sie niedriger ist als diese, bleibt in diesem Falle unerhoben. Folgende Beispiele mögen dies verdeutlichen:

Bei verschiedenen Betrieben soll betragen:

Warenhaussteuer	20 000	20 000	20 000
Gewerbesteuer	15 000	20 000	25 000

Es wird in diesen Fällen erhoben:

Warenhaussteuer	5 000	—	—
Gewerbesteuer	15 000	20 000	25 000

In Bayern, Elsaß-Lothringen, Hessen und Braunschweig wird die Warenhaussteuer neben der Gewerbesteuer erhoben, was u. E. nicht zulässig ist, vgl. Exkurs vor § 1. S. 50.

[4]) Wenn bei einem Betriebe nur ein Teil der Warenhaussteuer unterliegt, so ist nur für diesen Teil die Gewerbesteuer festzustellen und dann von der Warenhaussteuer abzuziehen, falls diese höher ist als die Gewerbesteuer. Strutz führt hierüber folgendes Beispiel an: Ist der Steuerpflichtige z. B. zu einer Warenhaussteuer von 7500 Mark, dagegen zu einer Gewerbesteuer von 5420 Mark veranlagt, wovon aber nur 2400 Mark auf den Warenhausbetrieb 3020 Mark dagegen auf andere Betriebe entfallen, so sind zu erheben an Gewerbesteuer 5420 Mark, an Warenhaussteuer nicht 7500 Mark — 5420, sondern 7500 — 2400 = 5100 Mark, zusammen also; nicht 7500, sondern 10 520 Mark.

[5]) § 40 bestimmt, daß die Zahlung der veranlagten Steuer durch Einlegung von Rechtsmitteln nicht aufgehalten wird, vielmehr mit Vorbehalt späterer Erstattung in den vorgeschriebenen Fristen erfolgen muß.

§ 41 lautet: „Wird ein Gewerbebetrieb von einer anderen Person unverändert fortgesetzt (z. B. im Falle der Vererbung, Verpachtung, Veräußerung) so ist die veranlagte Steuer bis zum Ablaufe des Steuerjahres fortzuentrichten, und findet nur eine Umschreibung des Namens statt.

Der Verpächter eines Gewerbes haftet für die Jahressteuer solidarisch mit dem Pächter desselben."

[6]) Abzüglich der Gewerbesteuerbeträge. Es ist nicht nötig, daß die Steuern zur Erleichterung der beiden Gewerbesteuerklassen III und IV verwendet werden sondern sie können auch für die Erleichterung nur einer der beiden Klassen verwenden. Es kann zunächst die Klasse IV erleichtert werden und dann, soweit das Geld reicht, auch noch teilweise die Klasse III, oder es kann die Klasse IV in stärkerem Maße erleichtert werden als die Klasse III.

Nach MinErl. vom 2. April 1903, Mitteilungen 46 S. 22, soll bei der Beschlußfassung über die Verwendung der Warenhaussteuer der zu schätzende Betrag nach Möglichkeit dem voraussichtlichen Aufkommen entsprechend bemessen werden. Es ist aber nichts dagegen zu erinnern, daß an solchen Orten, wo das Ergebnis der Veranlagung keinen hinreichend sicheren Anhalt für diese Schätzung bietet, das wirkliche Aufkommen des Vorjahres bei der Verwendung zugrunde gelegt wird. Ist in einer Gemeinde dieses Verfahren einmal eingeschlagen, so muß es auch in künftigen Jahren beibehalten werden.

[7]) Anderenfalls, d. h. wenn und soweit das Aufkommen an Warenhaussteuern das Gemeindegewerbesteuersoll der Klassen III und IV übersteigt. Einer besonderen Genehmigung bedarf es nicht z. B. zur Unterhaltung oder Unterstützung von Fachschulen, zur Unterstützung des Genossenschaftswesens, Stellenvermittelung, Herbergewesen u. dgl.

[8]) Diese Bestimmung ist selbstverständlich, da die Warenhaussteuer nicht den Etat der Gemeinde erhöht, sondern zur Erleichterung der Gewerbesteuerklassen III und IV dient.

[9]) Eine Verwendung der Beträge zur Ermäßigung der von den kleinen Gewerbetreibenden zu erhebenden Kreisabgaben ist nicht ausgeschlossen. Der Verwendungsbeschluß bedarf einer Genehmigung nicht.

§ 15[1]).

Die Warenhaussteuer wird zum erstenmal für das Rechnungsjahr 1901 erhoben.

Die bei Veröffentlichung dieses Gesetzes bereits bestehenden Warenhäuser haben die Steuer für das Rechnungsjahr 1901 nur zur Hälfte zu entrichten[2]).

[1]) Das WG. ist gemäß dem Ges. vom 16. Februar 1874 mit dem vierzehnten Tage nach dem Ablaufe desjenigen Tages, an dem das das Gesetz enthaltene Stück der Gesetzessammlung in Berlin ausgegeben worden ist (am 4. August 1900), am 18. August 1900 in Kraft getreten.

[2]) Der zweite Absatz ist vom Herrenhause eingefügt worden.

§ 16.

Der Finanzminister, der Minister des Innern und der Minister für Handel und Gewerbe [1]) sind mit der Ausführung dieses Gesetzes beauftragt.

[1]) Die Worte: „und der Minister für Handel und Gewerbe sind vom AbgH. eingefügt worden, da dieser Minister nach § 6, Abs. 5, bezüglich der Warenklassifikation der Hauptausführende des Gesetzes ist.

Urkundlich unter Unserer Höchsteigenhändigen Unterschrift und beigedrucktem Königlichen Insiegel.

Gegeben Trondhjem a. Bord S. M. Y. „Hohenzollern", den 18. Juli 1900.

(L. S.)

Wilhelm.

Fürst zu Hohenlohe. v. Miquel. Schönstedt. Brefeld. v. Goßler. Gr. v. Bülow. v. Tirpitz. Studt. Freiherr v. Rheinbaben.

Anhang I.

Anweisung vom 26. September 1900 zur Ausführung des Gesetzes, betreffend die Warenhaussteuer, vom 18. Juli 1900.

I. Steuerpflicht.

A. Besteuerung der in Preußen domizilierten Unternehmungen.

Art. 1.

(§ 1 Absatz 1 bis 3 des Gesetzes.)

Gewerbebetriebe, welche in Preußen ihren Sitz haben, unterliegen der Warenhaussteuer nur bei dem Zusammentreffen folgender Voraussetzungen:

I. Betrieb des stehenden Gewerbes des Kleinhandels;

II. Kleinhandel mit mehr als einer der im § 6 des Gesetzes (vgl. unten Art. 4) unterschiedenen vier Warengruppen;

III. Erzielung eines Jahresumsatzes von mehr als 400 000 Mark durch den Kleinhandel mit Waren der im § 6 unterschiedenen vier Gruppen.

Hierzu ist im einzelnen folgendes zu bemerken:

Zu I.

1. Der Gewerbebetrieb im Umherziehen einschließlich des Wanderlagerbetriebes unterliegt der Warenhaussteuer nicht.
2. „Kleinhandel" ist jeder gewerbsmäßige Verkauf von Waren unmittelbar an die Konsumenten, im Gegensatz zum „Groß- oder Engroshandel", dem Verkauf an Klein- oder sonstige Zwischenhändler.

   Auf die Menge der im einzelnen Falle abgesetzten Waren kommt es daher für die Entscheidung der Frage, ob Kleinhandel vorliege, nicht an.
3. In welcher Form sich der Kleinhandel vollzieht, ob als Warenhaus im engeren Sinne, d. h. im offenen Laden, oder unmittelbar vom Lager aus, als Versandgeschäft, ob auf oder ohne vorgängige Bestellung, ist für die Steuerpflicht ohne Bedeutung.

   Ebenso macht es keinen Unterschied, ob die feilgehaltenen Waren Eigentum des Gewerbetreibenden sind oder von ihm nur kommissionsweise geführt werden.

Zu II.

1. Der Grundsatz der einheitlichen Besteuerung in einer Hand befindlicher Betriebe (§ 17 Absatz 1 des GewStGes.) findet nach § 1 Absatz 1 und § 13 Absatz 1 des Gesetzes auch auf die Warenhaussteuer Anwendung. Es sind daher alle einzelnen Betriebe derselben Person oder Personenmehrheit (offene Handelsgesellschaft, Kommanditgesellschaft, Genossenschaft, Verein usw.) ohne Rücksicht auf ihre Zahl, Art, Lage oder Firma als ein Gewerbe zu behandeln.

Demgemäß sind bei Prüfung der Frage, ob Kleinhandel mit mehr als einer Warengruppe vorliegt, die in allen einzelnen Betrieben und Betriebsstätten geführten Waren zusammenzurechnen. Es liegt die Steuerpflicht vor, wenn sich hierbei ergibt, daß mehr als eine Warengruppe im Kleinhandel geführt wird, selbst wenn in jeder einzelnen Betriebsstätte nur mit je einer Gruppe gehandelt wird.

2. Hiervon bestehen indes zwei Ausnahmen:
   a) Die von Gewerben, welche in Preußen domiziliert sind, außerhalb Preußens unterhaltenen Betriebe und Betriebsstätten bleiben außer Betracht. Daher sind auch die ausschließlich in diesen geführten Warengruppen nicht mitzuzählen.
   b) Erstreckt sich ein Kleinhandelsbetrieb mit mehr als einer Warengruppe über mehrere Orte des Inlandes, so tritt gleichwohl nach § 1 Absatz 3 des Gesetzes die Steuerpflicht nicht ein, wenn in den Verkaufsstätten jedes einzelnen Betriebsortes und der diesen unmittelbar benachbarten Orte nur je eine Warengruppe geführt wird. Die Steuerpflicht ist also beispielsweise nicht begründet, wenn ein Gewerbetreibender in dem Orte A ein Material-, in dem A nicht unmittelbar benachbarten Orte B ein Manufakturwarengeschäft betreibt. Dagegen würde die Steuerpflicht eintreten, wenn er in A, wenn auch in getrennten Verkaufsstätten, Material- und Manufakturwaren feilhält, oder wenn die Betriebsorte A und B einander unmittelbar benachbart wären. Unmittelbar benachbarte Orte sind nur solche, deren Gemarkungen aneinander grenzen.

Zu III.

1. „Jahresumsatz" ist der gesamte Erlös, welcher für die in dem betreffenden Jahre veräußerten Waren erzielt ist, also die bare Einnahme zuzüglich der Außenstände für die in dem betreffenden Jahre verkauften Waren und abzüglich der Eingänge von Außenständen aus früheren Zeitabschnitten.
2. Der Umsatz welches Jahres zugrunde zu legen ist, ergibt sich aus Art. 10.
3. Für die Entscheidung über die Steuerpflicht und die Höhe der Steuer maßgebend ist nur derjenige Jahresumsatz, welcher im Kleinhandel mit solchen Waren erzielt ist, die unter die im § 6 des Gesetzes unterschiedenen vier Gruppen fallen.

   Außer Betracht bleibt also derjenige Teil des Gesamtumsatzes eines Gewerbetreibenden, welchen er
   a) durch Großhandel oder andere Gewerbe als den Kleinhandel oder
   b) zwar im Kleinhandel, aber durch den Absatz von Waren, welche zu keiner der im § 6 der Gesetzes unterschiedenen Gruppen gehören,

   erzielt hat.

   Beispielsweise würde ein Gärtnereibetrieb, der für 300 000 Mark Sämereien, Pflanzen und Blumen, für 100 000 Mark Gemüse und Früchte und daneben für 75 000 Mark Gartengeräte, Blumenvasen u. dgl. abgesetzt hat, der Warenhaussteuer nicht unterliegen, weil nur 175 000 Mark durch den Kleinhandel mit Waren, welche unter die Gruppen des § 6 fallen, erzielt sind.

4. Ob hiernach überhaupt ein Abzug von dem Gesamtumsatz der Gewerbetreibenden zu machen sei, wird sich zwar in der Regel nach den Gewerbeanmeldungen und den nach § 54 GewStGes. zu erteilenden Auskünften, welche sich nach § 13 dieses Gesetzes auch auf die geführten Waren zu erstrecken haben, sowie nach den äußerlich erkennbaren Merkmalen des Betriebes beurteilen lassen. Dagegen wird für die Feststellung, welche Beträge hiernach von dem Gesamtumsatz in Abrechnung zu bringen sind, die Mitwirkung des Steuerpflichtigen nicht entbehrt werden können und es daher in erster Linie diesem zu überlassen sein, seine dahin gehenden Ansprüche geltend zu machen und auf Verlangen des Steuerausschusses oder seines Vorsitzenden zu begründen.

Gleichwohl bleiben die Veranlagungsbehörden verpflichtet, auch von Amts wegen, soweit ihnen das zur Beurteilung ihrer Höhe erforderliche Material zu Gebote steht, Umsatzbeträge, welche nach Nr. 3 lit. a oder b dem steuerpflichtigen Umsatze nicht zuzurechnen sind, bei der Veranlagung außer Betracht zu lassen.

5. Insbesondere wird auch von der Aufforderung zur Steuererklärung nach § 9 des Gesetzes Abstand zu nehmen sein, wenn nach den den Veranlagungsorganen bekannten Verhältnissen von vornherein anzunehmen ist, daß zwar der Gesamtumsatz des Gewerbetreibenden mehr als 400 000 Mark beträgt, nach Abzug der in Gemäßheit der Nr. 3 lit. a oder b außer Ansatz zu lassenden Beträge aber nur eine die Grenze der Steuerpflicht nicht erreichende Summe verbleibt.

6. Bei Prüfung der Steuererklärungen wird der Frage, ob und welche Beträge der Steuerpflichtige für Umsatz in anderen Betrieben als dem Kleinhandel oder im Kleinhandel mit Waren, die keiner der im § 6 unterschiedenen Gruppen angehören, von seinem Gesamtumsatz in Abzug gebracht hat, und inwieweit ein solcher Abzug zulässig ist, besondere Aufmerksamkeit zuzuwenden sein, wobei indes zu beachten bleibt, daß, sofern das Vorhandensein eines steuerpflichtigen Umsatzes von mehr als 400 000 Mark außer Frage steht, eine Erörterung bezüglich geringfügiger Beträge insoweit unterbleiben kann, als hierdurch zweifellos die Versetzung in eine andere Steuerstufe nicht bedingt wird.

Art. 2.

Befreiungen.

(§ 1 Absatz 4 des Gesetzes.)

I. von der Warenhaussteuer sind befreit

1. Vereine, eingetragene Genossenschaften und Korporationen, welche nach § 5 GewStGes. der Gewerbesteuer nicht unterworfen sind;

2. Die auf Grund des § 3 GewStGes. in der Gestalt, welche derselbe durch § 28 KAG. vom 14. Juli 1893 erhalten hat, von der Gewerbesteuer befreiten Betriebe.

II. Welche Betriebe hierunter im einzelnen fallen, ist aus den angezogenen Gesetzesbestimmungen und den Art. 7, 8 und 10 der AA. vom 4. November 1895 zum GewStGes. zu entnehmen.

Hier bleibt nur folgendes zu bemerken:

Die Befreiung von der Gewerbesteuer nach § 3 oder § 5 GewStGes. bzw. § 28 KAG. bildet einerseits die unerläßliche Voraussetzung einer Befreiung von der Warenhaussteuer, hat aber anderseits diese Befreiung ohne weiteres und von demselben Zeitpunkt ab zur notwendigen Folge. Der Steuerausschuß darf daher keinen auf Grund dieser Bestimmungen des GewStGes. bzw. KAG. von der Gewerbesteuer befreiten Betrieb zur Warenhaussteuer veranlagen. Er muß anderseits, sofern im übrigen die Voraussetzungen der Steuerpflicht vorliegen, jeden Betrieb zur Warenhaussteuer veranlagen, der nicht nach den gedachten Vorschriften von der Gewerbesteuer frei geblieben ist.

B. Besteuerung der außerhalb Preußens domizilierten Unternehmungen.

Art. 3.

(§ 3 des Gesetzes.)

1. Wie der Gewerbesteuer (Art. 3 AA. zum GewStGes.), so sind auch der Warenhaussteuer gewerbliche Unternehmungen, welche außerhalb Preußens ihren Sitz haben, nur dann unterworfen, wenn sie in Preußen einen oder mehrere stehende Betriebe unterhalten, und nur nach Maßgabe der letzteren.

2. Damit für solche Unternehmungen die Warenhaussteuerpflicht in Preußen begründet wird, bedarf es daher des Vorhandenseins einer oder mehrerer inländischer Verkaufsstätten, in denen der Kleinhandel mit mehr als einer der im § 6 des Ges. unterschiedenen Warengruppen betrieben wird. Bei der Beurteilung, ob diese Voraussetzungen gegeben seien, bleibt — vorbehaltlich der Bestimmung unter Nr. 7 — der gesamte außerpreußische Betrieb außer Betracht.

3. Insbesondere werden nur diejenigen Warengruppen gezählt, welche in den inländischen Verkaufsstätten im Kleinhandel geführt werden. Dagegen werden diese Warengruppen zusammengerechnet, auch wenn jede einzelne inländische Verkaufsstätte nur eine derselben führt. Die Bestimmung im Art. 1 Ziffer II 2b findet indes auch auf die Verkaufsstätten außerpreußischer Unternehmungen Anwendung.

4. Die Vorschriften über die Steuerpflicht der im § 5 und § 3 GewStGes. bzw. § 28 KAG. bezeichneten Unternehmungen (§ 1 Abs. 4 des Ges., Art. 2 dieser Anweisung) gelten sinngemäß auch für die Verkaufsstätten nichtpreußischer Unternehmungen.

5. Dagegen bildet für die Verkaufsstätten außerpreußischer Unternehmungen das Vorhandensein eines Umsatzes von bestimmter Mindesthöhe keine Voraus-

setzung der Steuerpflicht: diese tritt vielmehr, sofern die Voraussetzungen unter Nr. 1—3 und keiner der unter Nr. 3 und 4 erwähnten Befreiungsgründe vorliegen, ohne Rücksicht auf die Höhe des Umsatzes ein.

6. Eine weitere Verschiedenheit von der Behandlung inländischer Unternehmungen findet insofern statt, als von den Verkaufsstätten einer ausländischen Unternehmung jede für sich besteuert und der Zusammenhang derselben nur bei der Zählung der geführten Warengruppen (vgl. oben Nr. 3) berücksichtigt wird.

7. Die unter Nr. 5 und 6 gegebenen Regeln kommen indes nur dann zur Anwendung, wenn der Unternehmer nicht den Nachweis erbringt, daß der Gesamtumsatz seines ganzen in- und ausländischen Unternehmens 400000 Mark nicht übersteigt. Führt er diesen Nachweis, so bleiben seine sämtlichen inländischen Verkaufsstätten, ebenso wie diejenigen eines inländischen Unternehmens mit nicht mehr als 400000 Mark Jahresumsatz, von der Warenhaussteuer befreit.

Der Nachweis kann sowohl vor der Veranlagung der Veranlagungsbehörde als auch nach der Veranlagung im Rechtsmittelverfahren geführt werden. Er ist aber ausgeschlossen, sobald die Veranlagung die Rechtskraft erlangt hat.

C. Die Unterscheidung der Warengruppen.

Art. 4.

(§ 6 des Gesetzes.)

1. Nach §§ 1 und 3 in Verbindung mit § 6 des Ges. ist die Steuerpflicht bedingt durch den Kleinhandel mit mehr als einer der folgenden[1]) vier Warengruppen.

2. Es ist zu beachten, daß die Bezeichnungen der einzelnen Warengattungen sich nicht gegenseitig ausschließen, wie denn z. B. die meisten Material- und Kolonialwaren Eß- und Trinkwaren, die meisten Posamentier-, Mode-, gewebten und gestrickten Waren und ein Teil der Wäsche Bekleidungsgegenstände, die meisten Glas- und Porzellanwaren Haus- oder Küchengerätschaften sind. Die Entscheidung, unter welche der Bezeichnungen einer Gruppe eine bestimmte Ware fällt, bedarf es bei der Handhabung des Ges. auch nicht, sondern die gesamten im § 6 unter derselben Gruppe aufgeführten Bezeichnungen bilden ein zusammengehöriges Ganze, dergestalt, daß überall die Feststellung genügt, unter welche Gruppe eine bestimmte Ware gehört und es für die Steuerpflicht ohne praktische Bedeutung ist, unter welchem der zur Charakterisierung dieser Gruppe angegebenen Einzelbegriff sie zu subsumieren ist.

3. Bei der Entscheidung darüber, ob eine Ware einer der Gruppen und welcher sie zuzurechnen sei, sind daher die vom Ges. gebrauchten Bezeichnungen für die einzelne Gruppe als ein Ganzes ins Auge zu fassen und nicht einschränkend zu interpretieren. Es wird z. B. die Feststellung, daß eine Ware dazu dient, das Bekleidungsbedürfnis in weiterem Sinne zu befriedigen oder als

---

[1]) S. Ges. § 6.

Bestandteil eines Bekleidungsgegenstandes Verwendung zu finden, genügen, um sie der Gruppe B, die Feststellung, daß sie im Haushalt oder Garten als Gebrauchsgegenstand verwendet wird, genügen, um sie der Gruppe C zuzuweisen.

4. Waren, welche keiner der vier Warengruppen zugerechnet werden können, bleiben außer Berücksichtigung, werden nicht etwa als eine besondere Gruppe gezählt. Beispielsweise gilt dies von Sämereien, ungemahlenem Brotgetreide, Kohlen, Brennholz, Handwerkszeugen, Baumaterialien usw.

5. Der für die Gruppeneinteilung leitende Gesichtspunkt, herkömmlich in denselben Kleinhandelsbetrieben geführte Waren in derselben Gruppe zusammen zu lassen, hat die notwendige Folge, daß eine und dieselbe Ware vermöge ihrer Beschaffenheit oder Bestimmung füglich sowohl der einen wie der anderen Gruppe zugezählt werden kann, z. B. silberne Löffel, Messer, Gabeln, Leuchter usw. der Gruppe C wie der Gruppe D, gewisse Rauchutensilien den Gruppen A und D, Sportbekleidung den Gruppen B und D. Für diesen Fall trifft der § 6 Absatz 3 dahin Bestimmung, daß solche Waren nur einmal gezählt werden, und zwar, wenn auch andere zu denselben Gruppen gehörige Waren geführt werden, bei derjenigen, der diese Waren angehören.

Bei einem Juwelier z. B., der neben anderen Gold- und Silberwaren auch silberne Bestecke und sonstige silberne Haushaltungsgeräte führt, ist nur Kleinhandel mit Gruppe D, nicht auch mit C anzunehmen.

6. Dem für die Gruppeneinteilung leitenden Gesichtspunkte entsprechend wird von dem Grundsatze, daß die Warenhaussteuerpflicht eintritt, sofern sich der Kleinhandel auf mehr als eine der vom Ges. unterschiedenen Warengruppen erstreckt, im § 6 Absatz 4 des Gesetzes für den Fall eine Ausnahme gemacht, wo Waren geführt werden, von denen zwar zweifellos die einen dieser, die anderen jener Gruppe angehören, die aber nach Herkommen und Gebrauch in denselben Kleinhandelsbetrieben feilgeboten zu werden pflegen: in diesem Falle ist trotz des Vorhandenseins von Waren mehrerer Gruppen nur Handel mit einer Gruppe anzunehmen und deshalb die Steuerpflicht nicht begründet, es sei denn, es würden neben denjenigen Waren, auf welche die obige Voraussetzung zutrifft, noch solche anderer Gruppen geführt, bezüglich deren dies nicht der Fall ist. Beispielsweise wird ein Gummiwarengeschäft nicht steuerpflichtig, wenn es Bekleidungsgegenstände, Haushaltungsgegenstände und chirurgische Instrumente aus Gummi führt, wohl aber, wenn es daneben den Handel etwa auf Materialwaren ausdehnt, eine Militäreffektenhandlung nicht, wenn sie außer Uniformen die zu dieser gehörigen Waffen, wohl aber, wenn sie außerdem Haus- und Gartengerätschaften führt.

Das „Herkommen“ und der „Gebrauch“, welche die Anwendung des § 6 Abs. 4 des Gesetzes rechtfertigen, können sowohl allgemeiner als auch lokaler Natur sein.

7. Die Entscheidung darüber, wie eine Ware nach Maßgabe des § 6 Abs. 1—4 zu klassifizieren ist, d. h., ob sie einer der vier Gruppen und welcher sie angehört, ob die Bestimmungen des § 6 Abs. 3 des Gesetzes (vgl. oben

Nr. 5) oder diejenigen des § 6 Abs. 4 (vgl. oben Nr. 6) Platz greifen, ist dem Minister für Handel und Gewerbe oder der von ihm bestimmten Behörde übertragen.

Die Entscheidung kann nicht nur von Gewerbetreibenden, die bereits einen Kleinhandel betreiben, sondern auch von Personen angerufen werden, welche einen solchen erst zu eröffnen beabsichtigen.

Die Veranlagungsbehörden aller Instanzen sind verpflichtet, diese Entscheidung einzuholen, sofern sich über die Anwendung des § 6 Abs. 1—4 des Gesetzes Meinungsverschiedenheiten zwischen ihnen und dem Gewerbetreibenden ergeben oder sie sonst über dieselbe Zweifel hegen.

Die von dem Minister oder der von ihm bestimmten Behörde getroffene Entscheidung ist für die Behörden[1]) aller Instanzen unbedingt bindend.

D. Steuerpflicht nach Zerlegung des Warenhausbetriebes.

Art. 5.

(§ 7 des Gesetzes.)

I. Wie in dem Art. 1 näher erörtert ist, gelten mehrere Kleinhandelsbetriebe desselben Unternehmers in steuerlicher Hinsicht als **ein** Gewerbe. Es macht daher für die Steuerpflicht schon nach § 1 keinen Unterschied, wenn ein Unternehmer ein Warenhaus mit einem Umsatz von mehr als 400 000 Mark in mehrere Betriebe zerlegt, deren jeder nur eine Warengruppe führt oder einen Umsatz von nicht mehr als 400 000 Mark erzielt, solange diese Betriebe in **einer** Hand verbleiben, und soweit nicht etwa die Ausnahmen unter Nr. II 2 lit. a oder b des Art. 1 Platz greifen.

II. Erfolgt dagegen die Zerlegung in der Weise, daß für die aus dem bisherigen Warenhaus entstehenden neuen Betriebe die vollständige Identität des oder der Inhaber nicht bestehen bleibt, so kann eine einheitliche Besteuerung derjenigen Betriebe, hinsichtlich deren die völlige Identität des Inhabers nicht vorhanden ist, nach § 1 des WG. und § 17 des GewStGes. nicht erfolgen.

Von dieser Regel macht der § 7 des Gesetzes eine Ausnahme, indem er vorschreibt, daß auch in diesem Falle — auf den Fall der Zerlegung unter Wahrung der Identität des Unternehmers bezieht er sich nach dem zu I Bemerkten überhaupt nicht — die Betriebe, in die das Warenhaus zerlegt ist, als **ein** Gewerbe behandelt werden, wenn die begleitenden Umstände erkennen lassen daß die Zerlegung behufs Verdeckung des Warenhausbetriebes stattfindet.

Die Anwendung dieser Ausnahmebestimmung setzt also voraus

1. das Vorhandensein eines Warenhausbetriebes im Sinne des § 1 des Gesetzes,
2. dessen Zerlegung in mehrere selbständige Geschäfte,
3. den Nachweis **bestimmter Tatsachen**, aus denen sich ergibt, daß die Zerlegung die Verdeckung des Warenhausbetriebes bezweckt.

---

[1]) Auch der Gerichte.

Fehlt auch nur eine dieser Voraussetzungen, so kann von der Anwendung des § 7 nicht die Rede sein.

Zu diesen Voraussetzungen ist im einzelnen noch folgendes zu bemerken:

Zu 1: Die Betriebe müssen aus einem Warenhause im Sinne des § 1 des Gesetzes hervorgehen, d. h. aus einem in Preußen mehr als eine der im § 6 unterschiedenen Warengruppen führenden Kleinhandelsbetriebe, auf welchen nicht die Voraussetzungen des § 1 Abs. 3 oder 4 des Gesetzes (vgl. oben Art. 1 Nr. II 2 und Art. 2) zutreffen.

Dagegen macht es keinen Unterschied, ob der frühere Betrieb ein Warenhaus im engeren Sinne, d. h. ein solches mit offenem Laden, oder ein Kleinhandelsbetrieb ohne offenen Laden war (vgl. Art. 1 Nr. I 4), und ob er einen Umsatz von mehr als 400000 Mark oder weniger erzielte.

Ebenso ist es ohne Bedeutung, ob der zerlegte Warenhausbetrieb schon bei dem Inkrafttreten des Gesetzes bestand oder erst nach diesem Zeitpunkt begründet ist.

Zu 2: Die Zerlegung eines Warenhausbetriebes ist nicht vorhanden, und es fehlt daher an einer notwendigen Voraussetzung für die Anwendbarkeit des § 7, wenn mehrere selbständige Betriebe, die nicht aus einem bisher einheitlichen Warenhausbetriebe hervorgehen, ihre Betriebe nur räumlich zusammenlegen, ohne ihre geschäftliche Selbständigkeit aufzugeben.

Zu 3: Welcher Art die begleitenden Umstände, aus denen auf einen verdeckten Warenhausbetrieb zu schließen ist, sein können, bleibt der Beurteilung von Fall zu Fall vorbehalten.

In allen Fällen muß es sich aber um bestimmte Tatsachen handeln, welche die Veranlagungsbehörde nachzuweisen in der Lage und, wenn sie von den Steuerpflichtigen bestritten werden, auch verpflichtet ist.

Liegen die Voraussetzungen des § 7 vor, so tritt die Steuerpflicht für die sämtlichen Betriebe ein, sofern die Summe der von ihnen erzielten Jahresumsätze, soweit diese nach § 1 des Gesetzes in Anrechnung zu bringen sind (vgl. Art. 1 Nr. II und III), die steuerpflichtige Höhe erreicht.

Der nach der Höhe dieses Gesamtumsatzes bzw. bei Anwendung des § 5 — vgl. unten Art. 8 Nr. II 6 — des gesamten Ertrages zu berechnende Gesamtsteuersatz wird nach den Bestimmungen im Art. 25 auf die einzelnen Betriebe verteilt.

Jeder Steuerpflichtige haftet nur für den auf ihn entfallenden Teilbetrag.

III. Auf Betriebe, welche ihren Sitz außerhalb Preußens haben, finden die Vorschriften unter Nr. II 1 bis 3 sinngemäße Anwendung.

IV. 1. Auch die Besteuerung auf Grund des § 7 darf erst erfolgen, nachdem dem Inhaber jedes der zu besteuernden Betriebe nach Maßgabe derselben Vorschriften wie anderen Steuerpflichtigen Gelegenheit zur Abgabe einer Steuererklärung gegeben worden ist (vgl. Art. 12 bis 18).

Waren die Betriebe bisher zur Warenhaussteuer noch nicht veranlagt, so ist der nach Art. 16 zu erlassenden Aufforderung zur Abgabe der Steuererklärung folgender Vermerk hinzuzufügen:

„Die Aufforderung zur Abgabe einer Warenhaussteuererklärung erfolgt, weil angenommen wird, daß Ihr Betrieb in Gemeinschaft mit den Kleinhandelsbetrieben folgender Firmen

(folgen Namen und Adressen der Firmen)

eine verdeckte Fortsetzung des am . . . . aufgelösten Warenhausbetriebes der Firma . . . . darstellt (§ 7 des Gesetzes).

Sollten Sie Einwendungen gegen diese Annahme zu erheben haben, so wird anheimgestellt, dieselben bei Abgabe der Steuererklärung geltend zu machen. Nach erfolgter Veranlagung können solche Einwendungen nur im Wege der gesetzlichen Rechtsmittel gegen die Veranlagung geltend gemacht werden."

2. Werden von einem Gewerbetreibenden innerhalb der ihm für die Abgabe der Steuererklärung zustehenden Frist Einwendungen gegen seine Besteuerung auf Grund des § 7 erhoben, so sind ihm diejenigen Tatsachen, welche die Anwendung dieses Paragraphen auf ihn rechtfertigen sollen, mit dem Anheimstellen, eine Gegenerklärung binnen bestimmter, mindestens 14tägiger Frist schriftlich oder zu Protokoll anzubringen, mitzuteilen. Die Veranlagung darf erst nach Eingang einer solchen Gegenerklärung oder fruchtlosem Ablauf der für diese gestellten Frist erfolgen.

E. Subjekt der Steuerpflicht.

Art. 6.

(§ 13 Abs. 1 des Gesetzes.)

Die Vorschriften im Art. 12 und Art. 14 der AA. zum GewstGes. finden auf die Warenhaussteuer entsprechende Anwendung.

Der nach Art. 12 Nr. 2 a. a. O. bestellte Vertreter einer Unternehmung, welche außerhalb Preußens ihren Sitz hat, haftet in gleicher Weise auch für die Erfüllung aller dem Inhaber des Unternehmens in Ansehung der Warenhaussteuer obliegenden Verpflichtungen.

F. Zeitliche Begrenzung der Steuerpflicht.

Art. 7.

(§ 13 Absatz 1 des Gesetzes.)

Die Steuerpflicht beginnt mit dem Anfange des auf die *Eröffnung* des Betriebes folgenden Kalendervierteljahres und dauert bis zum Ende desjenigen Kalendervierteljahres, in welchem das Gewerbe abgemeldet wird.

Der Eröffnung eines Betriebes steht die *Ausdehnung* eines bisher auf andere Gewerbearten oder auf den Kleinhandel mit nur einer der im § 6 unterschiedenen Warengruppen beschränkten Betriebes *auf den Kleinhandel mit mehr als einer dieser Warengruppen* sowie die Eröffnung einer nach § 3 der Warenhaussteuer unterliegenden Verkaufsstätte gleich.

Dagegen begründet die im Laufe des Steuerjahres erfolgende Beschränkung des Kleinhandels eines zur Warenhaussteuer veranlagten Betriebes auf nur eine Warengruppe oder auf Waren, welche keiner der im § 6 unterschiedenen Gruppen angehören, die Befreiung von der Warenhaussteuer erst vom Beginne des nächsten Steuerjahres ab (§ 12 Abs. 2).

Ebenso tritt bei Gewerben, welche wegen eines hinter der Grenze der Steuerpflicht zurückbleibenden Umsatzes von der Steuer befreit sind, infolge Erhöhung des Umsatzes über diese Grenze die Steuerpflicht und umgekehrt infolge Verminderung des Umsatzes unter den die Steuerpflicht bedingenden Mindestbetrag die Steuerbefreiung erst vom nächsten Steuerjahre ab ein.

Im übrigen finden die Bestimmungen im Art. 13 Nr. 1 Absatz 2 und 3, Nr. 2 und Nr. 3 Absatz 1 AA. zum GewstGes. auch auf die Warenhaussteuer entsprechende Anwendung.

II. Maßstab der Besteuerung.

Art. 8.

In Preußen domizilierte Unternehmungen.

(§§ 2 und 5 des Gesetzes.)

I. Die Besteuerung erfolgt in der Regel — gegenüber Konsumvereinen und von gewerblichen Unternehmern im Nebenbetriebe unterhaltenen Konsumanstalten stets — nach der Höhe desjenigen Jahresumsatzes, welcher nach Art. 1 Nr. 3 in Berechnung zu ziehen ist.

II. 1. Würde jedoch die nach Nr. 1 berechnete Steuer eines Steuerpflichtigen nachweislich mehr als 20 Prozent des für das betreffende Steuerjahr gewerbesteuerpflichtigen Ertrages des der Warenhaussteuer unterliegenden Unternehmens übersteigen, so muß sie auf Antrag des Steuerpflichtigen auf diesen Betrag, darf aber keinesfalls unter die Hälfte des sich nach Nr. 1 ergebenden Steuersatzes herabgesetzt werden.

Für die Anwendung dieser Bestimmung ist das Folgende zu beachten:

2. Konsumvereinen und Konsumanstalten, welche nach § 1 Absatz 4 dieses Gesetzes bzw. § 5 des GewstGes. steuerpflichtig sind, darf eine Ermäßigung der Steuer auf Grund des § 5 des Gesetzes unter keinen Umständen gewährt werden.

3. Die Ermäßigung erfolgt nur auf Antrag des Steuerpflichtigen, niemals von Amts wegen. Es ist Sache des Steuerpflichtigen, den Beweis, daß und inwieweit eine nach Nr. I bemessene Steuer 20 Prozent des Ertrages überschreiten würde, zu führen.

Der Antrag ist bei Abgabe der Steuererklärung zu stellen. Wird er erst später, wenn auch vor erfolgter Veranlagung angebracht, so hat der Steuerpflichtige keinen Anspruch darauf, daß derselbe schon bei der Veranlagung berücksichtigt wird, sondern kann nur beanspruchen, daß er als Rechtsmittel gegen die Veranlagung behandelt wird.

4. Bei der Entscheidung, ob und inwieweit ein nach Nr. 1 berechneter Steuersatz 20 Prozent des Ertrages übersteigen würde, kommt nur der Ertrag des warenhaussteuerpflichtigen Unternehmens, nicht auch derjenige anderer mit letzterem gemäß § 17 GewO. einheitlich zur Gewerbesteuer zu veranlagender Betriebe desselben Inhabers in Betracht.

5. Eine Abrundung der nach dem Ertrage zu bemessenden Steuersätze ist in dem Gesetze nicht vorgeschrieben. Es ist indes die Festsetzung auf Bruchteile einer Mark zu vermeiden und daher der Steuersatz stets auf den nächstniedrigeren Markbetrag abzurunden.

6. Auf Betriebe, welche nach § 7 des Gesetzes der Warenhaussteuer unterliegen, finden die Vorschriften unter Nr. II nur insoweit Anwendung, als der nach § 2 des Gesetzes berechnete Gesamtsteuersatz (§ 7 Absatz 1 des Gesetzes) 20 Prozent der Summe der gewerbesteuerpflichtigen Erträge der nach § 7 zu veranlagenden Betriebe übersteigen würde.

Liegen hiernach die Voraussetzungen des § 5 des Gesetzes vor, so kann der Inhaber jedes einzelnen der einheitlich zu veranlagenden Betriebe den Antrag auf Besteuerung nach § 5 stellen. Die auf Grund eines solchen Antrages erfolgende Ermäßigung des Gesamtsteuersatzes zieht die Abänderung der nach § 7 Absatz 2 festzusetzenden Teilbeträge auch für diejenigen Betriebe nach sich, deren Inhaber einen solchen Antrag nicht gestellt haben.

III. Warenhaussteuerpflichtige Betriebe, welche bei der Verkündung des Gesetzes, also am 4. August 1900 bereits bestanden, haben für das Steuerjahr 1901 nur die Hälfte der nach Nr. I oder II veranlagten Steuerbeträge zu entrichten. Veranlagt wird auch in diesem Falle der volle sich nach Nr. I oder II ergebende Steuersatz, gleichzeitig aber bei der Veranlagung die Anwendung des § 15 Absatz 2 des Gesetzes ausgesprochen und der hiernach zu entrichtende Steuerbetrag festgestellt. Vgl. Art. 33 Nr. 3.

Diese Bestimmung findet nur Anwendung auf Betriebe, welch schon am 4. August 1900 „Warenhäuser" im Sinne des Gesetzes waren, d. h. schon zu diesem Zeitpunkt den Kleinhandel mit mehr als einer der im § 6 des Gesetzes unterschiedenen Warengruppen betrieben.

Art. 9.

Außerpreußische Unternehmungen.

(§ 3 Absatz 2 und 3, § 5 und § 15 Absatz 2 des Gesetzes.)

I. Die nach § 3 des Gesetzes der Warenhaussteuer unterliegenden preußischen Verkaufsstätten eines Unternehmens, welches seinen Sitz außerhalb Preußens hat, unterliegen stets der Steuer nach der Höhe des Jahresumsatzes, niemals derjenigen nach dem Ertrage.

2. Die Steuer beträgt der Regel nach für jede Verkaufsstätte bei einem Jahresumsatz von

	Mark		Mark	Steuersatz Mark
weniger als	20000		ausschließlich	200
	20000	bis	30000	400
	30000	„	40000	600

usw. für jede volle 10000 Mark Umsatz 200 Mark mehr.

3. Weist indes der Unternehmer nach, daß sein gesamtes innerhalb und außerhalb Preußens befindliches Unternehmen einen Jahresumsatz im Sinne des § 1 des Gesetzes (vgl. Art. 1 Nr. III) von mehr als 400000, aber nicht mehr als 1000000 Mark hat, so ist zunächst derjenige Steuersatz zu ermitteln, mit welchem das Unternehmen nach § 2 des Gesetzes zur Steuer heranzuziehen sein würde, wenn sich seine sämtlichen Betriebsstätten im Inlande befänden. Derjenige Teilbetrag dieses Steuersatzes, welcher dem Verhältnis des Umsatzes der einzelnen Betriebsstätte zu dem Umsatz des ganzen Unternehmens entspricht, bildet, abgerundet auf den nächsten durch 10 teilbaren Markbetrag, den auf die einzelne Betriebsstätte zu veranlagenden Steuersatz.

Wegen Erbringung des Nachweises des Gesamtumsatzes und des Begriffes des letzteren gilt das unter Nr. 7 des Art. 3 Bemerkte.

4. Die im § 15 Absatz 2 des Gesetzes vorgeschriebene Herabsetzung der Steuer auf die Hälfte für das Steuerjahr 1901 findet auch bei den Verkaufsstätten außerpreußischer Unternehmungen statt, sofern die Verkaufsstätte am 4. August 1900 Kleinhandel mit mindestens zwei Warengruppen trieb.

III. Maßgebender Zeitabschnitt.

Art. 10.

(§ 4 und § 6 Abs. 6 des Gesetzes.)

1. Für die Entscheidung darüber, ob Kleinhandel mit mehr als einer Warengruppe vorliegt, ist nach § 6 Absatz 6 des Gesetzes die zur Zeit der Veranlagung geführte Zahl von Warengruppen maßgebend.

2. Die Höhe des Umsatzes anlangend, so ist nach § 4 für die Steuerveranlagung, d. h. sowohl für die Frage, ob jene die Heranziehung zur Steuer rechtfertigt, als auch, welcher Steuersatz anzuwenden ist, maßgebend der Umsatz des bei der Vornahme der Veranlagung „abgelaufenen Jahres". Welches Jahr hiernach zugrunde zu legen ist, richtet sich nach den bei Ausführung des § 24 Absatz 2 GewStGes. zu beobachtenden Grundsätzen (vgl. Art. 18 Absatz 2 AA. zum GewStGes.).

Besteht der Gewerbebetrieb noch nicht ein Jahr lang, so ist der Umsatz nach dem zur Zeit der Veranlagung vorliegenden Anhalt zu schätzen.

Während des Steuerjahres eintretende Änderungen in der Höhe des Umsatzes sind erst bei der Besteuerung für das folgende Jahr zu berücksichtigen.

IV. Veranlagung.

A. Organe der Veranlagung.

Art. 11.

(§ 8 des Gesetzes.)

1. Die Veranlagung der Warenhaussteuer erfolgt im Anschluß an diejenige der allgemeinen Gewerbesteuer durch den örtlich zuständigen Steuerausschuß der Gewerbesteuerklasse I, gleichviel welcher Gewerbesteuerklasse der warenhaussteuerpflichtige Betrieb angehört.

2. Über die örtliche Zuständigkeit des Steuerausschusses entscheiden die Bestimmungen im Art. 30 der AA. zum GewstGes. mit folgenden Maßgaben:

a) Von Unternehmungen, deren Sitz außerhalb Preußens liegt, ist zwar jede Verkaufsstätte für sich zu veranlagen. Die Veranlagung erfolgt aber für alle Verkaufsstätten durch den nach Art. 30 Absatz 2 AA. zum GewstGes. zuständigen Steuerausschuß der Gewerbesteuerklasse I.

b) Befinden sich die nach § 7 des Ges. einheitlich zu veranlagenden Betriebe in mehreren Veranlagungsbezirken, so erfolgt die Veranlagung in demjenigen, in welchem der zerlegte Warenhausbetrieb vor der Zerlegung zur Warenhaussteuer bzw., sofern die Zerlegung vor dem 1. April 1901 erfolgt ist, zur Gewerbesteuer in Klasse 1 veranlagt war oder zu veranlagen gewesen wäre, wenn er dieser Steuerklasse angehört hätte.

3. Der Finanzminister kann anordnen, daß dem Steuerausschuß der Gewerbesteuerklasse I zu dem Zweck der Veranlagung der Warenhaussteuer zwei weitere Mitglieder hinzutreten.

Das eine dieser Mitglieder ist in Gemäßheit der Vorschriften im Art. 21 A Nr. 2a und 3 AA. vom 4. November 1895 zu wählen, das andere nach Nr. 2b a. a. O. zu ernennen.

In gleicher Weise ist für jedes der beiden Mitglieder ein Stellvertreter zu bestellen.

Scheidet eines dieser beiden Mitglieder oder Stellvertreter infolge Geltendmachung gesetzlicher Ablehnungsgründe oder aus sonstigen Ursachen aus, so ist ein Ersatzmann zu wählen bzw. zu ernennen.

4. Die nach Nr. 3 bestellten Mitglieder oder deren Stellvertreter nehmen nur an der Veranlagung der Warenhaussteuer, nicht auch der Gewerbesteuer mit Stimmrecht teil. Sie sind aber berechtigt, auch den Beratungen über die Veranlagung zur Gewerbesteuer beizuwohnen; sie haben indes hierbei ein Stimmrecht nicht und sind auch bei der Feststellung, ob der Ausschuß beschlußfähig für die Veranlagung zur Gewerbesteuer ist (Art. 22 Nr. 7 AA. zum GewstGes.), nicht mitzuzählen.

Wo der Finanzminister von der Befugnis zu Nr. 3 Gebrauch gemacht hat, kann die Veranlagung zur Warenhaussteuer nur unter Teilnahme mindestens eines nach Nr. 3 bestellten Mitgliedes oder Stellvertreters erfolgen. Mit dieser Maßgabe genügt auch zur Beschlußfähigkeit bei der Veranlagung zur Warenhaussteuer die im Art. 22 Nr. 7 AA. zum GewstGes. bezeichnete Mitgliederzahl.

5. Soweit sich nicht aus Nr. 1 bis 4 ein anderes ergibt, sind hinsichtlich der Geschäftsordnung der Steuerausschüsse die Bestimmungen im Art. 22 AA. zum GewstGes. auch auf die in Ansehung der Warenhaussteuer erwachsenden Geschäfte entsprechend anzuwenden.

B. Warenhaussteuererklärung.

Art. 12.

Verpflichtung zur Abgabe der Steuererklärung.
(§ 9 des Gesetzes.)

1. Jeder bereits zur Warenhaussteuer veranlagte Gewerbetreibende ist auf die jährlich durch öffentliche Bekanntmachung ergehende Aufforderung des Vorsitzenden des nach Art. 11 zuständigen Steuerausschusses der Gewerbesteuerklasse I verpflichtet, die Höhe seines steuerpflichtigen Jahresumsatzes anzugeben (Warenhaussteuererklärung). Die Veranlagungsbehörden sind angewiesen, jedem hiernach zur Steuererklärung Verpflichteten bei Erlaß der öffentlichen Aufforderung ein Steuererklärungsformular mitzuteilen, hiervon ist aber weder der Eintritt der Verpflichtung noch der Lauf der Frist zur Abgabe der Steuererklärung abhängig. Steuerpflichtige, welchen ein Formular nicht zugegangen ist, können ein solches bei dem Vorsitzenden des zuständigen Steuerausschusses der Gewerbesteuerklasse I, in Gemeinden mit mehr als 20000 Einwohnern auch bei dem Gemeindevorstand in Empfang nehmen.

2. Die noch nicht zur Warenhaussteuer veranlagten Gewerbetreibenden sind zur Abgabe einer Steuererklärung verpflichtet, sobald eine besondere Aufforderung des in Nr. 1 bezeichneten Vorsitzenden des Steuerausschusses der Gewerbesteuerklasse I an sie ergeht. Sie sind, falls letzteres nicht geschieht, auf ihr Verlangen zur Abgabe der Steuererklärung innerhalb der in der öffentlichen Aufforderung bestimmten Frist zuzulassen.

Bei der Veranlagung für das Steuerjahr 1901 tritt die Verpflichtung zur Abgabe der Steuererklärung lediglich auf Grund besonderer Aufforderung nach Nr. 2 Absatz 1 ein.

3. Hinsichtlich der Steuererklärungen für unter Pflegschaft stehende usw. Personen finden die Vorschriften im Art. 28 Ziffer 3 der Ausführungsanweisung vom 6. Juli 1900 zum Einkommensteuergesetz entsprechende Anwendung.

Für Unternehmungen, welche nach § 3 des Gesetzes der Warenhaussteuer unterliegen, hat der nach § 2 GewstGes. bestellte Vertreter die Steuererklärung abzugeben.

4. Für die sämtlichen nach § 1 des Warenhaus- bzw. § 17 Absatz 1 GewstGes. einheitlich zu veranlagenden Betriebe ist nur eine Steuererklärung abzugeben.

Dagegen ist je eine besondere Steuererklärung abzugeben:

a) für jede einzelne nach § 3 steuerpflichtige Verkaufsstätte desselben Unternehmens;

b) für jeden nach § 7 steuerpflichtigen selbständigen Betrieb.

5. Die Steuererklärung ist innerhalb der in der Aufforderung bestimmten, auf mindestens 14 Tage zu bemessenden Frist bei dem Vorsitzenden des örtlich zuständigen Steuerausschusses der Gewerbesteuerklasse I schriftlich oder zu Protokoll abzugeben.

Schriftliche Steuererklärungen können durch die Post frankiert eingesendet werden; zur Sicherung des Steuerpflichtigen empfiehlt sich in diesem Falle die Sendung als „Einschreibebrief", da der Absender die Gefahr trägt.

Art. 13.

Form und Inhalt der Steuererklärungen.

I. Die Steuererklärung über den Umsatz einer nach § 1 des Gesetzes steuerpflichtigen Unternehmung ist nach dem beiliegenden Muster I abzugeben und dabei namentlich folgendes zu beachten:

1. die Umsätze sämtlicher nach § 1 einheitlich zu veranlagender Betriebe und Betriebsstätten sind zusammenzurechnen;
2. nicht hinzuzurechnen sind die Umsätze, welche in außerpreußischen Betriebsstätten oder durch Großhandel oder andern stehenden Gewerben als den Kleinhandel oder durch einen Gewerbebetrieb im Umherziehen erzielt sind;
3. dasselbe gilt bezüglich desjenigen Umsatzes, welcher durch den Kleinhandel mit Waren, die unter keine der im § 6 Absatz 1 des Gesetzes unterschiedenen Gruppen angehören, erzielt ist;
4. die einzelnen einheitlich zu besteuernden Betriebsstätten sind an entsprechender Stelle anzugeben;
5. im Interesse des Steuerpflichtigen empfiehlt es sich, um Rückfragen zu vermeiden, an entsprechender Stelle
   a) die in jeder Betriebsstätte im Kleinhandel geführten Warengruppen durch die betreffenden Buchstaben (A, B, C, D) des § 6 Abs. 1 des Gesetzes,
   b) den steuerpflichtigen Umsatz jeder einzelnen Betriebsstätte

anzugeben.

II. Die Steuererklärung über den Umsatz einer nach § 3 des Gesetzes steuerpflichtigen Verkaufsstätte erfolgt nach anliegendem Muster II. Dabei ist folgendes zu beachten:

1. die Bestimmungen unter I Nr. 2, 3 und 5a finden sinngemäße Anwendung;
2. die übrigen inländischen Verkaufsstätten desselben Unternehmens sind an entsprechender Stelle anzugeben;
3. wird die Steuerfreiheit oder Besteuerung nach § 3 Absatz 3 des Gesetzes beansprucht, so sind die Steuererklärungen für die sämtlichen inländischen Verkaufsstätten zusammen unter Beifügung einer den Antrag und die zur Begründung desselben geeigneten Tatsachen enthaltenden Beischrift einzureichen.

III. Die Steuererklärung eines nach § 7 des Gesetzes steuerpflichtigen Betriebes ist ebenfalls nach den anliegenden Mustern I oder II abzugeben, je nachdem sich der Sitz des Betriebes, für welchen die Steuererklärung abgegeben wird, innerhalb oder außerhalb Preußens befindet.

IV. Im übrigen gibt der Vordruck der Formulare die erforderliche Anleitung zur Ausfüllung derselben. Dem Steuerpflichtigen steht es frei, die zum Verständnis seiner Angaben dienenden Erläuterungen und Zusätze in die Steuererklärung oder in eine derselben beizufügende Anlage aufzunehmen.

Die in Zweifelsfällen vom Steuerpflichtigen mündlich nachgesuchte Belehrung ist vom Vorsitzenden des zuständigen Steuerausschusses bereitwillig auch mündlich zu erteilen.

V. Die Steuererklärung ist unter der Versicherung abzugeben, daß die Angaben nach bestem Wissen und Gewissen gemacht sind, zu datieren und von dem zur Abgabe Verpflichteten durch Namensunterschrift zu vollziehen.

Art. 14.

Folgen der Fristversäumung.

(§ 11 des Gesetzes.)

Wer die ihm obliegende Steuererklärung (Art. 12) nicht innerhalb der vorgeschriebenen Frist abgibt, verliert die gesetzlichen Rechtsmittel gegen seine Einschätzung für das betreffende Steuerjahr, insofern nicht Umstände dargetan werden, welche die Versäumnis entschuldbar machen.

Eine nochmalige Aufforderung, wie nach § 30 Absatz 2 EinkstGes., findet ebensowenig statt, wie die Nichtabgabe der Steuererklärung mit einem Zuschlag zur Steuer nach Vorgang des § 30 Absatz 3 aaO. bedroht ist.

Art. 15.

Öffentliche Aufforderung zur Steuererklärung.

(§ 9 Absatz 1 des Gesetzes.)

1. Der Zeitraum, innerhalb dessen die Steuererklärungen in Gemäßheit des § 8 Absatz 1 des Gesetzes abzugeben sind, wird ein für allemal auf die Zeit vom 25. Januar bis einschließlich 10. Februar mit der Maßgabe festgesetzt, daß in denjenigen Jahren, in welchen der 10. Februar auf einen Sonn- oder allgemeinen Feiertag fällt, die Frist nicht mit dem 10., sondern erst mit dem 11. Februar endet.

2. Für jeden Veranlagungsbezirk der Gewerbesteuerklasse I erläßt der Vorsitzende des Steuerausschusses derselben alljährlich die nach dem anliegenden Muster III abzufassende öffentliche Aufforderung zur Abgabe der Steuererklärung an alle diejenigen Steuerpflichtigen, welche bereits zur Warenhaussteuer veranlagt sind. Für die erstmalige Veranlagung der Warenhaussteuer für das Steuerjahr 1901 tritt an die Stelle dieser Bekanntmachung eine solche nach dem anliegenden Muster IV.

Die öffentliche Bekanntmachung muß im Laufe des Monats Dezember erfolgen und zwar durch einmalige Einrückung

a) in die für die amtlichen Publikationen der Landräte, in Stadtkreisen der Gemeindebehörden des Veranlagungsbezirks bestimmten Blätter,

b) in eine im Veranlagungsbezirke verbreitete Zeitung.

Ob die Bekanntmachung zu wiederholen oder in mehrere Zeitungen einzurücken ist, bleibt dem Ermessen des Ausschußvorsitzenden überlassen.

Bis auf weiteres ist allen in Absatz 1 dieser Ziffer bezeichneten Steuerpflichtigen bzw. den im Art. 12 Nr. 3 bezeichneten Vertretern derselben tunlichst gleichzeitig mit dem Erlaß der öffentlichen Bekanntmachung oder noch vorher ein Exemplar derselben nebst einem Formular zur Steuererklärung von Amtswegen mitzuteilen. Die Zusendung kann auch durch die Post oder durch Vermittelung der Gemeindebehörden geschehen; einer Bescheinigung der erfolgten Behändigung bedarf es mit Rücksicht auf die Bestimmung im zweiten Satze des Art. 12 Ziffer 1 nicht.

Art. 16.

Besondere Aufforderung zur Abgabe einer Steuererklärung.

(§ 9 Absatz 2 des Gesetzes.)

I. Diejenigen Steuerpflichtigen, welche zur Zeit des Erlasses der öffentlichen Bekanntmachungen (Art. 15) nicht zur Warenhaussteuer veranlagt sind, vor der erstmaligen Veranlagung für das Steuerjahr 1901 somit sämtliche Steuerpflichtige, werden, unbeschadet ihres Rechtes zur Steuererklärung zugelassen zu werden, zur Abgabe derselben erst verpflichtet, sofern eine besondere Aufforderung des Vorsitzenden des Steuerausschusses der Klasse I an sie ergeht.

Ist eine solche Aufforderung nicht ergangen und haben sie auch freiwillig keine Steuererklärung abgegeben, so können sie zur Warenhaussteuer nicht veranlagt werden.

II. Eine besondere Aufforderung hat der gedachte Vorsitzende unter Anwendung des beiliegenden Musters V vor der jährlichen Veranlagung jedenfalls zu richten an alle diejenigen das stehende Gewerbe des Kleinhandels mit mindestens zwei der im § 6 des Gesetzes unterschiedenen Warengruppen treibenden Gewerbetreibenden des Veranlagungsbezirks,

1. welche ihm von der Regierung oder durch einen Beschluß des Steuerausschusses als zur Abgabe einer Steuererklärung aufzufordernde Steuerpflichtige bezeichnet werden,
2. bei welchen nach seinem eigenen Ermessen ein Umsatz von steuerpflichtiger Höhe bzw. die Steuerpflicht nach § 3 Absatz 1 des Gesetzes anzunehmen ist.

III. Für die erstmalige Veranlagung der Warenhaussteuer ist eine besondere Aufforderung zu richten an

1. sämtliche das stehende Gewerbe des Kleinhandels mit mindestens zwei Warengruppen treibende Gewerbetreibende des Veranlagungsbezirks,

a) welche für das Steuerjahr 1900 zur Gewerbesteuer in den Klassen I oder II veranlagt sind oder nach der Höhe ihres Anlage- und Betriebskapitals zu veranlagen gewesen sein würden, wenn nicht die Bestimmung im § 8 Absatz 1 GewstGes. auf sie angewendet worden wäre,

b) welche in der Klasse III mit einem Steuersatze von mehr als 144 Mark veranlagt sind,

sofern nicht aus besonderen Umständen die Annahme eines steuerpflichtigen Umsatzes von mehr als 400000 Mark ausgeschlossen ist;

2. die Inhaber bzw. Vertreter der nach § 3 Absatz 1 des Gesetzes steuerpflichtigen Verkaufsstätten;

3. sonstige Gewerbetreibende, welche nach Ziffer II Nr. 1 oder 2 zur Steuererklärung aufzufordern sind.

IV. Die besonderen Aufforderungen sind den Steuerpflichtigen bzw. deren Vertretern (Art. 12 Nr. 3) nach Vorschrift des Art. 71 der AA. z. EinkstGes. zuzustellen, und zwar soweit die Aufforderung zum Zwecke der ordentlichen Veranlagung erfolgt, in der Regel mit der in der öffentlichen Bekanntmachung bestimmten Frist (Art. 15 Nr. 1).

Art. 17.

Befristung und Abgabe der Steuererklärungen.

1. Wegen der Befristung der Steuererklärungen sind die Vorschriften im Art. 52 Ziffer 1 der AA. zum Einkommen- und Ergänzungssteuergesetz entsprechend zu beachten.

Ingleichen hat der Vorsitzende des Steuerausschusses der Klasse I nach den Bestimmungen unter Ziffer 4 und 5 aaO. zu verfahren.

2. Hinsichtlich der Form und des Inhalts der Steuererklärungen wird auf die Vorschriften im Art. 13 und die vorgeschriebenen Muster I und II verwiesen.

Formulare sind von den im Art. 12 Nr. 1 bezeichneten Stellen kostenlos zu verabfolgen. Gebühren dürfen für auf die auf Antrag nicht zu versagende Nachlieferung einzelner Formulare nicht erhoben werden.

Art. 18.

Die Prüfung der Steuererklärungen.

(§ 10 des Gesetzes.)

I. Die eingegangenen Steuererklärungen hat der Vorsitzende des Steuerausschusses nach Form und Inhalt zu prüfen, wobei die Bestimmungen im Art. 55 Nr. 1 der AA. zum Einkommen- und Ergänzungssteuergesetz sinngemäß zu beachten sind.

II. Liegen gegen den Inhalt einer Steuererklärung Bedenken vor, so muß dem Steuerpflichtigen unter Mitteilung derselben mit mindestens 14tägiger Frist — und zwar in der Regel noch vor dem Zusammentritt des Steuerausschusses —

Gelegenheit zur mündlichen oder schriftlichen Äußerung darüber gegeben werden. Dabei ist der Vorsitzende auch befugt, dem Steuerpflichtigen bestimmte Fragen zur Feststellung der für die Veranlagung erheblichen Tatsachen vorzulegen. Die bezügliche Aufforderung muß den ausdrücklichen Hinweis darauf enthalten, daß die Nichtbefolgung derselben den im § 11 des Ges. angedrohten Rechtsnachteil zur Folge habe. Es ist Sache des Steuerpflichtigen, dem Steuerausschuß die Überzeugung von der Richtigkeit der beanstandeten Angaben zu verschaffen und die zu diesem Zwecke dienlichen Bescheinigungen und Beweise (Bücher, Quittungen, Belege, Auskunftspersonen usw.) anzuführen. Die Befugnis, von dem Steuerpflichtigen die Vorlegung seiner Geschäftsbücher zu verlangen, steht nach § 10 Abs. 2 des Ges. nur dem Steuerausschuß, nicht auch dem Vorsitzenden desselben zu, wohl aber ist es statthaft, dem Steuerpflichtigen in der Aufforderung die zur Behebung der vorliegenden Bedenken geeigneten Beweismittel an die Hand zu geben.

Auch hat der Vorsitzende, um die demnächstige Veranlagung nicht zu verzögern, tunlichst in allen Fällen, in denen er die Vorlegung der Geschäftsbücher für erforderlich erachtet, die freiwillige Vorlegung aber abgelehnt wird oder nicht zu erwarten ist, einen dieselbe anordnenden Beschluß des Ausschusses, gegebenenfalls durch Umlaufschreiben, so rechtzeitig herbeizuführen, daß entweder das Ergebnis der Büchervorlegung bei dem Zusammentreten des Ausschusses vorliegt oder doch die Vorlegung während der Sitzungen desselben erfolgt. Die vom Steuerpflichtigen angebotenen, gesetzlich zulässigen, an sich geeigneten Beweismittel müssen erhoben werden, soweit nicht die unter Beweis gestellten Tatsachen ohnehin unbestritten oder für die Beurteilung der Sache unerheblich sind.

Der Verlauf und die Ergebnisse der stattgehabten mündlichen Verhandlung und einer etwaigen Beweisaufnahme sind aktenkundig zu machen.

C. Obliegenheiten und Befugnisse des Steuerausschusses der Gewerbesteuerklasse I und seines Vorsitzenden.

Art. 19.

I. Soweit sich aus den Bestimmungen dieser Anweisung nicht ein anderes ergibt, kommen die im Art. 23 Abs. 1, 3 und 6 bis 8 der AA. zum GewStGes. bezeichneten Obliegenheiten und Befugnisse dem Vorsitzenden des Steuerausschusses der Gewerbesteuerklasse I auch in Ansehung der Warenhaussteuer zu mit folgenden Maßgaben:

1. Die Bestimmungen unter Nr. 3 des Absatzes 8 a. a. O. gelten auch bezüglich des Materials über die Veranlagung der betreffenden Steuerpflichtigen zur Gewerbesteuer in einer der Klassen II—IV.

   Die Vorsitzenden der Steuerausschüsse dieser Klassen übersenden sofort nach beendeter Veranlagung einen Auszug aus der namentlichen Nachweisung für alle diejenigen Gewerbesteuerpflichtigen, hinsichtlich deren sie vermuten, daß die Voraussetzungen der Warenhaussteuerpflicht vorliegen, oder welche ihnen von dem Vorsitzenden des zuständigen Steuerausschusses der Klasse I, bezeichnet sind, diesem unter Beifügung eines Gutachtens über die von ihnen vermutete Höhe des steuerpflichtigen Umsatzes, sowie auch des gewerbesteuerpflichtigen Ertrages und des Anlage- und Betriebskapitals, sofern der Ertrag und das Anlage- und Betriebskapital nicht bei der Gewerbesteuerveranlagung von dem Steuerausschuß ziffernmäßig festgestellt und in die namentliche Nachweisung eingetragen ist.

2. Wegen der Verpflichtung der Vorstände der Gemeinden mit mehr als 20000 Einwohnern zu gutachtlichen Äußerungen bezüglich neu angemeldeter Gewerbe wird auf Art. 21 verwiesen.

II. Dem Steuerausschuß der Gewerbesteuerklasse I stehen auch behufs der Veranlagung der Warenhaussteuer die im Art. 24 AA. zum GewStGes. bezeichneten Befugnisse zu.

Außerdem ist er — nicht auch sein Vorsitzender — auf Grund der ausdrücklichen Vorschrift im § 10 Abs. 2 WG. befugt, dem Steuerpflichtigen die Vorlegung seiner Geschäftsbücher aufzugeben.

In dieser Beziehung ist folgendes zu beachten:

1. Die Vorlegung der Geschäftsbücher darf nur zum Zwecke der Prüfung der Steuererklärung gefordert werden, nicht auch für Zwecke der Veranlagung zur Gewerbesteuer.
2. Der Steuerpflichtige ist nur zur Vorlegung der Geschäftsbücher verpflichtet, nicht auch zu einer mit Aufgabe seiner Gewahrsam verbundenen Einsendung oder Überlassung derselben.
3. Anderseits kann der Steuerpflichtige nicht verlangen, daß die Vorlegung in seinem Geschäftslokal oder auch nur an seinem Wohnorte oder dem Sitze seines Geschäfts stattfinde.
4. Die Vorlegung kann nach Ermessen des Steuerausschusses vor versammeltem Steuerausschuß, vor dem Vorsitzenden oder einem oder mehreren von dem Ausschuß hiermit beauftragten Mitgliedern desselben, vor dem Vorsitzenden des Steuerausschusses derjenigen Gewerbesteuerklasse, in welcher der Steuerpflichtige veranlagt ist oder vor dem Vorsitzenden des Steuerausschusses der Klasse IV erfolgen. Diese Ausschußvorsitzenden haben sich auf Ersuchen des Steuerausschusses der Klasse I oder seines Vorsitzenden der Prüfung der Geschäftsbücher zu unterziehen.
5. Die Zuziehung von Sachverständigen bleibt dem Ermessen des Steuerausschusses überlassen.
6. Die Prüfung der Bücher hat, wenn möglich, unter Zuziehung des Steuerpflichtigen, unter Verhandlung mit ihm und unter Aufnahme des Ergebnisses in ein von ihm zu unterzeichnendes Protokoll zu geschehen.
7. In welcher Weise und an welchem Orte hiernach die Vorlegung zu erfolgen habe, bestimmt der Steuerausschuß nach Lage des Einzelfalles.

Dabei ist auf die Bequemlichkeit des Steuerpflichtigen insoweit tunlichste Rücksicht zu nehmen, als hierdurch der Zweck der Büchervorlegung nicht beeinträchtigt wird und die Kosten des Verfahrens nicht vermehrt werden.

Überhaupt ist auch hierbei auf tunlichste Beschränkung der Kosten Bedacht zu nehmen.

8. Die Mitteilung des Beschlusses wegen Vorlegung der Bücher an den Steuerpflichtigen hat die nach Ziffer 7 Abs. 1 zu bestimmenden Modalitäten der Vorlegung anzugeben und einen Hinweis auf den im Falle der Nichtvorlegung der Bücher den Steuerpflichtigen nach § 11 des Ges. treffenden Rechsnachteil.

D. An- und Abmeldung.

Art. 20.

1. Wer den Betrieb des stehenden Gewerbes des Kleinhandels mit mehr als einer der im § 6 des Ges. unterschiedenen Warengruppen anfängt, muß hiervon neben der in der Gewerbeordnung und dem GewStGes. erforderten Anmeldung der unter Nr. 3 bezeichneten Behörde schriftlich oder zu Protokoll Anzeige machen.

Diese Verpflichtung trifft auch

a) denjenigen, der das bisher nur mit Waren, welche nicht mehr als einer der im § 6 des Ges. unterschiedenen Gruppen angehören, betriebene stehende Gewerbe des Kleinhandels auf mehr als eine dieser Gruppen ausdehnt,

b) denjenigen, der eine nach § 3 des Ges. der Warenhaussteuer unterliegende Verkaufsstelle errichtet,

c) denjenigen, der den Warenhausbetrieb eines anderen übernimmt und fortsetzt oder neben seinem bisherigen Warenhausbetriebe oder an Stelle desselben einen anderen anfängt.

Erstreckt sich der Betrieb über mehrere Orte in Preußen, so ist die Anmeldung an jedem Betriebsorte zu bewirken.

2. Die Anzeigepflicht nach Ziffer 1 tritt, außer in dem Falle der lit. b a. a. O., nicht ein, wenn nach den Verhältnissen des Betriebes von vornherein ausgeschlossen ist, daß der Gesamtumsatz den Betrag von 400000 Mark erreicht. In dem Falle der lit. b des zweiten Absatzes der Nr. 1 ist die Anzeige stets, ohne Rücksicht auf die Höhe des Ertrages und des Anlage- und Betriebskapitals zu bewirken.

3. Die Anzeige ist zu machen für Verkaufsstätten

a) in Gemeinden von mehr als 20000 Einwohnern bei dem Gemeindevorstand, in Berlin jedoch bei der Königlichen Direktion für die Verwaltung der direkten Steuern daselbst,

b) in allen anderen Gemeinden (Gutsbezirken) bei der Bezirksregierung.

4. Die unter Nr. 3 bezeichnete Behörde erteilt auf Verlangen innerhalb einer Woche eine Bescheinigung der Anzeige.

Art. 21.

Behandlung der Anzeigen seitens der Gemeindebehörde (Regierung usw.).

1. Sämtliche auf Grund des Art. 20 eingehenden Anzeigen sind in ein nach dem für die Gewerbeanmeldungen vorgeschriebenen Muster (Muster I zu Art. 26 Nr. 1 AA. zum GewStGes.) zu führendes Verzeichnis in der Reihenfolge ihres Einganges einzutragen.

2. Betrifft die Anzeige die Übernahme und Fortsetzung eines bereits zur Warenhaussteuer veranlagten Betriebes, so ist auch diese in das nach Ziffer 1 zu führende Verzeichnis einzutragen.

In der Spalte „Bemerkungen" ist der Name des bisherigen Inhabers des Betriebes unter Bezeichnung der Nummer der Warenhaussteuerliste anzugeben.

3. Die Vorschrift im Art. 26 Ziff. 4 AA. zum GewStGes. findet auch bezüglich der bei den Gemeindevorständen der Gemeinden mit mehr als 20 000 Einwohnern eingehenden Warenhaussteueranzeigen sinngemäße Anwendung. Insbesondere hat sich das Gutachten über die geführten Warengattungen und die mutmaßliche ungefähre Höhe des Umsatzes zu äußern.

Hinsichtlich der bei der Bezirksregierung angemeldeten Betriebe bleibt es dem Vorsitzenden des Steuerausschusses der Klasse I überlassen, entsprechende Gutachten von den Gemeinde- (Guts-) Vorständen einzufordern.

Die Regierung hat aber auch ihrerseits sich bei Übersendung der Anzeigen an den gedachten Vorsitzenden über die ihr bekannten Merkmale der Besteuerung zu äußern.

Die im § 54 bzw. § 56 GewStGes. den Gewerbetreibenden und ihren Vertretern auferlegte Verpflichtung zur Auskunftserteilung erstreckt sich nach § 13 Absatz 2 für alle Gewerbetreibenden, welche den Kleinhandel betreiben, auch auf die Angabe, mit welchen Warengattungen dies geschieht.

4. Die bei ihr eingegangenen Anzeigen übersendet die Behörde (Gemeindevorstand usw.) zum erstenmal Mitte Dezember 1900 und sodann am Ende eines jeden Kalendervierteljahres mit einem sie betreffenden Auszug aus dem Verzeichnisse und ihrem Gutachten dem Vorsitzenden des für die Veranlagung zuständigen Steuerausschusses der Klasse I.

Für die Auszüge und das Gutachten wird die Benutzung des Musters VI empfohlen.

Art. 22.

Behandlung der Anzeigen seitens des Vorsitzenden des Steuerausschusses der Klasse I.

1. Der Vorsitzende des Steuerausschusses der Klasse I hat die ihm nach Art. 21 Ziff. 4 zugehenden Abschriften aus dem Verzeichnisse der Warenhausanmeldungen unverzüglich zu prüfen und, falls dieselben keine ausreichende Grundlage für die Beurteilung der Steuerpflicht — soweit eine solche Grund-

lage ohne die Steuererklärung überhaupt zu beschaffen ist — bieten, weitere Ermittelungen anzustellen.

2. Nach dem Ergebnisse seiner Ermittelungen hat der Vorsitzende

a) die Anmeldungen solcher neuen Gewerbe, bei denen er eine Warenhaussteuerpflicht für vorliegend erachtet, in das nach Muster VII zu führende Notizregister einzutragen;

b) solche Gewerbe, deren Warenhaussteuerpflicht ihm zwar zurzeit ausgeschlossen erscheint, bei denen aber nach ihrer Art und den sonstigen Umständen fraglich bleibt, ob sie nicht demnächst — wegen Erstreckung des Kleinhandels auf mehr als eine der in § 6 des Gesetzes unterschiedenen Warengruppen, Erzielung eines Umsatzes von steuerpflichtiger Höhe oder Wegfall des Befreiungsgrundes des § 1 Absatz 4 des Gesetzes — zur Warenhaussteuer heranzuziehen sein werden, in eine Kontrolle, für deren Einrichtung das durch Art. 27 Nr. 2c AA. zum GewStGes. für die Gewerbesteuer vorgeschriebene Muster als Anhalt dienen kann, einzutragen;

c) wenn die Anmeldung einen bereits zur Gewerbe-, aber noch nicht zur Warenhaussteuer veranlagten Betrieb betrifft, ebenfalls der lit. a oder b entsprechend zu verfahren.

d) Betrifft die Anmeldung die Errichtung einer Zweigniederlassung, eines sonstigen stehenden Betriebes oder den Beginn eines zweiten oder ferneren Gewerbes seitens eines schon zur Gewerbe- und zur Warenhaussteuer oder nur zu ersterer für das laufende Jahr veranlagten Steuerpflichtigen, so ist ebenfalls der lit. a oder b entsprechend zu verfahren.

3. Wird ein warenhaussteuerpflichtiger Betrieb von einer anderen Person unverändert fortgesetzt, so bleibt die Veranlagung bis zum Ablaufe des Steuerjahres unverändert in Kraft und es wird nur der Name des Gewerbetreibenden in der Warenhaussteuerliste umgeschrieben.

Ob der den Betrieb übernehmende Gewerbetreibende bereits wegen eines bisher betriebenen und neben dem übernommenen fortzusetzenden Gewerbes zur Warenhaussteuer herangezogen ist, kommt hierbei nicht in Betracht; in einem derartigen Falle bleibt vielmehr für das laufende Jahr die besondere Veranlagung beider Betriebe in Kraft, und tritt die einheitliche Besteuerung erst bei der nächsten Veranlagung ein.

4. Bezieht sich die angemeldete Übernahme und Fortsetzung eines warenhaussteuerpflichtigen Betriebes nicht auf den gesamten der Warenhaussteuer unterliegenden Betrieb des bisherigen Inhabers, sondern nur auf einen Teil (z. B. eins von mehreren nebeneinander betriebenen Gewerben, einen einzelnen stehenden Betrieb), so bleibt die Besteuerung des bisherigen Steuerpflichtigen für das laufende Jahr ohne Änderung bestehen und der Anmeldende ist als Zugänger zu behandeln, falls er nicht auch seinerseits bereits zur Warenhaussteuer veranlagt ist. Im letzteren Falle wird an der beiderseitigen Warenhaussteuer für das laufende Jahr überhaupt nichts geändert und nur zur Berücksichtigung für die nächste Veranlagung das Nötige vermerkt.

5. Ist der Anmeldende eines neuen Kleinhandelsbetriebes Inhaber eines bereits bestehenden, welcher aber wegen Führung von nicht mehr als einer Warengruppe oder wegen eines die Grenze der Steuerpflicht nicht erreichenden Umsatzes von der Warenhaussteuer befreit geblieben ist, so hat der Vorsitzende der Klasse I zu prüfen, ob der neu angemeldete Betrieb in Verbindung mit dem bisherigen und bei Zusammenrechnung des Umsatzes beider steuerpflichtig wird. Bejahendenfalls hat er die Besteuerung des Gesamtbetriebes von dem durch die Eröffnung des neuen Betriebes bedingten Zeitpunkte ab zu veranlassen.

6. Meldet der Inhaber eines außerhalb Preußens domizilierten Unternehmens, dessen bisherige inländische Verkaufsstätten nach § 3 Absatz 3 des Gesetzes steuerfrei geblieben waren, eine weitere inländische Verkaufsstätte an, so prüft der Vorsitzende der Klasse I, ob durch die Eröffnung der neuen Verkaufsstätte die Bedingung der Steuerfreiheit nach § 3 Absatz 3 in Wegfall kommt, und veranlaßt bejahendenfalls die Heranziehung der sämtlichen inländischen Verkaufsstätten.

7. Entstehen neue Kleinhandelsbetriebe durch Zerlegung eines bisherigen Warenhausbetriebes, so prüft der Vorsitzende der Klasse I, ob die Voraussetzungen des § 7 des Gesetzes vorliegen, und fordert, wenn er dies annimmt, von dem zuständigen Ausschußvorsitzenden beglaubigte Abschriften der Anmeldungen der neuen Betriebe ein. In gleicher Weise fordert er von dem Vorsitzenden des für die Gewerbesteuerveranlagung zerlegten Warenhausbetriebes zuständigen Ausschusses Abschrift der Abmeldung des letzteren ein.

8. Mit Anmeldungen, welche nur die Verlegung des Sitzes eines Gewerbes in einen andern Gemeinde- (Guts-) Bezirk betreffen, ist den Vorschriften im Art. 27 Nr. 7 AA. zum GewStGes. entsprechend zu verfahren.

Art. 23.

Behandlung der Abmeldungen.

I. Einer besonderen Abmeldung des Warenhausbetriebes bedarf es nur, wenn in dem ganzen Betriebe oder einer einzelnen Betriebsstätte der Kleinhandel

a) völlig eingestellt wird, ohne daß das Gewerbe zur Einstellung gelangt, z. B. bei Beschränkung eines bisherigen Groß- und Kleinhandels auf ersteren,

b) auf Waren, welche keine oder nur einer der im § 6 des Gesetzes unterschiedenen Gruppen angehören, beschränkt wird.

Die Abmeldung ist in diesen Fällen — auch in Berlin — bei dem Vorsitzenden des für die Warenhaussteuerveranlagung zuständigen Steuerausschusses zu bewirken.

Der gedachte Vorsitzende prüft die Richtigkeit der in der Abmeldung angegebenen Tatsachen sowie ob etwa die Voraussetzungen des § 7 des Gesetzes vorliegen. Nach Behebung etwaiger Bedenken notiert er in dem Falle zu b das Erforderliche behufs Beachtung bei der nächstjährigen Veranlagung. In dem Falle zu a trägt er die Abgangstellung (Art. 31) in das Notizregister Muster VII ein und benachrichtigt hiervon den Vorsitzenden des für die Gewerbesteuerveranlagung zuständigen Ausschusses, die empfangsberechtigte Gemeinde (Gutsbezirk) und den Abmeldenden.

II. Die auf Grund des Art. 28 AA. zum GewStGes. erfolgenden Abmeldungen gelten, wenn es sich um der Warenhaussteuer unterliegende Betriebe handelt, auch für diese Steuer.

Der Vorsitzende, an den diese Abmeldungen gelangen, hat den Vorsitzenden des für die Warenhaussteuerveranlagung zuständigen Ausschusses von dem von ihm gemäß Art. 28 AA. zum GewStGes. Nr. 2, 4 und 5 Veranlaßten Kenntnis zu geben, auch, wenn er den Fall des § 7 des Gesetzes für gegeben erachtet, dies unter Angabe seiner Gründe mitzuteilen.

Der Vorsitzende des für die Warenhaussteuerveranlagung zuständigen Ausschusses verfährt wegen der Abgangstellung oder Umschreibung der Warenhaussteuer oder Notierung behufs Beachtung bei der nächsten Veranlagung entsprechend den Bestimmuugen a. a. O. und benachrichtigt von dem Veranlaßten den Vorsitzenden des für die Gewerbesteuerveranlagung zuständigen Ausschusses, die bezugsberechtigte Gemeinde (Gutsbezirk) und den Abmeldenden.

E. Veranlagung.

Art. 24.

I. 1. Das Veranlagungsgeschäft beginnt mit der Aufstellung der **Warenhaussteuerliste** durch den Vorsitzenden des für die Veranlagung zuständigen Steuerausschusses der Klasse I.

In die Steuerliste aufzunehmen sind:

a) alle zurzeit zur Warenhaussteuer veranlagten Gewerbetreibenden unter Berücksichtigung der eingetretenen Zu- und Abgänge;

b) alle nach Art. 16 Ziffer II bzw. für das Steuerjahr 1901 Ziffer III zur Steuererklärung aufzufordernden Gewerbetreibenden.

Die Bestimmung unter Ziffer I 2 Abs. 2 AA. zum GewStGes. findet sinngemäße Anwendung.

2. Alljährlich am 20. Dezember übersenden die Vorsitzenden sämtlicher Steuerausschüsse dem Vorsitzenden des für die Veranlagung der Warenhaussteuer zuständigen Ausschusses ein Verzeichnis derjenigen Gewerbetreibenden ihres Veranlagungsbezirks, welche nach ihrem Dafürhalten gemäß Ziffer II 2 Art. 16 zur Steuererklärung aufzufordern und daher in die Steuerliste aufzunehmen sind. Das am 20. Dezember 1900 einzureichende Verzeichnis hat die unter Ziffer III a. a. O. bezeichneten Gewerbetreibenden zu enthalten, die unter Ziffer III 3 bezeichneten, soweit sie der betreffende Vorsitzende gemäß Ziffer II 2 für steuerpflichtig hält.

3. Die Steuerliste ist nach dem anliegenden Muster VIII anzulegen.

In die Abteilung A werden die nach § 1, in die Abteilung B die nach § 3 und in die Abteilung C die nach § 7 steuerpflichtigen Betriebe aufgenommen.

Innerhalb der Abteilungen A und B ist die Liste gesondert nach Gemeinde-(Guts-)bezirken anzulegen.

4. Die Bestimmungen unter Ziffer II bis IV Art. 31 AA. zum GewstGes. finden sinngemäße Anwendung. Auf eine sorgfältige Vorbereitung der Veranlagung ist um so größeres Gewicht zu legen, als die Veranlagung nur auf Grund einer Steuererklärung bzw. nach fruchtlosem Ablauf der Frist für diese erfolgen darf, somit ein Beschluß des Ausschusses, einen vom Vorsitzenden nicht zur Steuererklärung aufgeforderten Gewerbetreibenden in die Steuerliste aufzunehmen, die Aussetzung der Veranlagung desselben um mehr als 2 Wochen zur notwendigen Folge hat.

Die Spalten 2—7, 9 und 10 der Steuerliste sind von dem Vorsitzenden, soweit nicht etwa das erforderliche Material, z. B. das Ergebnis der Gewerbesteuerveranlagung, noch aussteht, vor der Beschlußfassung des Steuerausschusses auszufüllen, die Spalten 8 und 11, soweit sich die Eintragungen auf die Veranlagung beziehen, auf Grund des Veranlagungsbeschlusses des Ausschusses und im unmittelbaren Anschluß an denselben. Die Ausfüllung der Spalten 1 und 12 kann nach beendeter Veranlagung erfolgen.

II. 1. Die Veranlagung erfolgt in der Regel im unmittelbaren Anschluß an die Veranlagung der Gewerbesteuerklasse I. Ob zuvörderst diese, soweit sie nicht bezüglich einzelner Steuerpflichtiger ausgesetzt bleiben muß, zu beenden und demnächst diejenige der Warenhaussteuer zu bewirken, oder aber bei jedem einzelnen Steuerpflichtigen der Klasse I die Veranlagung beider Steuern hintereinander, die Veranlagung der nicht von dem Ausschuß zur Gewerbesteuer zu veranlagenden Warenhaussteuerpflichtigen aber vorher oder nachher zu bewerkstelligen ist, bleibt dem Ermessen des Ausschusses vorbehalten. Doch bleibt zu beachten, daß hierdurch nicht die Zuziehung der nur für die Warenhaussteuerveranlagung hinzutretenden Mitglieder ohne Notwendigkeit ausgedehnt und die Kosten vermehrt werden.

2. Dem Ausschusse wird behufs Veranlagung der Warenhaussteuer die Steuerliste vorgelegt und das gesamte Material zur Verfügung gestellt.

3. Die Vorschriften in Art. 32 Nr. 3 und 4 AA. zum GewstGes. sind sinngemäß zu befolgen.

Hinsichtlich der dem Ausschusse zustehenden Befugnisse wird auf Art. 19 verwiesen. Lassen sich die von ihm beschlossenen Ermittelungen nicht während der Dauer der Sitzungen erledigen, so ist tunlichst nach dem Schlußsatz des Art. 32 Nr. 3 AA. zum GewstGes. zu verfahren.

4. Wegen des dem Vorsitzenden zustehenden Rechtes, gegen die Beschlüsse des Steuerausschusses Berufung einzulegen, findet der Art. 33 AA. zum GewstGes. entsprechende Anwendung.

F. Zerlegung des Steuersatzes.

Art. 25.

(§ 13 Abs. 1 und § 7 des Gesetzes.)

1. In der Regel im unmittelbaren Anschluß an die Veranlagung eines Steuerpflichtigen hat die etwa erforderliche Zerlegung des Steuersatzes zu erfolgen.

Dieselbe wird erforderlich:

a) unter den Voraussetzungen des § 38 GewStGes. bzw. § 32 KAG.,

b) in den Fällen des § 7 des Gesetzes.

Treffen die Voraussetzungen zu lit. a mit denen zu lit. b zusammen, indem einer der nach § 7 des Gesetzes zu veranlagenden Betriebe sich über mehrere Gemeinden (Gutsbezirke) erstreckt, so ist zunächst der Teilbetrag nach § 7 festzustellen und alsdann dieser auf die einzelnen Betriebsorte zu verteilen.

2. Die Verteilung des Steuersatzes ist, wenn dieser nach dem Umsatze bemessen ist, nach dem Maßstabe dieses, falls er aber nach § 5 des Gesetzes auf 20 Prozent des Ertrages festgesetzt ist, nach dem Ertrage zu bewirken.

Die Vorschriften im zweiten Absatz der Nr. 2 und in Nr. 3 Art. 53 AA. zum GewStGes. finden entsprechende Anwendung.

3. Nach erfolgter Verteilung des Steuersatzes hat der Vorsitzende des Steuerausschusses die Teilbeträge in Spalte 13 der Steuerliste einzutragen und die Benachrichtigung der beteiligten Gemeinde-(Guts-)vorstände und der Steuerpflichtigen unter sinngemäßer Beachtung der Vorschriften unter Nr. 4 Art. 53 AA. zum GewStGes. zu bewirken. Für die Fassung der Benachrichtigungsschreiben können die dort mitgeteilten Muster zum Anhalt dienen. Vgl. auch Art. 27. Den Vorsitzenden derjenigen Steuerausschüsse der Klasse I, auf deren Bezirke Teilbeträge entfallen, sind diese in Listenform mitzuteilen.

4. Die Bestimmungen unter Nr. 6 und 7 a. a. O. finden entsprechende Anwendung.

G. Warenhaussteuerrolle.

Art. 26.

Sofort nach beendeter Veranlagung fertigt der Vorsitzende der Klasse I auf Grund der Warenhaussteuerliste nach dem Muster IX für jede Gemeinde (Gutsbezirk) eine Warenhaussteuerrolle und übersendet sie dem Gemeinde-(Guts-)vorstand.

In dieselbe sind aufzunehmen in Abteilung

A. diejenigen auf Grund des § 1 des Gesetzes steuerpflichtigen Betriebe, welche in der betreffenden Gemeinde (Gutsbezirk) ihren Sitz habeu, und zwar, sofern der ganze veranlagte Steuersatz auf diese Gemeinde entfällt, mit diesem, andernfalls unter Angabe des Gesamtsteuersatzes und des auf die Gemeinde verteilten Teilbetrages desselben;

B. diejenigen nach § 1 des Gesetzes steuerpflichtigen Betriebe, welche ihren Sitz in einer anderen Gemeinde des Veranlagungsbezirks haben, von deren Steuersatz aber ein Teilbetrag auf die Gemeinde entfällt, unter Angabe des Gesamtsteuersatzes und des der Gemeinde zustehenden Teilbetrages;

C. die nach § 3 des Gesetzes steuerpflichtigen Verkaufsstätten;

D. die nach § 7 des Gesetzes steuerpflichtigen Betriebe unter Angabe des auf die Gesamtheit veranlagten Steuersatzes und der der Gemeinde zustehenden Teilbeträge.

Der Gemeinde-(Guts-)vorstand verbindet die Warenhaussteuerrolle mit einer Nachweisung derjenigen in einem anderen Veranlagungsbezirk zur Warenhaus steuer veranlagten Betriebe, von deren Steuersatz ein Teilbetrag auf die Gemeinde (den Gutsbezirk) verteilt ist. Dieselbe ist nach einem Formulare anzulegen, welches demjenigen der Steuerrolle entspricht.

Eine Offenlegung der Warenhaussteuerrollen findet nicht statt.

H. Benachrichtigung der Steuerpflichtigen und der Vorsitzenden der Steuerausschüsse. Prüfung der Veranlagung.

Art. 27.

1. Nach Absendung der Steuerrollen läßt der Vorsitzende der Klasse I die bereits vorher vorzubereitenden Steuerzuschriften dem Steuerpflichtigen baldtunlichst nach Maßgabe der Vorschrift unter Ziffer 1 des Art. 40 AA. zum GewstGes. zustellen.

Für die Steuerzuschriften sind unter Durchstreichung des nicht Zutreffenden und Hinzufügung erforderlich erscheinender Zusätze:

a) für nach § 1 des Gesetzes Steuerpflichtige das Muster Xa,
b) für nach § 3 des Gesetzes Steuerpflichtige das Muster Xb,
c) für nach § 7 des Gesetzes Steuerpflichtige das Muster Xc

anzuwenden.

2. Sodann teilt der Vorsitzende der Klasse I denjenigen der Klassen II, III und IV ein Verzeichnis der zur Warenhaussteuer veranlagten Mitglieder ihrer Steuergesellschaften unter Angabe der Steuersätze mit.

Jeder Vorsitzende eines Steuerausschusses vermerkt in der namentlichen Nachweisung in der Spalte „Bemerkungen" bei dem betreffenden Steuerpflichtigen die Heranziehung zur Warenhaussteuer unter Angabe des Steuersatzes etwa in folgender Form:

„Nach § 1 (3,7) Ges. vom 18. Juli 1900 zur Warenhaussteuer veranlagt mit . . . . . Mark."

3. Spätestens am 1. August jeden Jahres reicht der Vorsitzende der Klasse I durch Vermittelung der Regierung seines Amtssitzes dem Finanzminister eine nach dem Muster XI aufzustellende Nachweisung des Veranlagungssolls seines Veranlagungsbezirks an Warenhaussteuer und jeder Regierung seines Amtsbezirks einen deren Bezirk betreffenden Auszug aus dieser Nachweisung ein.

4. Die Regierung, an deren Sitz der Steuerausschuß der Klasse I seinen Sitz hat, prüft unter sinngemäßer Beachtung der Weisungen im Art. 41 AA. zum GewstGes. auch die Veranlagung der Warenhaussteuer.

V. Rechtsmittel.

Art. 28.

In Ansehung der Rechtsmittel finden die für die Gewerbesteuerklasse I geltenden Vorschriften der Art. 42—45 AA. zum GewstGes. entsprechende Anwendung mit der Maßgabe, daß bei Zweifeln über die Anwendung der Bestimmungen im § 6 des Gesetzes die dort im Abs. 5 vorgesehene Entscheidung einzuholen ist. (Vgl. Art. 4.)

Die Entscheidung über Rechtsmittel, welche von mehreren nach § 7 des Gesetzes einheitlich veranlagten Gewerbetreibenden mit der Begründung eingelegt werden, daß der § 7 aaO. auf sie nicht Anwendung finde, wird in der Regel zweckmäßig zu verbinden sein.

VI. Zu- und Abgänge.

Art. 29.

Zu- und Abgangsfälle.

I. Steuerzugänge können entstehen:

1. durch Anmeldung
   a) der Eröffnung eines nach § 1 des Gesetzes steuerpflichtigen Gewerbes, falls der Gewerbetreibende nicht schon zur Warenhaussteuer veranlagt ist (Art. 20 Nr. 1 Abs. 1);
   b) der Eröffnung einer nach § 3 Abs. 1 des Gesetzes steuerpflichtigen Verkaufsstätte eines außerhalb Preußens domizilierten Unternehmens, gleichviel, ob dasselbe bereits zur Warenhaussteuer veranlagte Verkaufsstätten in Preußen besitzt oder nicht (Art. 20 Nr. 1 Abs. 2 lit. b);
   c) der Eröffnung von Betrieben, welche sich als verdeckte Fortsetzung eines zerlegten Warenhausbetriebes im Sinne des § 7 des Gesetzes darstellen, ohne Unterschied, ob die Unternehmer der neueröffneten Betriebe bereits wegen anderer Betriebe zur Warenhaussteuer veranlagt sind oder nicht (Art. 22 Nr. 7);
   d) der Ausdehnung eines bisher nur mit Waren, welche keiner oder nur einer der im § 6 unterschiedenen Gruppen angehören, betriebenen Kleinhandelsbetriebes auf Waren mehr als einer dieser Gruppen (Art. 20 Nr. 1 Abs. 2 lit. a);
   e) der Übernahme eines bereits zur Warenhaussteuer herangezogenen Gewerbes (Art. 22 Nr. 3);
   f) der Übernahme eines Teiles (einer einzelnen Betriebsstätte, Zweigniederlassung usw.) eines bereits zur Warenhaussteuer veranlagten Gewerbes, falls der Gewerbetreibende nicht oder nur auf Grund des § 3 oder § 7 des Gesetzes bereits zur Warenhaussteuer veranlagt ist und der übernommene Betriebsteil entweder für sich allein oder in Verbindung mit dem von ihm selbst oder seiner Ehefrau etwa bereits betriebenen steuerfreien Gewerbe den Voraussetzungen der Steuerpflicht nach § 1 des Gesetzes genügt (Art. 22 Nr. 4);
   g) der Eröffnung oder Übernahme eines Gewerbes, das die Voraussetzungen der Steuerpflicht nach § 1 des Gesetzes nicht erfüllt, falls der Gewerbetreibende nicht schon nach § 1 aaO. zur Warenhaussteuer veranlagt ist und das eröffnete bzw. übernommene Gewerbe in Verbindung mit dem

von ihm selbst oder seiner Ehefrau etwa bereits betriebenen steuerfreien Gewerbe die im § 1 des Gesetzes gezogenen Grenzen der Steuerfreiheit überschreitet (Art. 22 Nr. 5);

h) der Eröffnung einer neuen inländischen Verkaufsstätte seitens eines Unternehmens, dessen bisherige Verkaufsstätten nach § 3 Abs. 3 des Gesetzes steuerfrei geblieben waren, hinsichtlich sämtlicher inländischer Verkaufsstätten, falls durch die Eröffnung der neuen Verkaufsstätte die Bedingung der Steuerfreiheit nach § 3 Absatz 3 wegfällt (Art. 22 Nr. 6);

2. infolge der Ermittelungen über unterlassene Anmeldungen der zu 1 a bis h bezeichneten Art (Art. 34 Nr. 3);
3. in Fällen der im Art. 46 Nr. I, 3, 5—9 AA. zum GewstGes. bezeichneten Art, sofern sie warenhaussteuerpflichtige Betriebe betreffen;
4. durch anderweite Verteilung des Steuersatzes auf die nach § 7 des Gesetzes einheitlich veranlagten Betriebe im Rechtsmittelverfahren oder infolge Veränderung des Gesamtsteuersatzes (Art. 25).

II. Steuerabgänge können entstehen:

1. durch Veränderungen der im Art. 46 Ziffer II 1—10 der AA. zum GewstGes. bezeichneten Art, welche bei einem zur Warenhaussteuer veranlagten Betriebe bzw. in Ansehung des veranlagten Warenhaussteuerbetrages eintreten;
2. infolge rechtskräftiger Befreiung eines warenhaussteuerpflichtigen Unternehmens von der Gewerbesteuer auf Grund des § 3 oder § 5 GewstGes. (Art. 2 Ziffer II 2);
3. durch anderweite Verteilung des Steuersatzes auf mehrere nach § 7 des Gesetzes einheitlich veranlagte Betriebe im Rechtsmittelverfahren oder infolge Veränderung des Gesamtsteuersatzes (Art. 25).

Art. 30.

Zeitpunkt der Zu- und Abgangstellung.

Für den Zeitpunkt der Zu- und Abgangstellung sind die Vorschriften im Art. 47 AA. zum GewstGes. sinnentsprechend maßgebend, diejenigen unter I „zu 1 a bis d" aaO. für die vorstehend im Art. 29 unter 1 a bis h angegebenen Zugangsfälle.

Art. 31.

Wegen des Verfahrens bei den Zu- und Abgangsstellungen wird auf die im Art. 29 angezogenen Bestimmungen dieser Anweisung bzw. die Bestimmungen der AA. zum GewstGes. verwiesen.

Im einzelnen wird noch folgendes bemerkt:

1. Von jeder rechtskräftigen Freistellung eines zur Gewerbe- und zur Warenhaussteuer veranlagten Unternehmens von der Gewerbesteuer auf Grund des § 3 oder § 5 des GewstGes. benachrichtigt der für die Gewerbesteuer zuständige Ausschußvorsitzende den für die Warenhaussteuer zuständigen.

2. Der Vorsitzende der Klasse I vermerkt jeden Zu- und Abgang in dem Warenhaussteuernotizregister (Art. 22 Nr. 2a).

3. Die Veranlagung der Zugänger erfolgt nach den im § 34 GewStGes. für die Gewerbesteuerklasse I gegebenen Vorschriften mit der Maßgabe, daß der vorläufigen Bestimmung des Steuersatzes das durch Art. 12—14 und 16—18 vorgeschriebene Verfahren (Steuererklärung usw.) voranzugehen hat.

4. Die Vorschrift im Art. 48 Nr. 4 AA. zum GewStGes. findet entsprechende Anwendung. Die Fassung der Benachrichtigung wird dem Vorsitzenden der Klasse I anheimgestellt bzw. wird es der Regierung überlassen, hierfür Formulare vorzuschreiben.

5. Ingleichen ist nach den für die Klasse I unter Nr. 5 a. a. O. aufgestellten Regeln zu verfahren.

6. Von jeder Zu- und Abgangsstellung ist auch der Vorsitzende des für die Gewerbesteuerveranlagung zuständigen Steuerausschusses zu benachrichtigen.

Dieser bemerkt den Zu- und Abgang entweder in der Spalte „Bemerkungen" der namentlichen Nachweisung oder in einem besondern Register.

Art. 32.

Erlaß oder Ermäßigung der Steuer im Laufe des Steuerjahres.

(§ 13 Absatz 1 des Ges. in Verbindung mit § 44 GewStGes. und § 11 Absatz 2 AufhGes.)

Die Befugnis zum Erlasse und zur Ermäßigung der veranlagten Warenhaussteuer steht den Gemeinden zu. Mit Erlaß- bzw. Ermäßigungsanträgen, welche bei der Regierung oder dem Vorsitzenden eines Steuerausschusses eingehen, ist daher nach Art. 49 AA. zum GewStGes. zu verfahren.

VII. Erhebung der Steuer.

Art. 33.

(§ 14 des Gesetzes.)

1. Die Hebung und Beitreibung der veranlagten Warenhaussteuer liegt den Gemeinden (Gutsbezirken) ob.

2. Die Veranlagung zur allgemeinen Gewerbesteuer nach dem GewStGes. und zu besondern auf Grund des § 28 KAG. eingeführten Gewerbesteuern wird durch die Warenhaussteuer nicht berührt. Die Gemeinde ist daher nach wie vor befugt, innerhalb der durch das GewStGes. und das KAG. gezogenen Grenzen die warenhaussteuerpflichtigen Betriebe zu den von ihr in Gestalt von Prozenten der staatlich veranlagten Gewerbesteuer oder einer besondern Gemeindesteuer erhobenen Gewerbesteuer heranzuziehen. Geschieht dies aber, so ist der veranlagte Warenhaussteuerbetrag um die hiernach von dem warenhaussteuerpflichtigen Betriebe zu erhebende Gewerbesteuer zu kürzen und nur derjenige Betrag an Warenhaussteuer zu erheben, um welchen die veranlagte Warenhaussteuer die Gewerbesteuer übersteigt.

Sofern der hiernach von der veranlagten Warenhaussteuer in Abzug zu bringende Betrag der auf den warenhaussteuerpflichtigen Betrieb treffenden Gewerbesteuer bei der Veranlagung der letztern nicht festgestellt worden ist, weil diese Veranlagung einheitlich für den warenhaussteuerpflichtigen und andere in derselben Gemeinde belegene Betriebe desselben Steuerpflichtigen erfolgt ist, so ist jener Betrag bzw. der der Berechnung desselben zugrunde zu legende Teilbetrag des staatlich veranlagten Steuersatzes in dem durch § 38 GewStGes. bzw. § 32 KAG. vorgeschriebenen Zerlegungsverfahren festzustellen. Soweit dies durch einen Gewerbesteuerausschuß zu geschehen hat, bedarf es hierzu eines Antrages der Gemeinde, welcher tunlichst vor der Veranlagung der Gewerbesteuer zu stellen ist.

3. Warenhäuser, welche am 4. August 1900 als dem Tage der Veröffentlichung des WG. bereits bestanden, d. h. einen bei Vorhandensein des entsprechenden Umsatzes nach § 1 oder § 3 dieses Gesetzes steuerpflichtigen Betrieb unterhielten, haben nach § 15 Absatz 2 des Gesetzes die veranlagte Warenhaussteuer für das Steuerjahr 1901 nur zur Hälfte zu entrichten. Sofern das Vorliegen dieser Voraussetzung bei der Veranlagung der Warenhaussteuer dem Steuerausschuß bekannt ist, wird in der Warenhaussteuerliste in Spalte 11 und 12 und in der Steuerrolle in Spalte 6 und 7 unter dem vollen Steuerbetrage der zu entrichtende halbe vermerkt und in die zu erlassenden Benachrichtigungen von der Veranlagung eine entsprechende Mitteilung aufgenommen. Ist dies unterblieben, so kann der Steuerpflichtige die Herabsetzung des Steuerbetrages auf die Hälfte nur im Wege der Rechtsmittel gegen die Veranlagung betreiben.

4. Das Aufkommen an Warenhaussteuer, d. i. das Veranlagungssoll, soweit es nach Ziffer 2 und 3 als Warenhaussteuer zur Hebung gelangt, also abzüglich der nach Nr. 2 zu erhebenden Gewerbesteuer und für 1901 der nach Nr. 3 außer Hebung bleibenden Beträge, ist, sofern die empfangsberechtigte Gemeinde für das betreffende Steuerjahr zur Deckung ihres Steuerbedarfs von den in den Gewerbesteuerklassen III und IV veranlagten Gewerbetreibenden nach § 29 oder § 30 KAG. eine Gemeindesteuer erhebt, zur Erleichterung dieser Steuer zu verwenden. Daß die Erleichterung bei beiden Gewerbesteuerklassen in demselben Verhältnis erfolgt, ist nicht vorgeschrieben; es es ist daher namentlich zulässig, zunächst das gesamte Gewerbesteuersoll der Klasse IV durch das Warensteueraufkommen zu decken und nur den Rest des letzteren zur Erleichterung der Klasse III zu verwenden, oder die Klasse IV doch in stärkerem Verhältnis als die Klasse III zu erleichtern.

5. Nur wenn und insoweit das Aufkommen an Warenhaussteuer das Gemeindegewerbesteuersoll der Klassen III und IV übersteigt, darf es zur Bestreitung von Gemeindebedürfnissen Verwendung finden, und zwar soll dies alsdann vorzugsweise zu solchen geschehen, die den kleineren Gewerbetreibenden besondere Vorteile bieten.

6. Die Beschlußfassung über die Verwendung des Aufkommens an Warenhaussteuer hat tunlichst unter Schätzung desselben schon bei der Feststellung des

Gemeindehaushaltsetats zu erfolgen. Einer besonderen Genehmigung bedarf ie nicht.

7. Die Gutsbezirke führen die in ihnen etwa aufkommende Warenhaussteuer am Schlusse eines jeden Vierteljahres an die Kreiskommunalkasse ab. Die Kreisvertretung beschließt über die Verwendung dieser Beträge. Die Verwendung soll vorzugsweise im Interesse der kleineren Gewerbetreibenden erfolgen. Als eine solche Verwendung ist es beispielsweise auch anzusehen, wenn die Beträge zur völligen oder teilweisen Deckung der auf die Gewerbesteuer der Klasse IV oder der Klasse III ausgeschriebenen Kreissteuern verwendet werden.

VIII. Zuwiderhandlungen und Nachbesteuerung.

Art. 34.

Zuwiderhandlungen und Strafverfahren.

1. Die Unterlassung oder Verspätung der Anmeldung ist auf Grund des § 13 Absatz 3 des WG. bzw. § 70 GewstGes. strafbar in den im Art. 29 Ziffer 1a bis h bezeichneten Fällen.

Liegt zugleich eine strafbare Unterlassung oder Verspätung der Anmeldung zur Gewerbesteuer (Art. 51 Ziffer 1 AA. zum GewstGes.) vor, so ist das Strafverfahren wegen beider Straftaten zu verbinden und nur auf eine Strafe zu erkennen, welcher die Summe der einjährigen Gewerbe- und Warenhaussteuer zugrunde zu legen ist. Die Vorschriften im Art. 51 Ziffer 1 Absatz 2 und 3 AA. zum GewstGes. finden entsprechende Anwendung.

2. Die Strafbestimmung im § 71 Nr. 1 GewstGes. erstreckt sich auch auf die durch das WG. den Gewerbetreibenden und ihren Vertretern auferlegte Verpflichtung zur Abgabe von Erklärungen mit Ausnahme derjenigen auf Grund der §§ 9 und 10 des Gesetzes.

Ingleichen sind die Vorschriften im § 71 Nr. 2, § 72 und § 73 GewstGes. bei der Warenhaussteuer entsprechend anzuwenden.

3. Wegen des Strafverfahrens und der Nachbesteuerung finden die für die Gewerbesteuerklasse I geltenden Vorschriften des Art, 51 Nr. 2 bis 6, 7 Absatz 2 und Nr. 8 AA. zum GewstGes. mit folgenden Maßgaben Anwendung:

a) die Festsetzung der Nachsteuer erfolgt in allen Fällen durch die Regierung;

b) der nach Nr. 5 Absatz 3 a. a. O. zu bewirkenden Zugangsstellung und Nachbesteuerung ist an Stelle des Ertrages und Anlage- und Betriebskapitals der Umsatz im Sinne des § 1 Absatz 1 des Gesetzes zugrunde zu legen.

Art. 35.

Nachbesteuerung außer dem Falle der strafbaren Zuwiderhandlung.

Die Bestimmungen im Art. 52 AA. zum GewstGes. gelten sinngemäß auch für die Warenhaussteuer mit der Maßgabe, daß vor der Festsetzung der Nach steuer dem Steuerpflichtigen hinsichtlich jedes Jahres, für welches eine Nachbesteuerung stattfinden soll, nach den Vorschriften in den Artikeln 12 bis 14 und 16 bis 18 Gelegenheit zur Abgabe von Steuererklärungen und Erklärungen über die gegen diese obwaltenden Bedenken gegeben werden muß.

IX. Kosten.

Art. 36.

Hinsichtlich der Kosten der Veranlagung, Verwaltung, Erhebung und Beitreibung der Warenhaussteuer gelten sinngemäß die für die Gewerbesteuer der Klasse I erlassenen Bestimmungen, insbesondere Art. 54 AA. zum GewStGes.

Art. 37.

Befugnis der Regierungen zum Erlaß ergänzender Vorschriften

Den Regierungen bleibt überlassen, ergänzende Anordnungen über das Verfahren in Gewerbesteuerangelegenheiten zu erlassen, auch die nach den besonderen Verhältnissen in den einzelnen Bezirken notwendigen oder zweckmäßigeu Abänderungen der beigefügten oder weitere Muster vorzuschreiben oder zu genehmigen.

Berlin, den 26. September 1900.

Der Finanzminister.
v. Miquel.

Der Minister für Handel und Gewerbe.
J. A.:
Wendelstadt.

Der Minister des Innern.
J. A.:
Freund.

Die verschiedenen Muster I—XI sind hier, weil längst bekannt und in der offiziellen Textangabe enthalten, fortgelassen.

Anhang II.

Erlaß des Preußischen Ministers für Handel und Gewerbe vom 6. April 1911, betr. Warenhaussteuer.

An die Stelle der im Ministerialblatte der Handels- und Gewerbeverwaltung von 1901 (S. 367ff.) veröffentlichten Zusammenstellung der gemäß § 6 Absatz 5 des Ges., betr. die Warenhaussteuer, vom 18. Juli 1900 (Gesetzsammlung 294) klassifizierten Waren tritt die nachstehende Zusammenstellung.

Berlin, den 6. April 1911.

Der Minister für Handel und Gewerbe.

Dr. Sydow.

Zusammenstellung der klassifizierten Waren*).

Vorbemerkungen:

1. In der nachstehenden Zusammenstellung sind nicht sämtliche Waren klassifiziert, vielmehr nur diejenigen, deren Klassifizierung beantragt worden ist.

   Dies gilt auch von den Herkommen und Gebräuchen.

   Die Zusammenstellung gliedert sich in:

   Teil I: **Gruppierung der Waren nach den vier Gruppen. Alphabetisches Verzeichnis.**
   (§ 6 Absatz 1 und 2 des Gesetzes.)

   Teil II: **Festgestellte Herkommen und Gebräuche.**
   (§ 6 Absatz 4 des Gesetzes.)

   Teil III: **Verneinte Herkommen und Gebräuche.**
   (§ 6 Absatz 4 des Gesetzes.)

2. Waren, welche anderen Gruppen als der Gruppe C zugeteilt sind, z. B. Nippes, gehören auch zu dieser Gruppe, wenn sie aus Glas, Porzellan, Steingut, Ton bestehen.

3. Waren, die anderen Gruppen als der Gruppe D zugeteilt sind, gehören auch zu dieser Gruppe, wenn sie aus Gold, Silber, unter Verwendung von Juwelen oder aus Pappe, Papier hergestellt sind.

---

*) Die mit * bezeichneten Waren sind erst nach Erscheinen dieser Zusammenstellung klassifiziert und eingefügt.

Teil I.

Gruppierung der Waren nach den vier Gruppen[1]).
Alphabetisches Verzeichnis.

(§ 6 Absatz 1 und 2 des Gesetzes.)

Bezeichnung der Ware	Gruppen A	B	C	D	Gruppenfrei	Bemerkungen (Hinweise auf die in Teil II festgestellten Herkommen und Gebräuche)
Abziehsteine	.	.	.	.	frei	
Aderlaßflieten	.	.	.	D	.	
Aktenmappen	.	.	.	D	.	
Aktenregale	.	B	C	.	.	s. Teil II. 4b.
Aktenschränke	.	B	C	.	.	s. Teil II. 4b.
Albums für Photographien und Postkarten	.	.	.	D	.	
Altarkannen (s. Kirchengerätschaften).						
Altarkelche (s. Kirchengerätschaften).						
Altarleuchter (s. Kirchengerätschaften).						
Ampeln	.	.	C	.	.	s. Teil II. 4a.
Anatomische natürliche Präparate (anatomische Lehrmittel)	.	.	.	.	frei	
Anatomische künstliche Modelle (anatomische Lehrmittel)	.	.	.	.	frei	
Ansichtspostkarten	.	.	.	D	.	
Antifer (Fleckstift)	A	.	.	.	.	
Armbänder	.	.	.	D	.	s. Teil II. 2a.
Armketten	.	.	.	D	.	s. Teil II. 2a.
Aschbecher	A	.	.	D	.	s. Teil II. 3a.
Aufnehmer (grobe Scheuertücher)	A	B	C	.	.	
Ausklopfer	.	.	C	.	.	
Baby-Handtaschen mit Einteilung für Milchflaschen	.	.	.	D	.	s. Teil II. 2a.
Baby-Schlafkörbe	.	B	C	.	.	
Baby-Wagen	.	.	C	D	.	s. Teil II. 2a.
Baby-Toilettes, bestehend aus einem Etuis mit Puderquaste, Bürste und Kamm	.	.	.	D	.	s. Teil II. 2a.
Badekappen	.	B	.	.	.	
Bälle	.	.	.	D	.	
Bänder	.	B	.	.	.	
Bärte	.	.	.	D	.	s. Teil II. 2b.
Banner (s. Flaggen).						
Banknotentaschen	.	.	.	D	.	
Beißringe	.	.	.	D	.	s. Teil II. 2a.

[1]) Waren aus anderen Gruppen dürfen nach örtlichem Herkommen in der Regel nur von Spezialgeschäften, nicht von Kaufhäusern geführt werden, vgl. Teil II, Vorbemerkung.

Bezeichnung der Ware	Gruppen A	B	C	D	Gruppenfrei	Bemerkungen (Hinweise auf die in Teil II festgestellten Herkommen und Gebräuche)
*Beleuchtungskörper und -gegenstände	.	.	C	.	.	
Bergmannslampen	.	.	.	.	frei	
Besatzartikel	.	B	.	.	.	
Besen	.	.	C	.	.	
Bettfedern	.	.	.	.	frei	
Bettsäcke	.	.	.	D	.	
aus gewebten Stoffen auch	.	B	.	.	.	
*Bidets	.	.	C	.	.	
Bierkrüge	.	.	C	.	.	s. Teil II. 4a.
Bierservice	.	.	C	.	.	s. Teil II. 4a.
Bilder aller Art (für Bilderrahmengeschäfte auch in C.)	.	.	.	D	.	s. Teil II. 3a.
Bindfaden	.	.	.	.	frei	
Binden (s. Verbandstoffe).						
Biskuitdosen	.	.	C	.	.	s. Teil II. 4a.
Blechdosen, dekorierte für Kaffee, Tee	.	.	C	.	.	s. Teil II. 1a.
Bleiplomben (Verschlußplomben)	.	.	.	.	frei	
Bleistifte	.	.	.	D	.	s. Teil II. 3a.
Blumentische	.	B	C	.	.	s. Teil II. 4a.
Boahalter	.	.	.	D	.	s. Teil II. 2a.
Börsen	.	.	.	D	.	
aus gehäkelten, gestrickten, gewebten Materialien, auch mit unechten Metallbügeln, auch	.	B	.	.	.	
Bohnermasse zum Stubenbohnen	A	.	.	.	.	
Bohnertücher	.	B	C	.	.	
Borden	.	B	.	.	.	
Bowlen	.	.	C	.	.	s. Teil II. 4a.
Boxinghandschuhe	.	.	.	D	.	s. Teil II. 2b.
Brennholz	.	.	.	.	frei	
Brennmaschinen (Frisierlampen)	.	.	C	D	.	s. Teil II. 1a.
Brennmaterialien	.	.	.	.	frei	
Brennscheren	.	.	C	D	.	s. Teil II. 1a.
Brennspiritus	A	.	.	.	.	
Briefbeschwerer	.	.	.	D	.	s. Teil II. 2a.
Briefmappen	.	.	.	D	.	s. Teil II. 2a.
Briefpapier	.	.	.	D	.	
Brieftaschen	.	.	.	D	.	s. Teil II. 2a.
Briefwagen	.	.	.	D	.	
Bronzeschmucksachen [2])	.	.	.	D	.	
Broschen	.	.	.	D	.	s. Teil II. 2a.
Brotkörbe	.	.	C	.	.	s. Teil II. 4a.
Brot- und Futtergetreide	.	.	.	.	frei	

[2]) Also nicht in Gruppe C von den Glas-, Porzellan- und den Möbelhandlungen zu führen. Nur Möbel-Kunsthandlungen, Möbel-Kunstwerkstätten dürfen andere Kunstsachen führen.

Bezeichnung der Ware	Gruppen A	B	C	D	Gruppenfrei	Bemerkungen (Hinweise auf die in Teil II festgestellten Herkommen und Gebräuche)
Bücherriemen	.	.	.	D	.	
Bügel für Häkelarbeiten	.	.	C	.	.	s. Teil II. 2a.
Bureaumöbel	.	B	C	.	.	
Bürstenkörbe	.	.	C	.	.	s. Teil II. 2a.
Bürsten aller Art (auch Zahnbürsten)	.	.	.	D	.	s. Teil II. 1a.
solche gröbster Art (z. B. Scheuerbürsten) auch	A	.	.	.	.	s. Teil II. 2a.
wenn Hausgerät (z. B. auch feinere Kleiderbürsten) auch	.	.	C	.	.	
Büsten (Dekorationsstücke, auch für Kleideranfertigung)	.	.	.	D	.	s. Teil II. 3a.
Butterdosen	.	.	C	.	.	s. Teil II. 4a.
Butterglocken	.	.	C	.	.	s. Teil II. 4a.
Butterkühler	.	.	C	.	.	s. Teil II. 4a.
Cabarets	.	.	C	.	.	s. Teil II. 4a.
Cakes (auch Christbaumcakes)	A	.	.	.	.	
Carbolineum	.	.	.	.	frei	
Chevrolin	A	.	.	.	.	
Chirurgische Instrumente	.	.	.	D	.	
Chokolade (s. Schokolade).						
Closettpapier	.	.	.	D	.	s. Teil II. 3a 5.
Cölnisches Wasser (s. K.).						
Consolen	.	B	C	.	.	s. Teil II. 4a.
Crepepapier	.	.	.	D	.	
Cricketspielgeräte	.	.	.	D	.	s. Teil II. 2b.
Crocketspielgeräte	.	.	.	D	.	s. Teil II. 2b.
Dachpappe	.	.	.	.	frei	
Damenhandtäschchen (s. Handtäschchen).						
Deckengurte für Pferde	.	.	.	D	.	
aus gewebten Stoffen auch	.	B	.	.	.	
Degen[3])	.	.	.	D	.	s. Teil II. 2a.
Dekorationspalmen, künstliche	.	.	.	D	.	
Dengelzeuge	.	.	.	.	frei	
Diademe	.	.	.	D	.	s. Teil II. 2a.
Docht (Dochtgarn)	A	B	C	.	.	
Dosenmesser zum Öffnen von Konservenbüchsen	.	.	C	.	.	
Draht	.	.	.	.	frei	
Drahtstifte	.	.	.	.	frei	
Eierservice	.	.	C	.	.	s. Teil II. 4a.
Eierständer	.	.	C	.	.	s. Teil II. 4a.
Einlegesohlen	.	B	.	.	.	
Eisenmöbel (z. B. Bettstellen)	.	B	C	.	.	
Eispickel	.	.	.	D	.	s. Teil II. 2b.

[3]) Auch von Militär-Bekleidungsgeschäften.

Bezeichnung der Ware	Gruppen A	B	C	D	Gruppenfrei	Bemerkungen (Hinweise auf die in Teil II festgestellten Herkommen und Gebräuche)
Eisschränke	.	.	C	.	.	
Eissporen	.	.	.	D	.	
Elfenbeinstäbe	.	.	.	D	.	
Emballagen wie Fässer, Kisten, Säcke, Pappkartons[4])	.	.	.	.	frei	
Etageren	.	B	C	.	.	s. Teil II. 2a.
Fächer	.	B	.	D	.	
Fächerhalter	.	.	.	D	.	s. Teil II. 2a.
*Fahrpläne, Kursbücher, in Berlin	.	.	.	.	frei	
Fahrräder	.	.	.	D	.	
Kinderfahrräder	.	.	.	D	.	s. Teil II. 3a.
Fahrradglocken	.	.	.	D	.	s. Teil II. 3a.
Fahrradhüllen	.	.	.	D	.	
aus gewebten Stoffen auch	.	B	.	.	.	
Fahrradmutterschlüssel	.	.	.	.	frei	
Fahrradübersättel	.	.	.	D	.	
aus gewebten Stoffen auch	.	B	.	.	.	
Fahrschabracken	.	.	.	D	.	
aus gewebten Stoffen auch	.	B	.	.	.	
Falzbeine aus Knochen	.	.	.	D	.	
Faschinenmesser	.	.	.	D	.	
Fässer (s. Emballagen).						
Federhalter	.	.	.	D	.	
Federkasten	.	.	.	D	.	
Feldkocher (s. Reisekocher).						
Feldstühle	.	B	C	.	.	s. Teil II. 4a.
Fensterleder	A	.	C	.	.	
Fensterleder (imitierte Leder)	A	.	C	.	.	
aus gewebten Stoffen auch	.	B	.	.	.	
Ferngläser	.	.	.	D	.	s. Teil II. 2a.
Fernrohre	.	.	.	D	.	s. Teil II. 2a.
Fette (auch Wagenfette)	A	.	.	.	.	
Feueranzünder	.	.	.	.	frei	
Figuren (Dekorationsstücke)	.	.	.	D	.	s. Teil II. 3a.
Fingerhüte	.	.	.	D	.	s. Teil II. 2a.
Fingerringe	.	.	.	D	.	s. Teil II. 2a.
Flaggen und Banner	.	B	.	.	.	
insoweit sie ausschließlich beim Sport Verwendung finden auch	.	.	.	D	.	
Flaschenkörbe	.	.	C	.	.	s. Teil II. 2a.
Flaschenuntersätze	.	.	C	.	.	s. Teil II. 4a.
Fleckstifte (und Fleckwasser)	A	.	.	.	.	
Fleischhackmaschinen (Hausgeräte)	.	.	C	.	.	
Fleischwaren	A	.	.	.	.	
Fliegenfänger (s. Salonfliegenfänger).						

[4]) Also auch vom Umsatze abziehbar. Packpapier fällt unter D.

Bezeichnung der Ware	Gruppen A	B	C	D	Gruppenfrei	Bemerkungen (Hinweise auf die in Teil II festgestellten Herkommen und Gebräuche)
Flobertpistolen	.	.	.	D	.	s. Teil II. 3a.
*Freßbeutel, gewebte, in Berlin	.	.	.	.	frei	
Frisieretuis	.	.	.	D	.	
Frisierkämme (s. Kämme).						
Frisierlampen (s. Brennmaschinen).						
Frottierartikel aus Roßhaaren	.	.	.	D	.	s. Teil II. 1a.
Fruchtkörbe	.	.	C	.	.	s. Teil II. 4a.
Frühstückspapier nebst Behälter	.	.	.	D	.	
Frühstückstrommeln	.	.	.	D	.	
Fußbälle	.	.	.	D	.	s. Teil II. 2b.
Fußmatten	.	B	C	.	.	
Fußsäcke	.	B	.	.	.	
Futterartikel als Graupenschrot, Gerstenschrot, Kleie, Mais, Maisschrot	.	.	.	.	frei	
Gabeln	.	.	C	.	.	
Gallseife	A	.	.	.	.	
Gamaschen (auch Ledergamaschen) (s. auch Sportbekleidungsgegenstände).	.	B	.	.	.	
Gardinen nebst Zutaten, wie Gardinenhalter, Portierenhalter, Gardinenrosetten, Porzellanquasten, Gardinenstangen	.	B	C	.	.	
Gardinenspanner	.	.	C	.	.	s. Teil II. 2a.
Garn	.	B	.	.	.	
Gartensämereien	.	.	.	.	frei	
Gartenstühle	.	B	C	.	.	
Gartenzelte	.	.	C	.	.	
Gerstenschrot	.	.	.	.	frei	
Gewürzschränke	.	B	C	.	.	
Gips	.	.	.	.	frei	
Gläserbretter	.	.	C	.	.	s. Teil II. 4a.
Gläserteller	.	.	C	.	.	
Gletscherseile	.	.	.	D	.	s. Teil II. 2b.
Gobelins, gewebte und imitierte, d. h. auf Stoffen gedruckt, gemalt	.	B	C	.	.	
Golfspielgeräte	.	.	.	D	.	s. Teil II. 2b.
Gradehalter (einfache, nicht medizinische Apparate)	.	B	.	.	.	
Graupenschrot	.	.	.	.	frei	
Gummiarabikum	A	.	.	D	.	
Gummibälle	.	.	.	D	.	
Gummiband	.	B	.	.	.	
Gummibettstoffe	.	B	.	D	.	
Gummihüte	.	B	.	.	.	
Gummisauger für Säuglinge	.	.	.	D	.	s. Teil II. 2a.
Gummischuhe	.	B	.	.	.	
Gummispritzen	.	.	.	D	.	s. Teil II. 2a.
Gummitiere	.	.	.	D	.	

Bezeichnung der Ware	Gruppen A	B	C	D	Gruppenfrei	Bemerkungen (Hinweise auf die in Teil II festgestellten Herkommen und Gebräuche)
Gürtel	.	B	.	D	.	
Gürtelschlösser	.	B	.	D	.	
Gürtelschnallen	.	B	.	D	.	
Gürteltäschchen	.	B	.	D	.	
Haarnadeln einfacher Art	.	B	.	D	.	
Haarnetze	.	B	.	.	.	s. Teil II. 1a.
aus Naturhaar	.	.	.	.	frei	
Haarpfeile	.	.	.	D	.	s. Teil II. 2a.
Haarschermaschinen	.	.	.	.	frei	
Hackmesser (Hausgerät)	.	.	C	.	.	
Hängematten	.	B	C	D	.	
Haken und Augen (Ösen) (unechte)	.	B	.	.	.	
Halfter für Pferde	.	.	.	D	.	
Halsketten	.	.	.	D	.	s. Teil II. 2a.
Handledertaschen für die Reise (s. Reisehandtaschen).						
Handschuhe	.	B	.	.	.	
Handschuhdehner[5]	.	.	.	D	.	s. Teil II. 1a. u. 2a.
Handschuhkasten[5]	.	.	.	D	.	s. Teil II. 2a.
Handschuhknöpfer[5]	.	.	.	D	.	s. Teil II. 1a. u. 2a.
Handschuhreiniger	A	.	.	.	.	s. Teil II. 2a.
Handspiegel	.	.	.	D	.	s. Teil II. 1a.
Handtäschchen	.	.	.	D	.	
aus Leder, wenn sie ein unmittelbares Zubehör zur Damentoilette bilden[6]	.	B	.	D	.	
aus Pelz	.	B	.	D	.	
aus Perlen	.	B	.	D	.	
mit Stickereien besetzt	.	B	.	D	.	
Handwerkszeug	.	.	.	.	frei	
Hausapotheken	.	B	C	.	.	s. Teil II. 4a.
Haussegen (Papierware)	.	.	.	D	.	
Hefte	.	.	.	D	.	
Hemden	.	B	.	.	.	
Hirschfänger	.	.	.	D	.	
Hocker	.	B	C	.	.	s. Teil II. 4a.
Hockeyspielgeräte	.	.	.	D	.	s. Teil II. 2b.
Holzbrandartikel nach den einzelnen Artikeln zu klassifizieren, z. B. wenn Möbel	.	B	C	.	.	
Holzbügel zum Aufhängen von Kleidungsstücken	.	.	C	.	.	s. Teil II. 2a.

[5]) Nur für Handschuhspezialgeschäfte auch in Gruppe B.

[6]) D. h. mit der Damentoilette zusammen verkauft werden, mit Toilettengegenständen nur in D.

Bezeichnung der Ware	Gruppen A	Gruppen B	Gruppen C	Gruppen D	Gruppenfrei	Bemerkungen (Hinweise auf die in Teil II festgestellten Herkommen und Gebräuche)
Holzpantoffeln (auch Holzschuhe)	.	B	.	.	.	
Holzwolle (s. Polsterartikel).						
Hosenstrecker[7])	.	.	C	.	.	s. Teil II. 2a.
Hosenträger	.	B	.	.	.	
Hostiendosen	.	.	.	D	.	
Hühneraugenmesser	.	.	.	D	.	
Hutglanz	A	.	.	.	.	s. Teil II. 2a.
Hutnadeln[8])	.	.	.	D	.	s. Teil II. 2a. u. 3a.
Hutschachteln[9])	.	.	.	D	.	s. Teil II. 2a.
Hutschmuck zum Garnieren von Damenhüten	.	B	.	.	.	
Jagdutensilien	.	.	.	D	.	
Jagdflaschen (s. Reiseflaschen).						
Japanwaren nach den einzelnen Artikeln zu klassifizieren, z. B.						
wenn Möbel, Vorhänge, Teppiche, Möbelstoffe	.	B	C	.	.	
wenn Galanteriewaren (auch Aschbecher)	.	.	.	D	.	
Insektenpulverspritzen	A	.	.	D	.	
Irrigatoren mit Zubehör, auch sogenannte heizbare Irrigatorenschränke mit Zubehör	.	.	.	D	.	
Isolierpappe	.	.	.	.	frei	
Kaffee	A	.	.	.	.	
Kaffeeausgußtrichter (auch sog. Karlsbader)	.	.	C	.	.	s. Teil II. 1a.
Kaffeefiltrierpapier	.	.	.	D	.	s. Teil II. 1a.
Kaffeekannen	.	.	C	.	.	
Kaffeemaschinen	.	.	C	.	.	s. Teil II. 4a.
Kaffeeservice	.	.	C	.	.	
Kakao	A	.	.	.	.	
Kalk	.	.	.	.	frei	
Kämme aller Art	.	.	.	D	.	s. Teil II. 1a.
Kämme gewöhnlicher Art zum Feststecken der Haare auch[10])	.	B	.	.	.	
Käsebohrer	.	.	.	.	frei	
Kammdeckelunterlagen für Pferde	.	.	.	D	.	
aus gewebten Stoffen auch	.	B	.	.	.	
Kammkasten	.	.	.	D	.	
*Kampferholzplatten	.	.	.	.	frei	

[7]) Auch von Spezialbekleidungsgeschäften in Gruppe B.

[8]) Auch von Manufaktur- und Modewarengeschäften in Gruppe B.

[9]) Auch von Hutgeschäften.

[10]) Sogenannte Frisierkämme und Kämme aller Art auch von Drogenhandlungen.

Bezeichnung der Ware	Gruppen A	B	C	D	Gruppenfrei	Bemerkungen (Hinweise auf die in Teil II festgestellten Herkommen und Gebräuche)
Karnevalartikel[11]) als: Masken, Nasen, Bärte, Ohrgehänge, Diademe, Hals- und Armketten	.	.	.	D	.	s. Teil II. 2b.
Kartoffeln	A	.	.	.	.	
Kartoffelschälmesser	.	.	C	.	.	
Kehrbleche	.	.	C	.	.	
Kernseife	A	.	.	.	.	
Kerzen	A	.	.	.	.	
Kinderbadewannen	.	.	C	.	.	s. Teil II. 2a.
Kinderlaufgürtel	.	B	.	.	.	
Kinderporzellanservice	.	.	C	.	.	
wenn Spielwaren auch	.	.	.	D	.	
Kinderrasseln	.	.	.	D	.	
Kindersaugflaschen mit Sauger	.	.	C	D	.	
Kinderstühle	.	B	C	.	.	
Kinderfahrräder (s. Fahrräder).						
Kinderwagen (sog. Sportwagen, welche lediglich oder in der Hauptsache für den Transport von Kindern bestimmt sind)	.	B	C	.	.	
— s. auch Sportwagen für Kinder —						
Kirchengerätschaften als: Altarkannen, Altarkelche, Altarleuchter, Kruzifixe, Hostiendosen, Taufbecken, Taufkannen	.	.	.	D	.	
Kisten (s. Emballagen).						
Klappstühle	.	B	C	.	.	s. Teil II. 4a.
Kleiderraffer[12]), metallene	.	.	.	D	.	s. Teil II. 2a.
Kleie	.	.	.	.	frei	
Kniekappen für Pferde	.	.	.	D	.	
Kniematten mit hochstehendem Rande	.	.	C	.	.	
Knöpfe, unechte aller Art	.	B	.	D	.	
Knöpfe, echte (Gold, Silber, Juwelierwaren)	.	.	.	D	.	
Kochapparate	.	.	C	.	.	
Kochgeschirre, soweit es sich um Sportartikel handelt	.	.	C	D	.	
Kochherde	.	.	C	.	.	
Kölnisches Wasser	A	.	.	.	.	
Koffer	.	.	.	D	.	
Kofferschilder	.	.	.	D	.	
Kohlen	.	.	.	.	frei	
Kohlenschippen	.	.	C	.	.	
Kokosdecken	.	B	C	.	.	
Kompasse	.	.	.	D	.	s. Teil II. 2b.

[11]) Falls aus Textilstoffen, ev. auch als Bekleidungsgegenstände in Gruppe B (aber noch nicht entschieden), vgl. Masken. In Rheinland und Westfalen alle Masken und Karnevalartikel von Manufakturwarengeschäften.

[12]) Auch von Manufaktur- und Modewarengeschäften in Gruppe B.

Bezeichnung der Ware	Gruppen A	B	C	D	Gruppenfrei	Bemerkungen (Hinweise auf die in Teil II festgestellten Herkommen und Gebräuche)
Kontormöbel	.	B	C	.	.	
Kopierräder zur Schneiderei	.	.	.	D	.	s. Teil II. 2a.
Koppeln	.	.	.	D	.	
Korken (gewöhnliche nur aus Korkmaterial)	.	.	.	.	frei	
Korkenständer	.	.	C	.	.	s. Teil II. 4a.
Korkenzieher	.	.	C	.	.	s. Teil II. 4a.
Korkplatten (Fußbodenbelag)	.	B	C	.	.	
Korsetts	.	B	.	.	.	
Kragenkasten[13]	.	.	.	D	.	s. Teil II. 2a.
Kragenknöpfe (s. Knöpfe).						
Krankenfahrstühle (s. Untersuchungsstühle).						
Krawatten	.	B	.	.	.	
Krawattenhalter[13]	.	.	.	D	.	s. Teil II. 2a.
Krawattenkasten[13]	.	.	.	D	.	s. Teil II. 2a.
Krawattennadeln[14]	.	.	.	D	.	s. Teil II. 2a.
Kreide (auch Schneiderkreide)	A	.	.	.	.	s. Teil II. 2a.
Zeichenkreide auch	.	.	.	D	.	
Kronen	.	.	C	.	.	s. Teil II. 4a.
Krümelfeger	.	.	C	.	.	s. Teil II. 4a.
Krümelschaufeln	.	.	C	.	.	s. Teil II. 4a.
Kruzifixe	.	.	.	D	.	
Küchenkörbe	.	.	C	.	.	s. Teil II. 4a.
Künstliche Blumen aus Geweben (Blätter, Blüten, Ranken)	.	B	.	D	.	
Künstliche Düngemittel	.	.	.	.	frei	
Kunstmarmorwaren (Tonwaren)	.	.	C	.	.	
Kuriertaschen für Damen (Reisetaschen mit Umhängeriemen)	.	.	.	D	.	
*Kursbücher, in Berlin	.	.	.	.	frei	
Kuverts	.	.	.	D	.	
Lack	A	.	.	.	.	
Lampen	.	.	C	.	.	s. Teil II. 4a.
Lampenzylinder	.	.	C	.	.	
Lampendochte	A	B	C	.	.	
Lampenschirme[15] (nicht Lampenschleier aus Seide oder sonstigen Stoffen)	.	.	C	D	.	
Lampenschirmhalter	.	.	C	D	.	
Lampenschleier aus Seide oder anderen Stoffen mit und ohne Drahtgestell)	.	B	.	.	.	s. Teil II. 3a.
Laternen (auch sog. Sturmlampen)	.	.	C	.	.	s. Teil II. 4a.
Laubsägeholz	.	.	.	.	frei	
Laubsägevorlagen	.	.	.	.	frei	
Lederbettlaken	.	B	.	.	.	

[13]) Von Wäschegeschäften auch in Gruppe B.
[14]) Wie bei Krawattenhalter.
[15]) Mit Metallständern nur in D.

Bezeichnung der Ware	Gruppen A	B	C	D	Gruppenfrei	Bemerkungen (Hinweise auf die in Teil II festgestellten Herkommen und Gebräuche)
Lederbrustbeutel	.	B	.	D	.	
Lederkissen	.	B	.	.	.	
Ledermatten (Fußbodenbelag)	.	B	C	.	.	
Lederschürzen	.	B	.	.	.	
Leibbinden (einfache, nicht medizinische Apparate)	.	B	.	.	.	
Leibwärmer von Metall oder Gummi	.	.	C	D	.	s. Teil II. 2a.
Leim	A	.	.	.	.	
Leinenband	.	B	.	.	.	
Lichte	A	.	.	.	.	
Liegestühle (einfache, nicht medizinische Apparate)	.	B	C	.	.	
Lincrusta	.	B	C	.	.	
Linoleum	.	B	C	.	.	
Linoleumauffrischungstinktur	A	.	.	.	.	s. Teil II. 2a.
Linoleumseife	A	.	.	.	.	s. Teil II. 2a.
Litzen	.	B	.	.	.	
*Loofahschwämme, in Berlin	A	.	.	.	.	
Lockenwickel	.	B	.	D	.	
Löffel	.	.	C	.	.	
Löscher	.	.	.	D	.	s. Teil II. 2a.
Luftkissen (Kissen zum Aufblasen)	.	B	.	D	.	
Luftreinigungslampen und -apparate	.	.	C	D	.	s. Teil II. 1a.
Märchenbücher	.	.	.	D	.	
Mais, Maisschrot	.	.	.	.	frei	
Manilahanf (s. Polsterartikel).						
Manschetten	.	B	.	.	.	
Manschettenkasten[16])	.	.	.	D	.	s. Teil II. 2a.
Manschettenknöpfe (s. Knöpfe).						
Marktkörbe	.	.	C	.	.	
Markttaschen	.	.	C	.	.	
solche aus gewebten, gestrickten und gewalkten Stoffen und Marktnetze, auch wenn die Henkel oder Griffe aus anderem Material gearbeitet sind	.	B	C	.	.	
Marmorschmucksachen	.	.	.	D	.	
Masken	.	.	.	D	.	s. Teil II. 2b.
aus gewebten Stoffen auch	.	B	.	.	.	
Matten	.	B	C	.	.	
Medizinische Instrumente und Apparate	.	.	.	D	.	
Medizinische Seife	A	.	.	.	.	s. Teil II. 4a.
Mehl	A	.	.	.	.	
Menagen	.	.	C	.	.	s. Teil II. 4a.
Messerputzsteine	A	.	C	.	.	

[16]) Wie bei Kragenkasten.

Bezeichnung der Ware	Gruppen A	B	C	D	Gruppenfrei	Bemerkungeu (Hinweise auf die in Teil II festgestellten Herkommen und Gebräuche)
Metallanker für Bekleidungsgegenstände	.	B	.	D	.	
Metallsterne für Bekleidungsgegenstände	.	B	.	D	.	
Metallbügel[17]) zum Aufhängen von Kleidungsstücken	.	.	C	.	.	s. Teil II. 2a.
Miederketten[17])	.	.	.	D	.	s. Teil II. 2a.
Milchflaschen	.	.	C	.	.	
Militärabzeichen	.	B	.	D	.	
*Militärvereinsabzeichen, in Berlin	.	.	.	D	.	
Militärkoppeln	.	.	.	D	.	
Möbelausklopfer	.	.	C	.	.	
Möbelbeize	A	.	.	.	.	s. Teil II. 2a.
Monogrammschablonen	.	.	.	D	.	
Moosschweißblätter und Moosschweißsohlen	.	B	.	.	.	
Moosunterlagen unter Sättel und Geschirre	.	.	.	D	.	
Mostrich (auch in Porzellanbüchsen oder Gläsern)	A	.	.	.	.	
*Mottenbeutel (Mottenkisten frei)	.	B	.	.	.	
Muffenketten[17])	.	.	.	D	.	s. Teil II. 2a.
Mundwasser	A	.	.	.	.	
Musikmappen	.	.	.	D	.	
Musikständer	.	B	C	.	.	s. Teil II. 2a.
Muskelstärker	.	.	.	D	.	
Nachtlampen	.	.	C	.	.	s. Teil II. 2a.
Nadelkissen	.	B	.	D	.	s. Teil II. 1a.
Nähgarn	.	B	.	.	.	
Nähkasten mit Nähmaterialien der Gruppe B	.	B	.	D	.	
Nähmaschinen[18])	.	.	.	D	.	s. Teil II. 2b.
Nähnadeln	.	B	.	.	.	
Nähnadeldosen[19])	.	.	.	D	.	s. Teil II. 2a.
Nähtische	.	B	C	.	.	s. Teil II. 4a.
Nagelbürsten (s. Bürsten).						
Nagelmesser	.	.	.	D	.	s. Teil II. 1a.
Nagelpfleger-Toiletten	.	.	.	D	.	s. Teil II. 1a.
Nagelscheren	.	.	.	D	.	s. Teil II. 1a.
Nasen (s. Masken).						
Nippes[20])	.	.	.	D	.	s. Teil II. 3a.
Notizblocks[21])	.	.	.	D	.	s. Teil II. 2a.
Notizbücher	.	.	.	D	.	
Öl (auch Maschinenöl, Haaröl)	A	.	.	.	.	
Ofenbänke	.	B	C	.	.	s. Teil II. 4a.
Ofenglanz	A	.	.	.	.	

[17]) Auch von Bekleidungsgeschäften.
[18]) Auch von Manufakturwarengeschäften in Marienwerder.
[19]) Auch von Nähmaterialienhandlungen.
[20]) S. Teil II, 3. a) 5. S. 164.
[21]) Auch von Tapisseriegeschäften.

Bezeichnung der Ware	Gruppen A	B	C	D	Gruppenfrei	Bemerkungen (Hinweise auf die in Teil II festgestellten Herkommen und Gebräuche)
Ofenschirme	.	B	C	.	.	s. Teil II. 4a.
Ohrgehänge (Karnevalartikel)[22]	.	.	.	D	.	s. Teil II. 2a. u. b.
Ohrringe[23]	.	.	.	D	.	s. Teil II. 2a.
Operationsstühle (s. Untersuchungsstühle).						
Operngläser	.	.	.	D	.	
Packpapier	.	.	.	D	.	
Pallasche[24]	.	.	.	D	.	s. Teil II. 2a.
Palmen (s. Dekorationspalmen).						
Paneelbretter	.	B	C	.	.	s. Teil II. 4a.
Pantoffeln (auch Holzpantoffeln, Filzpantoffeln)	.	B	.	.	.	
*Papier in Kaffeetrichtern, in Berlin	.	.	C	.	.	
Papierkörbe	.	B	C	.	.	s. Teil II. 4a.
Papierwäsche	.	B	.	D	.	
Pappe, mit Ausnahme von Dachpappe, Isolierpappe und dgl., welche als Baumaterial frei sind	.	.	.	D	.	
Pappkartons (s. Emballagen).						
Parfümerien	A	.	.	.	.	
Patronen	.	.	.	D	.	s. Teil II. 3a.
Patronenhülsen	.	.	.	D	.	s. Teil II. 3a.
Peitschen	.	.	.	D	.	s. Teil II. 2b.
Pelerinen	.	B	.	.	.	
Pergamentpapier	.	.	.	D	.	
Perlen (unechte aller Art)	.	B	.	D	.	
Petroleum	A	.	.	.	.	s. Teil II. 3b.
Pfeffermühlen	.	.	C	.	.	
Pferdebandagen	.	.	.	D	.	
aus gewebten Stoffen auch	.	B	.	.	.	
Pferdedecken	.	.	.	D	.	
aus gewebten, gestrickten, gewalkten oder gestickten Stoffen auch	.	B	.	.	.	
Phonographen	.	.	.	D	.	
Photographien	.	.	.	D	.	
Photographierahmen	.	.	.	D	.	s. Teil II. 2a.
Photographieständer	.	.	.	D	.	
Piedestale	.	B	C	.	.	s. Teil II. 4a.
Pinsel aller Art	.	.	.	D	.	
wenn Hausgerät (z. B. Staubpinsel) auch	.	.	C	.	.	
Pinsel gröbster Art auch	A	.	.	.	.	
Pioniersohlenmasse (Mittel zum Imprägnieren von Stiefelsohlen)	.	.	.	.	frei	
Plättbretter	.	.	C	.	.	

22) S. diese.
23) S. Miederketten.
24) S. Degen.

Bezeichnung der Ware	Gruppen				Gruppenfrei	Bemerkungen (Hinweise auf die in Teil II festgestellten Herkommen und Gebräuche)
	A	B	C	D		
Plätteisen	.	.	C	.	.	
Plaids	.	B	.	.	.	
Plaidhüllen	.	.	.	D	.	s. Teil II. 2a.
aus gewebten Stoffen auch	.	B	.	.	.	
Plaidriemen	.	.	.	D	.	s. Teil II. 2a.
Plaidtaschen	.	.	.	D	.	s. Teil II. 2a.
Plombierzangen zum Festdrücken von Verschlußplomben	.	.	.	.	frei	
Polierhandschuhe	.	.	C	.	.	
Polospielgeräte	.	.	.	D	.	s. Teil II. 2b.
Polsterartikel, wie Roßhaare, Roßhaargras, Holzwolle, Manilahanf, Sprungfedern	.	.	.	.	frei	
Pomaden	A	.	.	.	.	
Pompadours	.	B	.	D	.	
Portemonnaies	.	.	.	D	.	
Portepees	.	.	.	D	.	
Porzellankitt	A	.	.	.	.	
Posthörner	.	.	.	D	.	s. Teil II. 2a.
Proviantbüchsen aus Aluminium, soweit es sich um Sportartikel handelt	.	.	C	D	.	
Puderquasten	.	.	.	D	.	
Puppen (gekleidete und ungekleidete). Wollpuppen (s. diese).	.	.	.	D	.	
Puppenbetten[25])	.	.	.	D	.	
Puppenhüte[25]) (garnierte und ungarnierte)	.	.	.	D	.	
Puppenmöbel[25])	.	.	.	D	.	
Puppenschaukeln[25])	.	.	.	D	.	
Puppenteile	.	.	.	D	.	
Puppentragemäntel[25])	.	.	.	D	.	
Puppenwagen	.	.	.	D	.	
Puppenwiegen[25])	.	.	.	D	.	
Putzpasta	A	.	.	.	.	
Putzpomade	A	.	.	.	.	
Putzwolle	A	.	C	.	.	
Radiergummi	.	.	.	D	.	
Radiermesser	.	.	.	D	.	
Rasiermesser	.	.	.	D	.	s. Teil II. 1a.
Rasierpinsel	.	.	.	D	.	s. Teil II. 1a.
Rauchservice	A	.	.	D	.	s. Teil II. 3a.
*Rauchutensilien als Hausgeräte	A	.	C	.	.	
Rehposten	.	.	.	D	.	
Reisebestecks	.	.	C	D	.	
Reisebutterdosen in Umhüllung	.	.	C	D	.	
Reisedecken	.	B	.	.	.	s. Teil II. 4a.
Reisedosen in Umhüllung	.	.	C	D	.	s. Teil II. 1a.

[25]) Daß diese nicht auch in Gruppe B fallen, erscheint nicht gerechtfertigt.

Bezeichnung der Ware	Gruppen A	B	C	D	Gruppenfrei	Bemerkungen (Hinweise auf die in Teil II festgestellten Herkommen und Gebräuche)
Reiseflaschen in Umhüllung (auch Jagd- und Touristenflaschen)	.	.	C	D	.	s. Teil II. 1 a.
Reisehandtaschen	.	.	.	D	.	
Reisehutschachteln	.	.	.	D	.	
Reisekissen, Reisepuffs, Reiseschlummerrollen	.	B	.	.	.	s. Teil II. 4 a.
Reise- und Feldkocher, soweit es sich um Sportartikel handelt	.	.	C	D	.	
Reisekörbe	.	.	.	D	.	
Reisekoffer (auch Handkoffer, Handtaschen)	.	.	.	D	.	
Reiselaternen	.	.	C	D	.	
Reisemützen	.	B	.	.	.	s. Teil II. 4 a.
Reisenecessaires	.	.	.	D	.	
Reisepantoffeln	.	B	.	.	.	s. Teil II. 4 a.
Reiserasierkasten mit Einrichtung	.	.	.	D	.	s. Teil II. 3a 3.
Reiserollen für Waschzeug	.	.	.	D	.	
Reiserollen für Waschzeuge aus gewebten Stoffen auch	.	B	.	.	.	
Reisetaschen (auch Kuriertäschchen mit Riemen zum Umhängen)	.	.	.	D	.	
Reisetrinkbecher in Umhüllung	.	.	C	D	.	
Reißzeuge	.	.	.	D	.	
Reißzwecken	.	.	.	.	frei	
Reitschabracken	.	.	.	D	.	
aus gewebten Stoffen auch	.	B	.	.	.	
Rennwölfe	.	.	.	D	.	s. Teil II. 2 b.
Rettungsanzüge	.	B	.	.	.	
Revolver	.	.	.	D	.	s. Teil II. 3 a.
Revolverpatronen	.	.	.	D	.	s. Teil II. 3 a.
Rohrdecken	.	B	C	.	.	
Rollschutzwände	.	B	C	.	.	
Rostfleckwasser (s. Fleckstifte).						
Roßhaare, Roßhaargras (s. Polsterartikel).						
Rucksäcke	.	.	.	D	.	s. Teil II. 2 b.
aus gewebten Stoffen[26]) auch	.	B	.	.	.	
Rucksackstützen	.	.	.	D	.	s. Teil II. 2 b.
Ruhestühle	.	B	C	.	.	
Säbel[27])	.	.	.	D	.	
Säcke (s. Emballagen)[28]).						
Salonfliegenfänger	A	.	.	.	.	
Salontischchen	.	B	C	.	.	s. Teil II. 4 a.
Sättel	.	.	.	D	.	s. Teil II. 2 a.
Satteldecken	.	.	.	D	.	
Satteldecken aus gewebten Stoffen auch	.	B	.	.	.	

[26]) Auch mit Gummieinlage.
[27]) S. Degen.
[28]) Frei.

Bezeichnung der Ware	Gruppen A	B	C	D	Gruppenfrei	Bemerkungen (Hinweise auf die in Teil II festgestellten Herkommen und Gebräuche)
Saucieren	.		.	.	.	s. Teil II. 4a.
Säulen	.	B	C	.	.	s. Teil II. 4a.
Schablonen von Metall	.	.	C	.	.	s. Teil II. 2a.
Schablonenkästchen mit Nähmaterialien und	.	.	.	D	.	
Näh- und Stickutensilien	.	B	.	D	.	
*Schanzzeug, Spaten u. Beile, in Berlin	.	.	.	.	frei	
Scheren	.	.	C	.	.	
(Scheren können auch dann nicht der Gruppe B zugerechnet werden, wenn es sich um Stick- und Schneiderscheren handelt.)						
Scherenketten 29)	.	.	.	D	.	s. Teil II. 2a.
Schiefertafeln	.	.	.	D	.	s. Teil II. 3a.
Schinkenmesser (Hausgerät)	.	.	C	.	.	
Schirme	.	B	.	D	.	
Schirmhüllen	.	.	.	D	.	s. Teil II. 2a.
aus gewebten Stoffen auch	.	B			.	
Schirmständer	.	B	C	.	.	s. Teil II. 4a.
Schlafdecken	.	B	.	.	.	
Schlipse	.	B	.	.	.	
Schlittschuhe	.	.	.	D	.	
Schlundrohre	.	.	.	D	.	
Schlüsselbretter	.	.	C	.	.	s. Teil II. 2a.
Schlüsseletuis	.	.	.	D	.	s. Teil II. 2a.
Schlüsselkörbe	.	.	C	.	.	s. Teil II. 2a.
Schmirgelleinen	A	.	C	.	.	
Schneeschuhe	.	.	.	D	.	s. Teil II. 2b.
Schnittmuster aus Papier für Kleidungsstücke						
und Schnittmusterkataloge	.	B	.	D	.	
Schnürbänder	.	B	.	.	.	
Schokolade	A	.	.	.	.	
Schreibfedern	.	.	.	D	.	
Schreibgarnituren 30)	.	.	.	D	.	s. Teil II. 2a.
Schreibmappen 30)	.	.	.	D	.	s. Teil II. 2a.
Schreibmaschinen	.	.	.	D	.	s. Teil II. 2a.
Schreibpapier	.	.	.	D	.	
Schreibunterlagen 30)	.	.	.	D	.	s. Teil II. 2a.
Schreibzeuge 30)	.	.	.	D	.	s. Teil II. 2a.
Schrot	.	.	.	D	.	
Schuhanzieher (Schuhlöffel)	.	.	.	D	.	s. Teil II. 1a. u. 2a.
Schuhchevrolin 31)	A	.	.	.	.	s. Teil II. 2a.
Schuhe	.	B	.	.	.	
Schuhcreme 31)	A	.	.	.	.	s. Teil II. 2a.

29) Auch von Nähmaterialgeschäften.
30) Auch von Tapisseriegeschäften.

Bezeichnung der Ware	Gruppen A	B	C	D	Gruppenfrei	Bemerkungen (Hinweise auf die in Teil II festgestellten Herkommen und Gebräuche)
Schuhknöpfer[31])	.	.	.	D	.	s. Teil II. 1a. u. 2a.
Schuhlack[31])	A	.	.	.	.	s. Teil II. 2a.
Schuhleisten[31])	.	.	C	.	.	s. Teil II. 2a.
Schuhwichse[31])	A	.	.	.	.	s. Teil II. 2a.
Schulhefte	.	.	.	D	.	
Schulmappen	.	.	.	D	.	
Schultafeln	.	.	.	D	.	
Schultaschen	.	.	.	D	.	
Schultornister	.	.	.	D	.	
Schutzbrillen	.	.	.	D	.	s. Teil II. 2b.
*Schutzkappen gegen Sonnenglut, gewebte, in Berlin	.	B	.	.	.	
Schwämme	A	.	C	.	.	
Schwammkörbe	.	.	C	D	.	s. Teil II. 1a.
Schwammnetze	.	.	C	D	.	s. Teil II. 1a.
Schweißschutzblätter für Taillen	.	B	.	.	.	
Schwungkeulen	.	.	.	D	.	s. Teil II. 2a.
Sehnenschoner für Pferde	.	.	.	D	.	
Seide	.	B	.	.	.	
Seife	A	.	.	.	.	
Seifenpulver	A	.	.	.	.	
Sensen	.	.	.	.	frei	
Sensensteine	.	.	.	.	frei	
Service und Tassen	.	.	C	.	.	
Servierbretter	.	.	C	.	.	s. Teil II. 4a.
Serviettenringe	.	.	C	.	.	s. Teil II. 4a.
Skatblocks[30])	.	.	.	D	.	s. Teil II. 2a.
Soxhletapparate[32])	.	.	.	D	.	s. Teil II. 2a.
Spangen	.	.	.	D	.	
Spanisch Rohr	.	.	.	.	frei	
Spanische Wände	.	B	C	.	.	
Speiseformen	.	.	C	.	.	s. Teil II. 4a.
Spiegel						
Steh- und Wandspiegel	.	B	C	.	.	
Spiegel, die Galanteriewaren[33])	.	.	.	D	.	
Spielkarten	.	.	.	D	.	s. Teil II. 1a.
Spielmarken	.	.	.	D	.	s. Teil II. 3a.
Spiritusglühstrümpfe	.	.	C	D	.	
Spirituskochapparate	.	.	C	.	.	
Spitzen von Garn, Zwirn	.	B	.	.	.	
Sportartikel zu Sportspielen	.	.	.	D	.	s. Teil II. 2b.

[31]) Auch von Schuhwarengeschäften.
[32]) Auch von Kinderausstattungsspezialgeschäften.
[33]) Toilettespiegel auch von Drogerien.

Bezeichnung der Ware	Gruppen A	B	C	D	Gruppenfrei	Bemerkungen (Hinweise auf die in Teil II festgestellten Herkommen und Gebräuche)
Sportbekleidungsgegenstände, als:						
Sportgamaschen	.	B	.	D	.	
Sporthemden	.	B	.	D	.	
Sporthosen	.	B	.	D	.	
Sportmützen	.	B	.	D	.	
Sportstrümpfe	.	B	.	D	.	
Sweaters	.	B	.	D	.	
Schlafsäcke für Ruderer	.	B	.	D	.	
Sportschlitten[34])	.	.	.	D	.	s. Teil II. 2b.
Sportwagen für Kinder, welche ausschließlich oder in der Hauptsache für Sport oder Spiel der Kinder bestimmt sind (s. auch Kinderwagen)	.	.	.	D	.	
Sprungfedern (s. Polsterartikel).						
Stabjalousien	.	.	.	.	frei	
Ständer	.	B	C	.	.	s. Teil II. 4a.
Stärke	A	.	.	.	.	s. Teil II. 2b.
Stärkebeutel	.	B	C	.	.	
Stärketuchhalter	.	.	C	.	.	
Stahlfedern	.	.	.	D	.	
Standuhren (s. Uhren[35]).						
Staubkämme (s. Kämme).						
Stecknadeln	.	B	.	.	.	
Steigeisen	.	.	.	D	.	s. Teil II. 2b.
Steinbaukasten	.	.	.	D	.	s. Teil II. 3a.
Steppdecken	.	B	.	.	.	
Stickmusterbücher	.	B	.	D	.	
Stickmustervorlagen	.	B	.	D	.	
Stickrahmen	.	.	C	.	.	s. Teil II. 2a.
Stickwolle (s. Wolle).						
Stiefelblöcke, Stiefelfassonhalter (s. Schuhleisten).						
Stiefelleder (Oberleder, Sohlenleder)	.	.	.	.	frei	
Stöcke (Spazierstöcke)	.	B	.	D	.	
Stoffe für Konfektion	.	B	.	.	.	
Stopfeier	.	.	C	D	.	s. Teil II. 2a.
Stopfnadeln	.	B	.	.	.	
Stopfpilze	.	.	C	D	.	s. Teil II. 2a.
Streichhölzer	.	.	.	.	frei	
Streichkappen für Pferde	.	.	.	D	.	
Streichriemen	.	.	.	D	.	s. Teil II. 1a.
Strickwolle (s. Wolle).						
Striegel	.	.	.	D	.	
Strohkissen	.	B	.	.	.	

[34]) Auch von Sportbekleidungsgeschäften.
[35]) Unter B und C.

Bezeichnung der Ware	Gruppen A	B	C	D	Gruppenfrei	Bemerkungen (Hinweise auf die in Teil II festgestellten Herkommen und Gebräuche)
Strumpfbänder	.	B	.	.	.	
Sweaters (s. Sportbekleidungsgegenstände).						
Syndetikon	A	.	.	D	.	
Tabakpfeifen	A	.	.	D	.	
Tabletts	.	.	C	.	.	s. Teil II. 4a.
Tapeten aller Art	.	.	.	D	.	s. Teil II. 2a.
aus gewebten Stoffen auch	.	B	C	D	.	
Taschenbürsten	.	.	.	D	.	
Taschenkämme	.	.	.	D	.	
Taschenmesser	.	.	.	D	.	
Taschenmesseretuis[36])	.	.	.	D	.	s. Teil II. 2a.
Taschenscheren	.	.	.	D	.	
Taschenspiegel	.	.	.	D	.	
Taschentuschkasten[37])	.	.	.	D	.	s. Teil II. 2a.
Tassen (s. Service).						
Taufbecken (s. Kirchengerätschaften).						
Taufkannen (s. Kirchengerätschaften).						
Teegläser mit und ohne Glashalter	.	.	C	.	.	
Teekannen	.	.	C	.	.	
Teekesselständer mit Kessel	.	.	C	.	.	s. Teil II. 4a.
Teelöffelkörbe	.	.	C	.	.	s. Teil II. 2a.
Teemaschinen	.	.	C	.	.	s. Teil II. 4a.
Teer	.	.	.	.	frei	
Tennisspielgeräte[38])	.	.	.	D	.	s. Teil II. 2b.
Teppiche	.	B	C	.	.	
Teppichkehrmaschinen	.	.	C	.	.	
Terzerole	.	.	.	D	.	s. Teil II. 3a.
Thermometer	.	.	.	D	.	s. Teil II. 3a.
Tinte	A	.	.	D	.	
Tintenfässer	.	.	.	D	.	
Tintenflaschen	.	.	.	D	.	
Tintenwischer	.	.	.	D	.	
Tischbestecke	.	.	C	.	.	
Tischmesser	.	.	C	.	.	
Toilettenkasten	.	.	.	D	.	
Toilettenkörbe (d. h. Körbe zum Aufbewahren von Toilettentüchern)	.	.	C	.	.	
Toilette- (Klosett-) Papier[39])	.	.	.	D	.	s. Teil II. 1a.
*Topfreiniger	A	.	C	.	.	
Touristenflaschen (s. Reiseflaschen).						
Touristentaschen	.	.	.	D	.	
aus gewebten Stoffen auch	.	B	.	.	.	

[36]) Auch von Tapisseriewarengeschäften.
[37]) Auch von Wäschegeschäften.
[38]) Auch von Sportbekleidungsgeschäften.
[39]) Auch von Drogengeschäften.

Bezeichnung der Ware	Gruppen A	B	C	D	Gruppenfrei	Bemerkungen (Hinweise auf die in Teil II festgestellten Herkommen und Gebräuche)
*Tränkeimer, gewebte, in Berlin	.	B	.	.	.	
Trensen	.	.	.	D	.	s. Teil II. 3a.
Treppenläufer	.	B	C	.	.	
Treppenschienen	.	B	C	.	.	
Treppenstangen	.	B	C	.	.	
Tressen	.	B	.	.	.	
Trinkbecher, zusammenlegbare, soweit es sich um Sportartikel handelt	.	.	C	D	.	
Trokare	.	.	.	D	.	
Truhen	.	B	C	.	.	
Tuchnadeln[40])	.	.	.	D	.	s. Teil II. 2a.
Turnapparate	.	.	.	D	.	s. Teil II. 3a.
Tusche	A	.	.	D	.	
Tuschnäpfe	A	.	.	D	.	
Tüten	.	.	.	D	.	
Uhren aller Art	.	.	.	D	.	s. Teil II. 3a.
Standuhren mit Gehäuse zum Aufstellen auf den Fußboden des Zimmers auch	.	B	C	.	.	
Uhrbänder und Uhrschnüre, auch mit unechten Metallteilen	.	B	.	D	.	
Uhrhalter[41])	.	.	.	D	.	s. Teil II. 2a.
Uhrketten[40])	.	.	.	D	.	s. Teil II. 2a.
Untersuchungsstühle, Operationsstühle, Krankenfahrstühle	.	.	.	D	.	
Vasen (Dekorationsstücke)	.	.	.	D	.	s. Teil II. 3a.
Vasiline	A	.	.	.	.	
Velocipede (s. Fahrräder).						
Verbandstoffe und Binden aller Art aus Watte, Jute, Mull, Gaze usw., sowie resorbierbares und nicht resorbierbares Nähmaterial	.	B	.	D	.	
Viehsalz	.	.	.	.	frei	
Visitenkartentaschen	.	.	.	D	.	s. Teil II. 2a.
Vogelbauer	.	.	C	D	.	
Vorhemdknöpfe (s. Knöpfe).						
Wagen aller Art	.	.	.	D	.	
Wagen, soweit Hausgerät auch	.	.	C	.	.	
Wachstuchschürzen	.	B	.	.	.	
Wärmeteller	.	.	.	D	.	
Wärmeteller aus Fayence mit Metalluntersatz	.	.	C	.	.	

[40]) S. Kleiderraffer.

[41]) Auch von Tapisseriegeschäften.

Bezeichnung der Ware	Gruppen A	B	C	D	Gruppenfrei	Bemerkungen (Hinweise auf die in Teil II festgestellten Herkommen und Gebräuche)
Wandkalender von Papier oder Pappe	.	.	.	D	.	
Wandteller [42])	.	.	.	D	.	s. Teil II. 3a.
Waschblau	A	.	.	.	.	s. Teil II. 2b.
Waschbretter	.	.	C	.	.	
Wascheinrichtungen, an der Wand anzubringende	.	.	C	.	.	s. Teil II. 4a.
Waschgarnituren, sofern es sich nicht um Kunst- und Luxuswaren handelt	.	.	C	.	.	
Waschkörbe	.	.	C	.	.	
Waschtische	.	B	C	.	.	
Wäscheleinen	.	.	C	.	.	
Wäscheversandbeutel (Reisewäschebeutel)	.	.	.	D	.	
aus gewebten Stoffen auch	.	B	.	.	.	
Weckeruhren (s. Uhren).						
Weinkühler	.	.	C	.	.	s. Teil II. 4a.
Weinservice	.	.	C	.	.	s. Teil II. 4a.
Wetzstähle (Hausgerät)	.	.	C	.	.	
Wickelkomoden	.	B	C	.	.	
Wiegemesser (Hausgerät)	.	.	C	.	.	
Windelständer (Windeltrockenständer)	.	B	C	.	.	
Wohltätigkeitsmarken	.	.	.	.	frei	
Wolle (Strickwolle, Stickwolle usw.)	.	B	.	.	.	
Wollpuppen	.	B	.	D	.	
Wollseife [43])	A	.	.	.	.	s. Teil II. 2a.
Wolltiere	.	B	.	D	.	
Würfel	.	.	.	D	.	
Würfelbecher	.	.	.	D	.	
Wurstmesser (Hausgerät)	.	.	C	.	.	
Wurstwaren	A	.	.	.	.	
Zahnbürsten (s. Bürsten).						
Zahnpulver	A	.	.	.	.	
Zahnstocher	.	.	.	.	frei	
Zaumzeug	.	.	.	D	.	
Zeichenkreide	A	.	.	D	.	
Zeitungsständer	.	B	C	.	.	s. Teil II. 4a.
Zelte [44])	.	.	C	D	.	
Zement	.	.	.	.	frei	
Zentimetermaße, aufgerollte [45])	.	.	.	D	.	s. Teil II. 2a.
Zigarrenetuis [46])	A	.	.	D	.	s. Teil II. 2a.

[42]) Auch von Porzellangeschäften.
[43]) Auch von Textilwarengeschäften.
[44]) Aus Leinewand ev. auch unter B. Aber noch nicht entschieden.
[45]) Auch von Nähmaterialienhandlungen.
[46]) Auch von Tapisseriegeschäften.

Bezeichnung der Ware	Gruppen A	B	C	D	Gruppenfrei	Bemerkungen (Hinweise auf die in Teil II festgestellten Herkommen und Gebräuche)
Zigarrenscheren	A	.	.	D	.	
Zigarrenspitzen	A	.	.	D	.	
Zigarrentaschen	A	.	.	D	.	
Zigarrentische	A	B	C	.	.	s. Teil II. 4a.
Zigarrenwandschränkchen	A	B	C	.	.	s. Teil II. 4a.
*Zimmerfontaine, in Berlin	.	.	C	D	.	
Zimmerrudermaschinen	.	.	.	D	.	
Zimmerturnapparate	.	.	.	D	.	
Zündhütchen	.	.	.	D	.	s. Teil II. 3a.
Zwirn	.	B	.	.	.	

Teil II.

Festgestellte Herkommen und Gebräuche.

(§ 6 Absatz 4 des Gesetzes.)

Vorbemerkung: Spezialgeschäfte im Sinne der folgenden Entscheidungen sind Geschäfte[47]), welche die angegebenen Waren ausschließlich oder wenigstens als Grundstock führen.

1. Zu Gruppe A.

a) Allgemeine Herkommen und Gebräuche.

1. **Der Handel mit Kaffee** (A) erstreckt sich auf: Kaffeefiltrierpapier.

2. **Spezialgeschäfte für Kaffee, Zucker, Tee, Kakao** führen neben diesen Waren (A): sogenannte Karlsbader Kaffeeaufgußtrichter und dekorierte Blechdosen für Tee und Kaffee, *ferner Kaffee- und Teeaufgußmaschinen.

3. **Spezialgeschäfte für Drogen- und Parfümeriewaren** führen neben diesen Waren (A) Toiletteartikel anderer Gruppen als: **Brennmaschinen, Brennscheren, Bürsten aller Art, Frottierartikel aus Roßhaaren, Haarnetze, Handschuhdehner, Handschuhknöpfer, Kämme aller Art, Luftreinigungslampen und -apparate, Nadelkissen, Nagelmesser, Nagelscheren, Nageltoiletten, Rasiermesser, Rasierpinsel, Reisedosen in Etuis oder Umhüllung, Reiseflaschen in Etuis oder Umhüllung, Schuhanzieher, Schuhknöpfer, Schwammkörbe, Schwammnetze, Streichriemen, Toilette- (Klosett-) Papier, Toilettespiegel (Handspiegel), ferner Christbaumschmuck.**

4. **Spezialgeschäfte für Material- und Kolonialwaren** führen neben diesen Waren (A): Spielkarten.

[47]) Also nicht „Kaufhäuser“, die viele Branchen führen. Ob diese Beschränkung auf reine Spezialgeschäfte aber rechtlich begründet ist, erscheint zweifelhaft.

b) Örtliche Herkommen und Gebräuche.

(Bestehen nicht.)

2. Zu Gruppe B.

a) Allgemeine Herkommen und Gebräuche:

1. **Der Handel mit Bekleidungsgegenständen** (B) erstreckt sich auf: Bügel von Holz und Metall zum Aufhängen von Kleidungsstücken, Hosenstrecker.

2. **Der Handel mit Posamentierwaren, Schnitt-, Mode-, Manufakturwaren, Bekleidungsgegenständen**[48]) (B) erstreckt sich auf folgende Waren anderer Gruppen, sofern dieselben nicht aus Gold, Silber oder unter Verwendung von Juwelen gefertigt sind: Armbänder, Armketten, Boahalter, Broschen, Diademe, Fächerhalter, Fingerringe, Haarpfeile, Halsketten, Hutnadeln, Kleiderraffer, metallene, Krawattenhalter, Krawattennadeln, Miederketten, Muffenketten, Ohrgehänge, Ohrringe, Tuchnadeln, Uhrketten.

3. **Der Handel mit Gardinen** (B und C) erstreckt sich auf: Gardinenspanner.

4. **Der Handel mit Handschuhen** (B) erstreckt sich auf: Handschuhdehner (Handschuhweiter), Handschuhknöpfer, Handschuhkasten einfacher Art, Spezialitäten für Reinigung und Auffrischung der Handschuhe (sogen. Handschuhreiniger).

5. **Der Handel mit Hüten** (B) erstreckt sich auf: Hutbürsten aller Art, Hutschachteln, Spezialitäten für Reinigung und Auffrischung der Hüte (z. B. Hutglanz).

6. **Der Handel mit Kragen** (B) erstreckt sich auf: Kragenkasten einfacher Art.

7. **Der Handel mit Krawatten** (B) erstreckt sich auf: Krawattenkasten einfacher Art.

8. **Der Handel mit Linoleum** (B und C) erstreckt sich auf Spezialitäten zur Reinigung und Auffrischung des Linoleums, als: Linoleumauffrischungstinktur, Linoleumseife.

9. **Der Handel mit Manschetten** (B) erstreckt sich auf: Manschettenkasten einfacher Art.

10. **Der Handel mit Möbeln**[49]) (B und C) erstreckt sich auf: Möbelbeize.

11. **Der Handel mit Nähmaterialien der Gruppe** B[50]) erstreckt sich auf Näh- und Stickutensilien anderer Gruppen als: Aufgerollte Zentimetermaße, Bügel für Häkelarbeiten, Kopierräder, Fingerhüte, Nähnadeldosen, Schablonen von Metall, Scherenketten, Schneiderkreide, Stickrahmen, Stopfeier, Stopfpilze.

12. **Der Handel mit Plaids** (B) erstreckt sich auf: Plaidhüllen, Plaidriemen, Plaidtaschen.

---

[48]) D. h also in Kaufhäusern. Dies bildet sonach eine Ausnahme.

[49]) Möbelausstattungsgeschäfte bzw. Möbelkunstwerkstätten dürfen ev. auch Kunstwaren mitverkaufen, vgl. Anm. 8 zu § 6.

[50]) Also in Kurzwaren und Posamentierwarengeschäften.

13. **Der Handel mit Schirmen** (B und D) erstreckt sich auf: Schirmhüllen aller Art.

14. **Der Handel mit Schuhwaren** (B) erstreckt sich auf: Schuhanzieher (Schuhlöffel), Schuhknöpfer, Schuhbürsten aller Art, Schuhchevroline, Schuhkreme, Schuhlack, Schuhwichse, Schuhleisten.

15. **Der Handel mit Taschentüchern** (B) erstreckt sich auf: Taschentuchkasten einfacher Art.

16. **Der Handel mit Textilwaren** (B ev. auch C) erstreckt sich auf: Spezialseifen zum Waschen der betreffenden Ware, z. B. der Handel mit Wollwaren (B) auf Wollseife. Spezialitäten zum Reinigen der betreffenden Ware.

17. **Der Handel mit bunt bemalten Waschtischen**[51]) (B und C) erstreckt sich auf: buntes dem Muster entsprechendes Waschgeschirr[51]).

18. **Kinderausstattungsspezialgeschäfte** führen neben Bekleidungsgegenständen für Kinder (B) zur Pflege kleiner Kinder dienende Waren anderer Gruppen als: Babyhandtaschen aus Gummituch mit Einteilung für Milchflaschen, Babytoiletts bestehend aus einem Etui mit Puderquaste, Bürste und Kamm, Babybeißringe, Babyseifen, Babywagen, Babynachtlampen, Gummisauger, Gummispritzen, Kinderbadewannen, Kindereßservice, Leibwärmer von Metall oder Gummi, Schwämme, Soxlethapparate sowie deren einzelne Teile, Thermometer, Wärmeteller, dagegen nicht: Spielgeräte.

19. **Spezialgeschäfte für Bureaueinrichtungen** (B und C) führen auch: Schreibmaschinen.

20. **Spezialgeschäfte für Möbel und Möbelstoffe** (B und C) liefern: Tapeten aller Art nach vorgelegten Mustern oder Proben, jedoch nur zugleich mit der Lieferung von Zimmereinrichtungen.

21. **Spezialgeschäfte für Tapisseriewaren** führen neben Tapisseriewaren der Gruppe B Waren anderer Gruppen, welche mit Stickereien garniert zu werden pflegen, sofern dieselben mit Stickereien oder mit Vorrichtungen (z. B. Vorzeichnungen) zum Besticken versehen sind, z. B.: Briefbeschwerer, Briefmappen, Brieftaschen, Bürstenkörbe, Flaschenkörbe, Löscher, Notizblocks, Photographierahmen, Schlüsselbretter, Schlüsseletuis, Schlüsselkörbe, Schreibgarnituren, Schreibmappen, Schreibunterlagen, Schreibzeuge, Skatblocks, Taschenmesseretuis, Teelöffelkörbe, Uhrhalter, Visitenkartentaschen, Zigarrenetuis.

22. **Geschäfte, welche Uniformen** und sonstige der Gruppe B angehörige Ausrüstungsgegenstände für Beamte und Militär in der Weise feilhalten, daß sie sich entweder auf diesen Betrieb beschränken oder Zivilkleidung nur nebenbei und nur im allgemeinen an Uniformkunden absetzen, führen auch: Ausrüstungsgegenstände für jene Berufsstände, die unter andere Gruppen als Gruppe B fallen, z. B. Säbel, Degen, Pallasche, Sättel, Zaumzeug, Fernrohre, Ferngläser, Posthörner.

---

[51]) Es kann sich hier nur um Kaufhäuser handeln, da die Porzellangeschäfte ja an sich unter C fallen.

23. **Wäschewarenspezialgeschäfte** führen neben Kinderausstattungen (B): Kinderbadewannen.

b) Örtliche Herkommen und Gebräuche.

1. **Der Handel mit Posamentier-, Schnitt- und Manufakturwaren** (B) **in Westfalen und der Rheinprovinz** erstreckt sich auf Karnevalartikel als: Bärte, Masken, Nasen, Ohrgehänge.

2. **Garderobenspezialgeschäfte in Berlin** führen neben Sportanzügen B und D) auch Sportutensilien zum Tennis-, Golf-, Kricket-, Krocket-, Polo-, Hockeyspiel, ferner Schwungkeulen, Boxinghandschuhe, Peitschen und Armbänder für Radfahrer, Fußbälle, Schneeschuhe, Sportschlitten (nicht sogenannte Kindersportschlitten), Rennwölfe, sowie Gegenstände der Touristik, als: Eispickel, Gletscherseile, Kompasse, Rucksäcke aller Art, Rucksackstützen, Schutzbrillen, Steigeisen.

3. **Garderobenspezialgeschäfte in Breslau.** Der Handel mit Sportbekleidungsgegenständen erstreckt sich in Breslau auf: Sportutensilien zum Tennis-, Krocket-, Kricketspiel.

4. **Spezialgeschäfte für Wäschewaren in Breslau** führen neben diesen Waren (B): Spezialitäten in Stärke und Waschblau, soweit sie sogenannte Reklameartikel in besonderen Aufmachungen darstellen.

5. **Spezialgeschäfte für Manufaktur- und Konfektionswaren in Marienwerder** führen neben diesen Waren (B): Nähmaschinen.

3. Zu Gruppe C.

a) Allgemeine Herkommen und Gebräuche.

1. **Der Handel mit Lampen** (C) erstreckt sich auf: Lampenschleier aus Seide oder anderen Stoffen.

2. **Eisen- und Stahlspezialgeschäfte** führen neben hauswirtschaftlichen Artikeln der Gruppe C auch Eisen- und Stahlwaren, die unter andere Gruppen, insbesondere die Gruppen D fallen, auch: Bleifedern für Zimmerleute, Fahrradglocken, Flobertpistolen von geringer Beschaffenheit, Kinderfahrräder, metallene Spielmarken, Patronen, Patronenhülsen, Revolver von geringer Beschaffenheit, Revolverpatronen, Schiefertafeln mit Zubehör, Steinbaukasten, Terzerole von geringer Beschaffenheit, Thermometer, Trensen, Turnapparate, Zündhütchen.

3. **Spezialgeschäfte für Beleuchtungsgegenstände und Bronzewaren** führen solche Waren der Gruppen C und D.

4. **Geschäfte**, welche sich auf den Absatz versilberter oder vernickelter Metallwaren oder auf den Absatz von Waren aus Neusilber, Messing oder Bronze beschränken, führen solche Waren der Gruppen C und D.

5. **Spezialgeschäfte für Glas- und Porzellanwaren, *Haus- und Küchengerätschaften** führen neben diesen Waren (C) die nachstehend aufgeführten Gegenstände, insoweit sie nicht als Glas- und Porzellanwaren schon an und für sich der Gruppe C zuzurechnen sind:

1. Aschbecher aus Porzellan, Majolika oder Glas, ohne und mit Montage.
2. Auf Porzellan gemalte Bilder, Elfenbein, Miniaturen in Bronzerahmen, Delfter Wandplatten.
3. Büsten und Figuren aus Porzellan, Fayence, Marmor, Terrakotta.
4. Hutnadeln mit fassettiertem Kristallknopf.
5. Nippes aus Porzellan, Porzellanfigürchen, Porzellanväschen, Porzellankörbchen, Bonbonnieren aus Porzellan und Majolika.
6. Rauchservice aus Glas geschliffen oder aus Majolika ohne jede Metallmontage.
7. Uhren, deren Gehäuse aus Porzellan und Majolika sind.
8. Vasen aus Kristall geschliffen, überfangen aus Porzellan, Fayence und Majolika, *auch mit geringer Metallmontage.
9. Wandteller aus Majolika, Fayence und Porzellan, zum Teil mit Reliefdekor, zum Teil mit Malerei versehen.

*Ferner Schreibzeuge und Schreibutensilien aus Glas, Porzellan, Steingut, Ton, auch mit geringer Metallmontage, auch einheitliche Schreibgarnituren aus Glas usw., Uhren mit Glas- usw. Gehäusen, Klosettpapier, Glas-Reisebüchsen auch mit Metalldeckeln, Küchenuhren gehören nicht in C.

Vgl. ferner die bei 2 „Zu Gruppe B" unter Ziffer 8, 10, 16 und 20 aufgeführten Herkommen und Gebräuche.

b) Örtliche Herkommen und Gebräuche.

Speziallampengeschäfte in Berlin führen neben Lampen: Petroleum.

4. Zu Gruppe D.

a) Allgemeine Herkommen und Gebräuche.

1. **Luxus- und Galanteriewarenspezialgeschäfte** führen neben Luxus- und Galanteriewaren (D): 1. Galanteriemöbel wie: Blumentische, Etageren, Hausapotheken, Hocker, Klapp- und Feldstühle, Konsolen, Musikständer, Nähtische, Ofenbänke, Ofenschirme, Paneelbretter Papierkörbe, Piedestale, Salontischchen, Säulen, Schirmständer, Ständer, Zeitungsständer, Zigarrenschränkchen, Zigarrentische. 2. Haus- und Küchengeräte feinerer Beschaffenheit (z. B. vernickelt, versilbert), ferner aus Porzellan, Steingut, Ton, Glas bestehend, mit Verzierungen von Metall (z. B. vernickelten oder versilberten Beschlägen als: Ampeln, Bierkrüge, Bierservice, Biskuitdosen, Bowlen, Brotkörbe, Butterdosen, Butterglocken, Butterkühler, Cabarets, Eierservice, Eierständer, Flaschenuntersätze, Fruchtkörbe, Gläserbretter, Kaffeemaschinen, Korkenständer, Korkenzieher, Kronen, Krümelfeger, Krümelschaufel, Kuchenkörbe, Lampen (auch Nachtlampen), Laternen, Menagen, Saucieren, Servierbretter, Serviettenringe, Speiseformen, Ständer und Schalen mit Obstmessern, Tabletts, Teekessel mit Ständer, Teemaschinen, Wascheinrichtungen, an der Wand anzubringende, Weinkühler, Weinservice; **dagegen nicht:** Haus- und Küchengeräte, die lediglich aus Porzellan, Steingut, Glas oder Ton bestehen, auch nicht Messer, Gabeln, Löffeln, sofern diese

Gegenstände nicht an sich unter Gruppe D fallen (z. B. Gold- oder Silberwaren), *Reisedecken und Reisepantoffel.

2. **Antiquitätengeschäfte,** welche sich auf den Absatz von Waren, die durch ihr Alter einen besonderen Wert haben, beschränken und hauptsächlich unter die Gruppe D fallende Kunstgegenstände feilhalten, führen daneben auch: alte Waren der Gruppen B und C.

3. **Spezialgeschäfte für Bilderrahmen und Spiegel** führen eingerahmte und uneingerahmte Bilder.

4. **Spezialgeschäfte für medizinische Instrumente und Apparate** führen neben diesen Artikeln (D) medizinische Seife, Desinfektionsmittel, Drains, wasserdichte Stoff- und Gummituche, Polsterkissen und Rollen zu Operationstischen, Operationsschürzen, Operationsmäntel, Blusen für Ärzte und Krankenpflegepersonal, Krankenbettstellen mit besonderen Vorrichtungen für Krankenzwecke, Spezialitäten in Schränken für medizinische Instrumente.

5. **Spezialgeschäfte für Reiseeffekten sowie Spezialgeschäfte für Reiseeffekten und Lederwaren** führen neben Reisekoffern, Reisekörben, Reisehandtaschen, Reisehutschachteln (D), Reisedecken aller Art, Reisekissen, Reisepuffs, Reiseschlummerrollen, Reisemützen und Reisepantoffeln.

6. **Spezialgeschäfte für Sportgegenstände** führen neben diesen Artikeln (B und D) Gegenstände zum Reinigen und Instandhalten von Sportinstrumenten.

b) Örtliche Herkommen und Gebräuche.

1. **Technische Spezialgeschäfte in Liebenwerda,** die vornehmlich optische Instrumente und Papierwareu (D) feilhalten, führen: Aktenschränke und Aktenregale für technischen Bedarf, dagegen nicht: Bureaumöbel, Kontormöbel.

Teil III.

Verneinte Herkommen und Gebräuche.

(§ 6 Absatz 4 des Gesetzes.)

1. Zu Gruppe A.

1. **Der Handel mit Brennspiritus** (A) erstreckt sich nicht auf Spirituskochapparate.

2. In **Gruppe** A **werden nicht geführt,** soweit nicht spezielle Herkommen zugelassen werden: Ausklopfer, Beißringe, Besen, Bohnertücher, Briefpapier, Dosenmesser zum Öffnen von Konservenbüchsen, Fußmatten, Gummiband, Gummihüte, Gummisauger für Säuglinge, Haken und Augen, Hemden, Holz- und Filzpantoffeln (auch Holzschuhe), Hosenträger, Kämme aller Art, Kindersaugflaschen mit Sauger, Klosettpapier, Knöpfe, Kokosdecken (Ab-

treter), Kuverts, Lampenzylinder, Lampenschirme, Matten (Abtreter), Milch- und Schnapsflaschen, Möbelausklopfer, Nähgarn, Näh-, Steck-, Stopf-, Haarnadeln, Packpapier, Pantoffeln, Pergamentpapier, Putztücher, Rohrdecken (Abtreter), Schreibmaterialien, soweit dieselben nicht etwa zugleich unter Gruppe A fallen, wie Tinte, Schnürbänder, Schultafeln, Service und Tassen, Tüten, Wolle (Strick- und Stickwolle), Zwirn.

2. Zu Gruppe B.

In **Gruppe B werden nicht geführt**, soweit nicht spezielle Herkommen zugelassen werden[51a]): Albums für Photographien, Ansichtskarten, Bleistifte, Brennmaschinen, Brieftaschen, Bücherriemen, Chinawaren (Waffen und Bronzen), Christbaumschmuck, Dekorationsvasen und Büsten, Federhalter, Federkasten, Fensterleder, Frisierkämme, Gummibälle, Gummitiere, Handspiegel, Handledertaschen für die Reise, Handtäschchen aus unechtem Metall, Jagdutensilien, Japanwaren, insoweit sie nicht an sich zu Gruppe B gehören, Waffen und Bronzen, Kämme, Kammkasten, Kerzen, Kochherde, Koffer, Kreppapier, Lahmannsche Ernährungsmittel, auch nicht neben Lahmannschen Bekleidungsgegenständen, Lampen, Lampenschirme, Märchenbücher, Marktkörbe, Nagelbürsten, Nippes, Notizbücher, Operngläser, Parfümerien als Odeurs, Pomaden, Haaröle, Plättbretter, Plätt- und Glanzeisen, Portemonnaies, Puppen, Puppenteile, mit Ausnahme von Wollpuppen, Puppenwagen, Putzpomade, Radiergummi, Rostfleckwasser, Schreibmappen, Schreibpapier, Schreibzeuge, Schulhefte, Schulmappen, Schultaschen, Schwämme, Seifen, auch nicht Toiletteseifen, Sportwagen, Stahlfedern, Staubkämme, Taschenbürsten in Etuis, Taschenkämme in Etuis, Taschenmesser, Taschenspiegel, Teppichkehrmaschinen, Tinte, Toilettekasten, Uhren aller Art (mit Ausnahme von Standuhren), Visitenkartentaschen, Waschgarnituren[52]), Weckeruhren, Zahnbürsten, Zigarrenetuis[53]), Zimmerdekorationsgegenstände aus Glas, Porzellan, Steingut, Ton, Marmor, Bronze, Zimmerrudermaschinen, Zimmerturnmaschinen.

3. Zu Gruppe C.

In **Gruppe C werden nicht geführt**, soweit nicht spezielle Herkommen zugelassen werden: Aderlaßflieten, Albums, Brieftaschen, Chinawaren (Waffen und Bronzen), Fahrräder, Falzbeine aus Knochen, Gold-, Silber-, Juwelierwaren, Japanwaren (Waffen und Bronzen), Maschinenöl, optische und physikalische Instrumente, Pappe zur Verpackung, Portemonnaies,

---

[51a]) Soweit die nachstehenden Waren der Gruppe C angehören, können sie selbstverständlich neben Möbeln und den dazu dienenden Möbelstoffen, Vorhängen, Teppichen ohne Hinzunahme anderer Waren der Gruppe B geführt werden, da Möbel usw. außer zu Gruppe B auch zu Gruppe C gehören.

[52]) Ausgenommen bunte Waschgarnituren mit bunt bemalten Waschtischen, vgl. Teil II, 2a 17.

[53]) Vgl. Teil II, 2a 21.

Schlundrohre, Soxlethapparate, Syndetikon, Tabakpfeifen, Trokare, Uhren aller Art (mit Ausnahme von Standuhren), Wagenfett, Würfel, Würfelbecher, Zigarrentaschen, Zigarrenspitzen.

4. **Zu Gruppe D.**

1. In **Gruppe D werden nicht geführt**, soweit nicht spezielle Herkommen zugelassen werden: Bureaumöbel, Fußsäcke, Gummischuhe, **Kinder**badewannen, **Kinder**stühle, Kinderwagen, Kontormöbel, Reisedecken und Plaids, Reisekissen, Puffs, Schlummerrollen, Reisemützen, Reisepantoffeln, Seife, Schlafdecken, Wickelkommoden, Windelständer, Haus- und Küchengerätschaften wie: Butterdosen, Butterglocken, Butterkühler, Saucieren, Speiseformen, lediglich aus Porzellan, Glas, Steingut, Ton bestehend, ferner: Gabeln, Löffel, Tischmesser, sofern diese Waren nicht an sich zu Gruppe D gehören, z. B. Gold- und Silberwaren, ferner: Nähr- und Genußmittel, auch nicht solche für Kranke neben medizinischen Instrumenten und Apparaten.

2. **Der Handel mit Kunstwaren**[54]) (D) erstreckt sich nicht allgemein auf: Möbel, Möbelstoffe, Teppiche, Glas-, Porzellan-, Steingut-, Tonwaren, selbst, wenn diese Waren ausschließlich von feinerer Ausstattung und Beschaffenheit sind.

---

[54]) Dürfen jetzt auch von Möbelkunstwerkstätten ev. mitverkauft werden, vgl. § 6, Anm. 8.

Anhang IIa.

Vom Steuerausschusse der Gewerbesteuerklasse I für Berlin festgestellte bzw. anerkannte Herkommen und Gebräuche,

die bisher noch nicht im Druck veröffentlicht sind.

1. Zu Gruppe A.

Spezialgeschäfte für Parfümeriewaren führen neben diesen Waren (A) und den in der Zusammenstellung des Herrn Handelsministers in Teil II 1a Nr. 3 aufgeführten noch:

(Sitzungsbeschluß vom 26. März 1902.)

Babytoiletten, Frisieretuis, Haarnadeln einfacher Art, Haarnadeln und Haarkämme aus Schildpatt, Hühneraugenmesser, Kammkästen, Korkenzieher Lockenwickel, Nachtlampen, Puderquasten, Puderdosen, Reisenecessaires, Reiserasierkästen, Stecknadeln, Toilettenkästen, *Loofah-Schwämme.

(Sitzungsbeschluß vom 21. Februar 1911.)

Geschäfte wie „Theodor Hildebrandt & Sohn" und „Sarotti-Chokoladen- und Cacao-Indrustrie" usw. führen nach Herkommen und Gebrauch neben den Schokoladenfabrikaten Kannen, Vasen und Tassen.

J.-Nr. 7065, 7066, 10.

2. Zu Gruppe B.

I. **Spezialgeschäfte für Tropenausrüstungen** führen neben Bekleidungsstücken und sonstigen Waren der Gruppe B auch:

(Sitzungsbeschluß vom 26. März 1902) Aktz. T. 2.

Tropenzelte, Moskitonetze, Tropenexpeditions- und Feldmenagen, Dusche- und Waschapparate, Wasserfilter und -behälter, Tropengummibadewannen und -waschbecken, Expeditionslampen, Laternen und Windleuchter mit Lichten für die Tropen, Tropenuhren und -brillen, Ferngläser und Kompasse, Reitausrüstungen, Waffen mit Riemen und Futteralen sowie Munitionen, Patronengürtel, Gewehrkoffer, Soldatenmesser, Pferdeputzzeug, Truppenschanzzeug, Militärkoppel mit Schloß, Patronentaschen, Signalhörner, Trommeln und Pfeifen, Kochgeschirre und Futterale, Feldflaschen, Militärabzeichen.

II. **Handtäschchen aus Pelz und Handtäschchen aus Leder**, welche mit Stickereien garniert sind, dürfen herkommengemäß neben Waren der Gruppe B geführt werden. MinErl. vom 19. November 1907.

III. Nach dem Erlasse des Herrn Ministers für Handel und Gewerbe gehören: **Fahnenstangen** aus Holz, Fahnenspitzen aus Holz, Fahnenspitzen aus Metall, Fahnenstangenschuhe, Fahnennägel, Fahnenträgerbrustschilder, Vereinsabzeichen aus Emaille und Vereinssäbel neben Fahnen nach Herkommen und Gebrauch nicht zur Gruppe B des WG. Erlaß vom 4. Juli 1908, Tgb. IIb 6384.

*Pferdedecken-Gurte aus Jute in B, ebenso Freßbeutel, ebenso Schutzkappen gegen Sonnenglut, ebenso gewebte Tränkeimer.

2a. Zu Gruppe B und C.

Spezialgeschäfte für Bureaueinrichtungen dürfen neben den zu den Gruppen B und C des WG. gehörigen Waren **Schreibmaschinen** gemäß § 6 Absatz 4 herkommengemäß führen. Erlaß vom 6. August 1907, J.-Nr. IIb 6676.

3. Zu Gruppe C.

Spezialgeschäfte für Eisenwaren und Stahlwaren führen neben den Waren C und den in der Zusammenstellung des Herrn Handelsministers in Teil II, 3 C Nr. 2 aufgeführten noch:

Angelruten, Angelschnüre, Angelstöcke, Angelanschlag, Klosettpapier, Magnete, Murmeln, Pasta, Putzcreme, Putzpasta, Putzpomade.

II. Der **Handel mit Haus- und Küchengeräten** erstreckt sich auch auf:

C: Hartspiritus in Dosen für Spirituskochgeräte und -brennutensilien, Thermometer für Bade- und Bratöfen, Vasen aus Edelzinn, Feinzinn, Kupfer, Messing oder Nickel, Putzcreme- und Silberseife, Zigarrenlampen, Aschbecher aus Metall, Zinn, Kupfer, Messing oder Nickel, Christbaumleuchter, Picknickkörbe, Klosettpapier, Küchenuhren, *Kaffeetrichter mit Papiereinlage und Zimmerfontainen zur Luftreinigung.

4. Zu Gruppe D.

I. **Spezialgeschäfte für Ladendekoration** (vgl. Ladeneinrichtungen) führen neben diesen Waren Büsten für Schaufensterdekorationen.

II. **Spezialgeschäfte für Sportgegenstände.** Sportbekleidungsgegenstände können geführt werden, da zu den B und C gehörig. Ebenso werden Flaggen und Banner, insoweit sie ausschließlich beim Sport Verwendung finden, beiden Gruppen zugezählt werden können. Ferner wird ein Herkommen anerkannt, daß in Spezialgeschäften dieser Art Gegenstände zum Reinigen und Instandhalten der Sportinstrumente geführt werden.

Dagegen wird ein Herkommen nicht anerkannt, in jenen Spezialgeschäften zu führen:

1. Bierkrüge mit dekorierter Vereinsflagge oder heraldischen Abzeichen,
2. Trinkbecher aus Kristallglas und ähnlichem,
3. Bronzewaren für Geschenke und Ehrenpreise, sofern es sich nicht um Kunstsachen handelt,

4. Salizylvaseline,
5. Kau-Kola,
6. Taschenapotheken und Verbandtaschen.

(Erlaß des Herrn Ministers für Handel und Gewerbe vom 10. März 1908, IIb 2438.)

Der Minister für Handel und Gewerbe.

Berlin W 66, den 8. März 1902.

Der Umstand, daß Herkommen und Gebräuche im Sinne von Absatz 4 des § 6 a. a. O. in Frage stehen, die in der Zusammenstellung der klassifizierten Waren vom 4. Dezember v. J. nicht aufgeführt sind, macht die Einholung meiner Entscheidung darüber an sich noch nicht erforderlich (siehe Vorbemerkung 1 zu dieser Zusammenstellung, Ziffer II meines Runderlasses an die Regierungen usw. vom 4. Dezember v. J. — IIb 9285 III — und Ziffer III ebenda, wonach selbst die Verneinung von Herkommen und Gebräuchen in Teil III der Zusammenstellung an sich für die Steuerbehörden die Möglichkeit nicht ausschließen soll, Herkommen und Gebräuche in dem dort angegebenen Sinn hinsichtlich der in Teil III a. a. O. aufgeführten Waren anzuerkennen.)

In Vertretung gez.: Lohmann.

Der Vorsitzende usw. Kl. I. Berlin, den 30. Mai 1908.

Der Steuerausschuß der Gewerbesteuerklasse I hat sich ferner dahin schlüssig gemacht, daß die pp. angeführten Artikel folgenden Gruppen des § 6 des WG. vom 18. Juli 1900 angehören:

I. **Jagdartikel.** 1. Hundekuchen, Gruppe A. — 2. Jagdlappen für die Lappenjagd, Gruppe D. — 3. Schwanenhälse, Gruppe D. — 4. Tellereisen für Dachse, Füchse usw., Gruppe D. — 5. Tontaubenschießartikel, Gruppe D. — 6. Raubtierfänger, ausgestopfte und lebende Uhus für die Hüttenjagd, Gruppe D. — 7. Krähenhütten und Anstandskörbe aus Geflecht, Gruppe C und D. — 8. Hundetransportkörbe, Gruppe C und D. — 9. Aluminium- oder Blechbüchsen zur Aufbewahrung von Waffenfett, Schrot, Patronen, Putzzeug usw., Gruppe C und D. — 10. Pelzsäcke für den Anstand, Gruppe D. — 11. Jagdmuffen mit und ohne Patronenbehälter, Gruppe D. (Vgl. Entschl. des Steuerausschusses vom 17. Juni 1908, J.-Nr. 5454.

II. **Artikel für Touristik.** 1. Alpinsport, Gruppe D. — 2. Kletterseile, Gruppe D. — 3. Eispickel, Gruppe D. — 4. Schneebrillen, Gruppe D. — 5. Steigeisen, Gruppe D. — 6. Feldkocher, Gruppe C und D. (Erlaß vom 7. September 1908, IIb 8323.) — 7. Feldkessel (Militär- und Touristenform), Gruppe C. — 8. Proviantbüchsen (Modell der Jägerbataillone), Gruppe C und D. (Erlaß vom 7. September 1908, IIb 8323. — 9. Embrokation, Gruppe A. — 10. Chewing Gum, Gruppe A. — 11. Brotdosen zur Aufbewahrung des Butterbrotes im Rucksack, Gruppe C. — 12. Taschentrinkgefäße, Gruppe C und D. (Erlaß vom 7. September 1908, IIb 8323.) — 13. Stockdegen, Stockflinten, Gruppe D. — 14. Tiroler Wildschützenpfeifen, Gruppe D.

III. **Reisesport.** Sämtliche Artikel für denselben, Gruppe D.

IV. **Angelsport.** 1. Ruten, Wurmbüchse, Gruppe D. — 2. Haken, Hechtsperre, Gruppe D. — 3. Aalsperre, Netze, Köcher, Bosketts, Gruppe D. — 4. Behälter von Blech, Aluminium usw. zur Aufbewahrung des Fanges, Gruppe C. — 5. Reusen, Haspeln, Gruppe D. — 6. Blattenblei, Gruppe D. — 7. Grundsucher, Gruppe D. — 8. Futterbüchse, Gruppe C. — 9. Spinnen aus Metall und anderem Material, Gruppe D. — 10. Fliegenbucher, Angelschnur aus Baumwolle, Seide, Darm usw., Gruppe D. — 11. Schnurrollen, Wirbel, Glyzeum, Gruppe D. — 12. Krebskörbe, Köder, Fischkästen, Gruppe C und D. *Militärvereinsabzeichen in D.

Der Minister für Handel und Gewerbe.

Berlin W. 66, den 14. Januar 1908.

Der Auffassung, daß **Verbandstoffe und Binden aller Art** aus Watte, Jute, Mull, Gaze usw. sowie resorbierbares und nichtresorbierbares Nähmaterial sowohl zu der Gruppe B wie zu der Gruppe D des § 6 des WG. gehören bzw. neben Waren der Gruppe D geführt werden dürfen, trete ich bei, die übrigen Gegenstände, als chirurgische, Nähnadeln, Sicherheitsnadeln, Drains, wasserdichte Stoffe und Gummituche, Eisbeutel, Luftkissen, Wasserkissen, Polsterkissen und Rollen zu Operationstischen, Operationsschürzen und -mäntel, Schürzen für Oberinnen und Hilfspersonal, Wärterjacken und Blusen, Spezialitäten in Schränken für medizinische Instrumente, Verbandkasten mit Inhalt, desgleichen Rettungskasten, Hausapotheken, Tropenapotheken, Schiffsapotheken mit Inhalt zählen einesteils als medizinische Instrumente und Apparate zu Gruppe D, zum anderen dürfen sie nach der Entsch. vom 6. März 1902, IIb 1415 (G.-M.-Bl. Nr. 117) herkommengemäß in Spezialgeschäften für medizinische Artikel geführt werden, *ebenso Ärzteschilder.

Dagegen kann in Aufrechterhaltung jener Entscheidung nicht anerkannt werden, daß für solche Geschäfte ein Herkommen besteht, **Haus- und Küchengerätschaften** sowie Bekleidungsgegenstände, welche nichtmedizinische Apparate oder Instrumente darstellen, sondern lediglich allgemeinen Haushaltungs- oder Gebrauchszwecken zu dienen pflegen, zu führen. Ein solches Herkommen kommt auch dann nicht in Betracht, wenn etwa diese Gegenstände im Einzelfalle zur Einrichtung eines Krankenhauses bestimmt sind usw.

*Frei sind: Fahrpläne, Kursbücher, Schanzzeug.

Anhang III.

Auszüge aus den WG. der anderen Bundesstaaten.

1. Das bayerische WG. vom 14. August 1910.

Art. 1.

I. Der Warenhaussteuer unterliegen gewerbliche Unternehmungen, deren Geschäftsbetrieb zur gewinnbringenden Verwertung größerer Betriebsmittel eine außergewöhnliche Ausdehnung hat und durch die Art des Geschäftsverfahrens von den Grundsätzen und Formen der üblichen Gewerbeausübung wesentlich abweicht.

II. Zu den gewerblichen Unternehmungen dieser Art zählen unten den angegebenen Voraussetzungen insbesondere:

1. Warenhäuser, Großmagazine, Großbazare, Abzahlungsgeschäfte, Versteigerungsgeschäfte und Versandgeschäfte, durch welche Waren, die nach ihrer Beschaffenheit verschiedenen Gattungen angehören oder als Erzeugnisse verschiedener Gewerbe- oder Handwerkszweige anzusehen sind, in größerem Umfange mittels Einzelverkaufs in offenen Verkaufsstellen feilgehalten oder im Wege des unmittelbaren Versandes an die Verbraucher veräußert werden.
2. Gewerbe der in Ziff. 1 bezeichneten Art, in denen der Betriebsumfang durch Haltung einer Mehrzahl von Verkaufsstellen oder Niederlagen für den Vertrieb der Waren oder Erzeugnisse außergewöhnlich erweitert ist.

III. Die Warenhaussteuerpflicht erstreckt sich nicht auf gewerbliche Betriebe rechtsfähiger gemeinnütziger Genossenschaften. Nicht als gemeinnützig gelten Genossenschaften, die satzungsgemäß die Einzahlungen der Mitglieder mit mehr als 5% verzinsen oder den Mitgliedern im Falle der Auflösung mehr als die Einzahlungen ausantworten.

IV. Die Warenhaussteuerpflicht beschränkt sich auf den Gewerbebetrieb, der in Bayern stattfindet.

Art. 3.

I. Die Warenhaussteuer fließt in die Kasse, der Gemeinde, in der eine Betriebsstätte zur Ausübung des Gewerbes unterhalten wird.

II. Betriebsstätte im Sinne dieses Gesetzes ist jede feste örtliche Anlage oder Einrichtung, die der Ausübung des Betriebes dient. Außer dem Hauptsitz eines Betriebes gelten hiernach als Betriebsstätten:

Zweigniederlassungen, Fabrikationsstätten, Ein- und Verkaufsstellen, Niederlagen, Kontore und sonstige zur Ausübung des Gewerbes durch den Unternehmer selbst, dessen Geschäftsteilhaber, Prokuristen oder andere ständige Vertreter unterhaltene Geschäftseinrichtungen.

Art. 5.

I. Die Warenhaussteuer ist nach der Gesamtroheinnahme des warenhaussteuerpflichtigen Gewerbebetriebes (dem Geschäftsumsatze) zu berechnen.

II. Auf die Bemessung des Geschäftsumsatzes finden die Vorschriften der Art. 10 Absatz IV, 14 Absatz II bis IV des EinkstGes. über die Ermittelung der Einkünfte aus Gewerbebetrieb entsprechende Anwendung.

Art. 6.

I. Die Warenhaussteuer beträgt bei einem Geschäftsumsatze

			bis zu	300 000	Mark	1	bis	2½ %
von mehr als	300 000	Mark	„ „	500 000	„	1½	„	3 %
„ „ „	500 000	„	„ „	1 000 000	„	2	„	3½ %
„ „ „	1 000 000	„	„ „	2 000 000	„	2½	„	4 %
„ „ „	2 000 000	„	„ „	4 000 000	„	3	„	5 %
„ „ „	4 000 000	„	„ „	6 000 000	„	4	„	6 %
„ „ „	6 000 000	„	. . .	. . .		5	„	7 %

II. Für die Bemessung der Warenhaussteuer innerhalb dieser Rahmen ist der Geschäftsumfang des Unternehmens, die Vielzahl der geführten Waren, die Zahl der Zweiggeschäfte, die Art der Geschäftsausübung und die Rückwirkung auf die anderen Gewerbe in Betracht zu ziehen.

III. Beträgt die nach Absatz I, II bemessene Warenhaussteuer mehr als 20 % des gewerblichen Reinertrags (GewstGes. Art. 10), so ist sie auf diesen Betrag, keinesfalls aber auf weniger als 1 % des Geschäftsumsatzes herabzusetzen.

Art. 22.

Dieses Gesetz tritt bezüglich der Vorschriften zur Durchführung der Steuerveranlagung mit der Verkündigung, im übrigen am 1. Januar 1912 in Kraft.

2. Das württembergische Warenhaussteuergesetz.

Württemberg hat keine Warenhausumsatzsteuer, sondern durch den Art. 14 des Gesetzes vom 8. August 1903 betr. die Besteuerungsrechte der Gemeinden und Amtskörperschaften einen Zuschlag zur Allgemeinen Gewerbesteuer von 20 bis 50 Prozent derselben eingeführt. Die betreffenden Bestimmungen lauten:

„Für gewerbliche Unternehmungen, welche sich mit dem Großbetrieb des Kleinhandels mit Waren verschiedener Gattung in der Art der Warenhäuser, Großbasare, Abzahlungs-, Versteigerungs- und Versandgeschäfte befassen, ist eine besondere Gewerbesteuer (Warenhaussteuer) nach Maßgabe des im Warengeschäft dieser Unternehmungen erzielten Jahresumsatzes festzusetzen. Diese Steuer wird in Gemeinden, welche eine Gemeindeumlage erheben, in Form einer Erhöhung des nach Art. 12 aus dem Gewerbekataster sich ergebenden Umlageanteils erhoben.

Der Ansatz der Steuer beginnt in Gemeinden bis zu 10000 Einwohnern bei einem Jahresumsatz von 80000 Mark, von mehr als 10000 bis zu 50000

Einwohnern bei einem Jahresumsatz von 150000 Mark, von mehr als 50000 Einwohnern bei einem Jahresumsatz von 200000 Mark.

Besitzt eine gewerbliche Unternehmung innerhalb eines und desselben Gemeindebezirks Filialbetriebe, so ist sie mit denselben als ein Ganzes zu behandeln.

Maßgebend ist der Umsatz des seiner Feststellung unmittelbar vorausgegangenen Kalenderjahrs. Hat der Gewerbebetrieb noch kein Kalenderjahr bestanden, so ist der Jahresumsatz nach den zur Zeit der Feststellung vorliegenden Anhaltspunkten zu schätzen.

In denjenigen Gemeinden, in welchen keine Umlage erhoben wird, ist die Warenhaussteuer aus 20 Prozent des Gewerbesteuerkapitals nach der durchschnittlichen prozentualen Höhe der Gemeindeumlage sämtlicher Gemeinden des Oberamtsbezirks zu bemessen. In Gemeinden, welche eine Umlage erheben, erfolgt die Erhöhung des Umlageanteils als Zuschlag zu dem der Umlage zugrunde liegenden ordentlichen Gewerbesteuerkapital der gewerblichen Unternehmung in Prozenten des letzteren, und zwar entweder gleichmäßig oder steigend nach bestimmten Teilen des Jahresumsatzes; der Zuschlag darf fünfzig Prozent des ordentlichen Steuerkapitals nicht übersteigen, muß aber mindestens 20 Prozent desselben betragen.

Die näheren Bestimmungen, insbesondere über die Abgrenzung der gewerblichen Unternehmungen, sowie über das Maß und die Abstufung der Erhöhung des Umlageanteils innerhalb der durch Absatz 6 gezogenen Grenze sind in einer durch die bürgerlichen Kollegien aufzustellenden Steuerordnung zu treffen, welche der Genehmigung der Ministerien des Innern und der Finanzen unterliegt."

3. Das badische Warenhaussteuergesetz.

Das Großherzogtum Baden hat eine obligatorische Gemeindeumsatzsteuer für Warenhäuser mit Gesetz vom 31. Juli 1904, die Gemeindesteuern und den Allmendegenuß betr. Art. 3, welcher hinter dem § 79 b der Gemeindeordnung und der Städteordnung die §§ 79 c[1]) bis 79 m die Warenhaussteuer betr. einschiebt, eingeführt. Die Warenhaussteuer ist nach dem Art. 7 des genannten Gesetzes mit dem 1. Januar 1905 in Kraft getreten. Diese Bestimmungen lauten folgendermaßen:

§ 79 c. Kleinhandelsbetriebe, die im Großherzogtum ihre Hauptniederlassung haben und deren nach § 79 d maßgebender Jahresumsatz im Großherzogtum wenigstens 200000 Mark beträgt, haben eine Warenhaussteuer als Gemeindeabgabe zu entrichten, wenn sie nach der Verschiedenheit der geführten Warengruppen, der Zahl der von ihnen beschäftigten Personen, der Höhe des Mietswerts der Geschäftsräume und der Art ihres Geschäftsverfahrens als Warenhäuser anzusehen sind. Mehrere Niederlassungen ein und derselben

---

[1]) Später anders paragraphiert.

Firma sowie alle Geschäfte, die den gleichen Inhaber oder auch nur einen gleichen persönlich haftenden Gesellschafter haben, werden als ein Betrieb behandelt.

Der Warenhaussteuer unterliegen auch Filialen von außerhalb des Großherzogtums betriebenen Warenhäusern, wenn der Jahresumsatz aller im Großherzogtum errichteten Filialen zusammen mindestens 30000 Mark beträgt.

§ 79d. Die Warenhaussteuer für jedes Jahr wird beim Steuerab- und -zuschreiben dieses Jahres festgestellt; sie wird nach dem Umsatz bemessen, der im letzten Geschäftsjahr in den im Großherzogtum gelegenen Niederlassungen erzielt worden ist. Ist das Geschäft im Großherzogtum noch nicht ein Jahr lang betrieben worden, so wird die Steuer nach dem mutmaßlichen Umsatz des laufenden Geschäftsjahres bemessen. Beginn und Erlöschen der Steuerpflicht richten sich im übrigen nach der Bestimmung des Art. 15 des GewStGes.

Durch das Gesetz vom 5. August 1912, in Kraft getreten am 1. April 1912, die Änderung der Warenhaussteuer betr., ist der § 83 (79c) der Gemeinde- und der Städteordnung durch folgende Bestimmung ersetzt:

Die Warenhaussteuer beträgt, vorbehaltlich der Bestimmung in § 84 (79f) Absatz 1, von je vollen 1000 Mark Umsatz bei einem Jahresumsatz

1.	bis zu 300000 Mark ausschließlich	3 Mark
2.	von 300000 bis 400000 Mark ausschließlich	4 „
3.	„ 400000 600000 „ „	6 „
4.	„ 600000 „ 800000 „ „	8 „
5.	„ 800000 „ 1000000 „ „	10 „
6.	„ 1 Million bis 2 Millionen Mark ausschl.	11 „
7.	„ 2 „ „ 3 „ „ „	12 „
8.	„ 3 „ „ 4 „ „ „	13 „
9.	„ 4 „ „ 5 „ „ „	14 „
10.	„ 5 „ „ 6 „ „ „	15 „
11.	„ 6 „ „ 7 „ „ „	16 „
12.	„ 7 „ „ 8 „ „ „	17 „
13.	„ 8 „ „ 9 „ „ „	18 „
14.	„ 9 „ „ 10 „ „ „	19 „
15.	„ 10 „ und darüber	20 „

An Stelle des § 84 (79f) Absatz 1 der Gemeinde- und der Städteordnung treten folgende Bestimmungen:

Die Steuer darf im Falle des § 83

Ziffer 1	12 Hundertteile
„ 2	13 „
„ 3	14 „
„ 4	15 „
„ 5	16 „
„ 6	17 „
„ 7	18 „

Ziffer 8 19 Hundertteile.
„ 9 bis 15 20 „

des gewerblichen Ertrags des Gesamtbetriebs (§ 81 Absatz 2) nicht übersteigen; jedoch bildet die Hälfte der nach § 83 (79c) sich ergebenden Umsatzsteuer den Mindestbetrag der Steuerschuldigkeit.

Als gewerblicher Ertrag gilt der Teil des nach § 79d festgestellten Jahresumsatzes, der sich nach den in Art. 3 des EinkStGes. aufgestellten Grundsätzen, jedoch ohne Abzug von Schuldzinsen, als Einkommen aus dem Gewerbebetrieb darstellt.

4. Die braunschweigische Warenhaussteuer.

In Braunschweig wurde ein fakultatives WG. für die Gemeinden am 28. März 1904 erlassen, auf Grund dessen in der Stadt Braunschweig, soviel uns bekannt, fünf Geschäfte zur Umsatzsteuer bis zu 2 Proz. herangezogen worden sind. Die einzelnen Bestimmungen des Gesetzes lauten folgendermaßen:

§ 1.

Die Gemeinden sind befugt, stehende gewerbliche Unternehmungen, welche von den Grundsätzen und Formen, unter welchen der Geschäftsbetrieb steuerpflichtiger Gewerbe regelmäßig ausgeübt wird, wesentlich abweichen, und welche geeignet erscheinen, die in der Gemeinde ansässigen Betriebe des Kleinhandels oder des Kleingewerbes erheblich zu benachteiligen, neben den nach dem GewStGes. vom 27. März 1893 Nr. 4 und dem GemeindeabgabenGes. vom 11. März 1899 Nr. 12 zu erhebenden Gewerbesteuern, zu einer besonderen Gemeindegewerbesteuer (Umsatzsteuer) heranzuziehen.

Einer solchen Steuer können unter den vorgenannten Umständen beispielsweise unterworfen werden:

a) Großbetriebe des Kleinhandels nach Art der Warenhäuser;
b) Abzahlungs-, Versteigerungs-, Ausverkaufs-, Rabattmarkengeschäfte und ähnliche;
c) Zweiggeschäfte auswärtiger Betriebe;
d) Vereine zur Herstellung von Gegenständen und zum Verkauf derselben auf gemeinschaftliche Rechnung (Produktivgenossenschaften);
e) Vereine zum gemeinschaftlichen Einkauf von Lebens- und Wirtschaftsbedürfnissen im großen und Ablaß im kleinen (Konsumvereine).

§ 2.

Die Entscheidung darüber, ob eine gewerbliche Unternehmung nach Maßgabe des § 1 zur Steuer herangezogen werden kann, hat auf Antrag der Gemeinde die Aufsichtsbehörde zu treffen. Gegen die Entscheidung findet Klage bei dem Verwaltungsgerichtshofe statt.

§ 3.

Die Veranlagung der Steuer erfolgt nach dem Umsatze. Die Steuer darf 2 vom Hundert des Umsatzes nicht überschreiten.

§ 4.

Die Feststellung der Steuer erfolgt auf Antrag der Gemeinde seitens der Aufsichtsbehörde nach billigem Ermessen. Gegen den Beschluß der Aufsichtsbehörde findet innerhalb zwei Wochen Beschwerde an das Staatsministerium statt.

§ 6.

Der Ertrag der Steuer ist zur Förderung des Kleinhandels und des Handwerks zu verwenden.

Zwei Drittel von dem Ertrage der Steuer werden der Gemeinde, in welcher die Steuer zur Erhebung gelangt ist, zur Erfüllung des obigen Zweckes überlassen; ein Drittel von dem Ertrage ist auszusondern und an die Staatskasse abzuführen, um nach den Bestimmungen des Herzoglichen Staatsministeriums dem Interesse des gesamten Handwerks und Kleinhandels des Herzogtums zu dienen.

§ 7.

Auf die Steuer findet die Bestimmung des § 2 Abs. 1 des GemeindeabgabenGes. keine Anwendung.

§ 11.

Alle entgegenstehenden Bestimmungen werden aufgehoben.

§ 12.

Dieses Gesetz tritt, soweit es sich um die zu seiner Durchführung erforderlichen Maßnahmen handelt, mit dem Tage seiner Verkündigung, im übrigen mit dem 1. April 1904 in Kraft.

Die Stadt Braunschweig hat bislang allein von dem Besteuerungsrecht nach dem WG. Gebrauch gemacht. Der Stadtmagistrat hat dafür die nachstehenden Grundsätze aufgestellt, welche nach eingehenden Verhandlungen im Juni 1904 von der Stadtverordnetenversammlung gebilligt wurden und sonach jetzt zu Gültigkeit bestehen:

„1. Auf Grund des Landesgesetzes Nr. 23 vom 28. März 1904 werden folgende hiesige gewerbliche Unternehmungen:

a) Großbetriebe des Kleinhandels nach Art der Warenhäuser,

b) Abzahlungs-, Versteigerungs-, Ausverkaufs-, Rabattmarkengeschäfte und ähnliche,

c) Zweiggeschäfte auswärtiger Betriebe

zu einer besonderen Umsatzsteuer herangezogen, wenn sie von den Grundsätzen und Formen, unter welchen der Geschäftsbetrieb steuerpflichtiger Gewerbe regelmäßig ausgeübt wird, wesentlich abweichen und geeignet erscheinen, die in der Stadt Braunschweig ansässigen Betriebe des Kleinhandels oder des Kleingewerbes erheblich zu benachteiligen.

Auf Produktivgenossenschaften und Konsumvereine erstreckt sich die Heranziehung nicht, falls nicht ihr Geschäftsbetrieb unter a—c des vorstehenden Absatzes fällt und auf ihre Betriebsweise die soeben angeführten Voraussetzungen zutreffen.

2. Die Heranziehung erfolgt auf Grund einer Liste, die der Stadtmagistrat im Einverständnis mit der Finanzkommission der Stadtverordneten aufstellt und in welcher außer den Namen der betreffenden Geschäfte die Höhe der vorgeschlagenen einzelnen Steuerbeträge anzugeben ist. Diese Liste wird der staatlichen Aufsichtsbehörde zur Entscheidung vorgelegt. Die Einlegung der zulässigen Rechtsmittel bleibt dem Stadtmagistrate überlassen.
3. Die Bekanntmachung der Umsatzsteuer gegenüber den einzelnen Pflichtigen erfolgt durch besondere Mitteilung an jeden derselben.
4. Die Umsatzsteuer ist in vierteljährlichen Beträgen gleichzeitig mit dem in demselben Kalendervierteljahr fällig werdenden Betrage der Gemeindegewerbesteuer bei der Kasse für Wohlfahrtseinrichtungen einzuzahlen. Soweit die Ausschreibung verspätet erfolgt, hat der Stadtmagistrat den Fälligkeitstag anderweit im Ausschreiben zu bestimmen.
5. Die eingezahlten Beträge der Umsatzsteuer werden bei der Kasse für Wohlfahrtseinrichtungen mit zwei Dritteln vereinnahmt, während ein Drittel an die Staatskasse abgeführt wird.

   Die städtischen Behörden werden über die dem Gesetze entsprechende Verwendung der vereinnahmten Beträge je nach Bedarf Bestimmung treffen.
6. Die vorstehenden Grundsätze treten vom 1. Juli 1904 ab in Wirksamkeit."

5. Die anhaltische Warenhaussteuer vom 14. April 1905[1]).

Der Landtag des Herzogtums Anhalt hat nämlich in seiner Sitzung vom 14. April 1905 in der zweiten Lesung des GemeindeabgabenGes. den Kommissionsantrag angenommen, wonach der die Sondersteuern behandelnde § 52 in seinem die Umsatzsteuer für Konsumvereine und Warenhäuser betreffenden Abs. 2 eine neue Fassung erhält. Die Gemeinden sollen fortan berechtigt sein, auf Grund besonderer Steuerordnungen:

2. Konsumvereine mit einem Jahresumsatz von wenigstens 20000 Mark neben der Einkommen- und Gewerbesteuer zu einer Umsatzsteuer heranzuziehen, welche jährlich bei einem Umsatze

	bis 100 000 Mark	ausschließlich nicht mehr als	1
von	100 000—200 000	" " " " "	2
"	200 000—300 000	" " " " "	3
"	300 000—400 000	" " " " "	4
"	400 000 Mark und darüber	" " "	5

vom Tausend des Jahresumsatzes betragen darf;

3. auswärtige gewerbliche Unternehmungen, welche innerhalb des Gemeindebezirks Filialgeschäfte, Verkaufsniederlagen, Annahmestellen, Agenturen und ähnliche Einrichtungen mit einem Jahresumsatze von wenigstens 20000 Mark unter eigenem oder fremdem Namen unterhalten oder durch andere gegen Gewinnbeteiligung oder feste Vergütung unterhalten lassen, sowie ferner gewerbliche

[1]) Ist aber bisher nirgends eingeführt worden.

Unternehmungen, welche sich mit dem Großbetriebe des Kleinhandels, mit Waren verschiedener Gattung in der Art der Warenhäuser, Großbasare, Abzahlungs-, Versteigerungs- und Versandgeschäfte befassen und einen Jahresumsatz von wenigstens 100000 Mark erzielen, neben der Einkommen- und Gewerbesteuer zu einer Umsatzsteuer heranzuziehen, welche einem Umsatze

	bis 100 000	Mark	ausschließlich	nicht	mehr	als	1
von	100 000—200 000	"	"	"	"	"	2
"	200 000—300 000	"	"	"	"	"	3
"	300 000—400 000	"	"	"	"	"	4
"	400 000—500 000	"	"	"	"	"	5
"	500 000—600 000	"	"	"	"	"	6
"	600 000—700 000	"	"	"	"	"	7
"	700 000—800 000	"	"	"	"	"	8
"	800 000—900 000	"	"	"	"	"	9
"	900 000 Mark und darüber			"	"	"	10

vom Tausend des Jahresumsatzes und nicht mehr als 2 Proz. des einkommensteuerpflichtigen Reingewinnes betragen darf.

6. Die hessische Warenhaus- und Filialsteuer.

Durch das neue hessische Ges., betr. die Gemeindeumlage vom 8. Juli 1911, ist für das Gebiet des Großherzogtums Hessen eine fakultative kommunale Warenhaus- und Filialsteuer eingeführt worden.

Art. 19. Eine Gemeinde kann durch Ortssatzung beschließen, daß gewerbliche Unternehmen, insoweit sie den Kleinhandel mit Waren verschiedener Gattungen nach Art der Warenhäuser, Großbasare, Abzahlungs-, Versteigerungs- und Versandgeschäfte im großen betreiben, zur Zahlung einer besonderen Gewerbesteuer — Warenhaussteuer — verpflichtet sind. Die Erhebung der Warenhaussteuer kann auf einzelne der vorstehend aufgeführten gewerblichen Unternehmungen beschränkt werden.

Die Ortssatzung bedarf der Genehmigung der Ministerien des Innern und der Finanzen.

Art. 20. Die Warenhaussteuer kann eingeführt werden:

1. in Gemeinden bis zu 10000 Einwohnern: für die Geschäfte der in Art. 19 genannten Art mit einem Jahresumsatz von mindestens 80000 Mark,
2. in Gemeinden von 10000 und mehr Einwohnern: für die Geschäfte der in Art. 19 genannten Art mit einem Jahresumsatz von mindestens 150000 Mark.

Steuerpflichtig sind sowohl Hauptniederlassungen als auch Zweigniederlassungen auswärtiger Geschäfte der in Art. 19 bezeichneten Art. Besitzt eine gewerbliche Unternehmung Filialbetriebe in derselben Gemeinde, so ist mit diesen als ein Ganzes zu beurteilen.

Art. 21. Maßgebend für die Pflicht zur Zahlung der Warenhaussteuer ist der Umsatz des letzten zur Zeit der Veranlagung abgelaufenen Geschäftsjahres.

Hat das Unternehmen noch kein volles Geschäftsjahr bestanden, so ist der Jahresumsatz nach den zur Zeit der Veranlagung vorliegenden Anhaltspunkten zu schätzen.

Die Betriebsinhaber sind verpflichtet, auf die an sie ergehende Aufforderung der zuständigen Steuerveranlagungsbehörde innerhalb einer von dieser vorzubestimmenden Frist eine Erklärung über den erzielten Umsatz sowie darüber einzureichen, welcher Teil des Anlage- und Betriebskapitals und welcher Teil des Ertrags auf den Kleinhandel entfällt. In der Aufforderung ist der Rechtsnachteil anzudrohen, daß nach fruchtlosem Ablauf der Frist die entsprechenden Feststellungen ohne weitere Mitwirkung des Beteiligten von Amts wegen erfolgen würden, daß ihm für das betreffende Steuerjahr eine Einsprache dagegen nicht zustehe und daß er zur Steuer herangezogen würde, als wenn er lediglich den Kleinhandel betreibe.

Art. 22. Die neben der allgemeinen Gewerbesteuer zu entrichtende Warenhaussteuer kann in der Form eines Zuschlages zu jener oder nach dem im Kleinhandel erzielten Umsatz des Unternehmens erhoben werden. Die Ortssatzung bestimmt, welche dieser beiden Formen für die Besteuerung maßgebend ist und welche Steuersätze in dem einen oder anderen Fall innerhalb der nachstehend bezeichneten Grenzen erhoben werden sollen.

Besteht die Warenhaussteuer in einem Zuschlag zur Gewerbesteuer, so kann dieser für alle unter die Warenhaussteuer fallenden Unternehmen nach Hundertteilen der Gewerbesteuer entweder gleichmäßig festgesetzt oder nach der Höhe des Jahresumsatzes progressiv abgestuft werden. Der Zuschlag beträgt mindestens 25 Prozent und höchstens 200 Prozent der Gewerbesteuer.

Wird die Warenhaussteuer nach dem Umsatz des gewerblichen Unternehmens erhoben, so beträgt sie mindestens 1 Prozent und höchstens 5 Prozent des Umsatzes. Übersteigt die hiernach berechnete Warenhaussteuer nachweislich 15 Prozent des Ertrages im Sinne des Art. 11 Absatz 3, so ist sie auf Antrag des Pflichtigen auf diesen Betrag, keinesfalls aber auf weniger als 1 Prozent des Umsatzes zu ermäßigen.

Art. 23. Die Warenhaussteuer wird durch die Instanzen veranlagt, von denen die Gewerbesteuer veranlagt wird. Gegen deren Entscheidungen finden die gegen die Zuziehung zu den Gemeindeumlagen zulässigen Rechtsmittel statt.

Steuer von Filialgeschäften.

Art. 24. Eine Gemeinde kann durch Ortssatzung beschließen, daß Gewerbetreibende, die im Gemeindebezirk — ohne in ihm ihren Wohnsitz oder Hauptbetriebssitz zu haben — Verkaufsstellen oder Lager unterhalten, von denen aus Waren zum Verkauf abgegeben werden, zur Zahlung einer besonderen Gewerbesteuer — Filialsteuer — verpflichtet sind.

Die Ortssatzung bedarf der Genehmigung der Ministerien des Innern und der Finanzen.

Art. 25. Die näheren Vorschriften über die Abgrenzung der unter die Sondersteuer fallenden gewerblichen Unternehmen, über die Art der Steuer sowie über das Maß und die Abstufung der Steuersätze sind innerhalb der sich nach Art. 22 Absatz 2 ergebenden Grenzen durch die Ortssatzung zu treffen.

Art. 26. Durch die Ortssatzung kann bestimmt werden, daß die Betriebsinhaber verpflichtet sind, auf die an sie ergehende Aufforderung der zuständigen Steuerveranlagungsbehörde innerhalb einer von dieser vorzubestimmenden Frist eine Erklärung über den Umfang ihres Geschäftsbetriebs und weitere für die Steuerveranlagung erhebliche Tatsachen einzureichen. In der Aufforderung ist der Rechtsnachteil anzudrohen, daß nach fruchtlosem Ablauf der Frist die einschlägigen Verhältnisse ohne weitere Mitwirkung der Beteiligten von Amts wegen festgestellt würden, und daß ihnen, abgesehen von der etwa verwirkten Strafe, für das betreffende Steuerjahr eine Einsprache dagegen nicht zustehe.

Art. 27. Die Steuer wird durch die Instanzen veranlagt, von denen die Gewerbesteuer veranlagt wird. Gegen deren Entscheidungen finden die gegen die Zuziehung zu den Gemeindeumlagen zulässigen Rechtsmittel statt.

Art. 28. Ist bei einem gewerblichen Unternehmen die Voraussetzung für die Erhebung von Warenhaus- und Filialsteuer gegeben, so gelangt nur diejenige Steuer zur Erhebung, welche den höheren Steuerbetrag ergibt.

7. Die Warenhaussteuer in Elsaß-Lothringen vom 6. Juli 1909.

§ 1. Gewerbliche Unternehmungen, welche sich mit dem Kleinhandel mit Waren verschiedener Gattung in der Art der Warenhäuser, Basare, Abzahlungs-, Versteigerungs- und Versandgeschäfte befassen, unterliegen der Warenhausabgabe.

Die Warenhausabgabe kommt zur Erhebung in Gemeinden bis zu 10000 Einwohnern bei einem Jahresumsatze der bezeichneten Unternehmungen von mindestens 100000 Mark, in Gemeinden von 10000 bis 50000 Einwohnern bei einem Jahresumsatze von mindestens 150000 Mark, und in Gemeinden von mehr als 50000 Einwohnern bei einem Jahresumsatze von mindestens 200000 Mark.

§ 2. Die Veranlagung der Warenhausabgabe erfolgt nach dem Umsatze, der im letzten Geschäftsjahr erzielt worden ist.

Ist das Geschäft noch nicht ein volles Jahr betrieben worden, so hat die Veranlagung nach dem mutmaßlichen Umsatze des laufenden Geschäftsjahres zu geschehen.

Bei der Feststellung des Umsatzes sind mehrere Niederlassungen derselben Firma in einer Gemeinde als ein Betrieb zu behandeln. Als derselben Firma gehörig sind alle Niederlassungen anzusehen, die den gleichen Inhaber oder auch nur einen gleichen persönlich haftenden Gesellschafter haben.

§ 3. Die Höhe der Warenhausabgabe wird für die Gemeinde durch Ortssatzung festgestellt, die vom Gemeinderate beschlossen wird. Die Ortssatzung bedarf der Genehmigung des Ministeriums.

Die Warenhausabgabe darf den Satz von $1^1/_2$ vom Hundert des Umsatzes nicht übersteigen, muß aber mindestens $^1/_5$ vom Hundert des Umsatzes betragen. Der Satz kann nach der Höhe des Umsatzes abgestuft werden.

§ 4. Übersteigt die Warenhausabgabe den Betrag von 15 vom Hundert der für die Veranlagung der Gewerbesteuer angenommenen Ertragsfähigkeit, so tritt eine Ermäßigung auf diesen Betrag ein.

8. Die Warenhaussteuer in Sachsen.

Sachsen hat den Gemeinden die Einführung einer Umsatzsteuer für Großbetriebe des Detailhandels freigegeben. In einer Verordnung vom 6. Mai 1897 hat das Ministerium das Höchstmaß der Umsatzsteuer auf 2 Prozent festgesetzt.

Die wesentlichsten Bestimmungen der Chemnitzer Gemeindesteuerordnung vom 20. 12. 06.

Die wesentlichsten Bestimmungen der Chemnitzer Gemeindesteuerordnung, soweit sie eine Warenhaus- und Filialsteuer enthält, lauten:

„Physische oder juristische Personen, die das stehende Gewerbe des Klein-(Detail-)Handels mit Waren aus mehr als einer der folgenden vier Warengruppen:

a) Material- und Kolonialwaren, Eß- und Trinkwaren und Genußmittel, Tabak und Tabakfabrikate (auch Rauchutensilien), Apothekerwaren, Farbwaren, Drogen und Parfümerien;

b) Garne und Zwirne, Posamentierwaren, Schnitt-, Manufaktur- und Modewaren, gewebte, gestrickte, gewalkte und gestickte Waren, Bekleidungsgegenstände (Konfektion, Pelzwaren), Wäsche jeder Art, Betten und Möbel jeder Art, Vorhänge, Teppiche, Möbelstoffe und die zu deren Verarbeitung dienende Anfertigung von Zimmerdekorationen;

c) Haus-, Küchen- und Gartengerätschaften, Öfen, Glas-, Porzellan-, Steingut- und Tonwaren, Möbel jeder Art und die dazu dienenden Möbelstoffe, Vorhänge und Teppiche;

d) Gold-, Silber- und sonstige Juwelierwaren, Kunst-, Luxus-, Galanteriewaren, Papp- und Papierwaren, Bücher und Musikalien, Waffen, Fahrräder, Fahr-, Reit- und Jagdutensilien, sonstige Sportartikel, Nähmaschinen, Spielwaren, optische, physikalische, medizinische und musikalische Instrumente und Apparate,

betreiben und einen Jahresumsatz von 200 000 Mark oder mehr erzielen, oder ohne Rücksicht auf die Höhe des Umsatzes diejenigen, die in Chemnitz im kleinen Waren auch nur einer der genannten Warengruppen von mehr als einer Verkaufsstätte aus oder in einer Niederlassung eines auswärtigen Geschäftes feilbieten, haben, auch wenn ihr tatsächlicher Reingewinn geringer ist, mindestens 10 Prozent des in diesen Waren erreichten Jahresumsatzes als Einkommen nach dieser Steuerordnung zu versteuern.

Teilhaber von die juristische Persönlichkeit nicht besitzenden Erwerbsgesellschaften fallen unter diese Bestimmung schon dann, wenn der entsprechende Umsatz der ganzen Gesellschaft 200 000 Mark oder mehr beträgt. Das nach dem Umsatze zu berechnende Einkommen ist den Teilhabern im Verhältnis ihres Anteils am Reingewinne zuzurechnen.

Maßgebend ist der durchschnittliche Jahresumsatz der zur Zeit der Einschätzung abgelaufenen drei Geschäftsjahre, oder dafern die besondere vorstehend geregelte Steuerpflicht noch nicht drei Jahre lang besteht, der nach dem bisherigen Ergebnis oder, falls auch dies keinen Anhalt bietet, der nach dem Stand zur Zeit der Einschätzung frei zu schätzende Jahresumsatz. Wird daneben der Verkauf im großen betrieben, so ist der vom Steuerpflichtigen nachzuweisende und nach den Bestimmungen dieser Steuerordnung festzustellende Reingewinn aus dem Großhandel dem nach den vorhergehenden Sätzen ermittelten Einkommen hinzuzurechnen; ebenso ist das übrige, insbesondere das aus anderen Quellen erzielte, nach den Grundsätzen dieser Steuerordnung festzustellende Reineinkommen hinzuzuschlagen."

Nach dem „Chemnitzer" Muster ist auch die am 9. Februar 1910 in Zwickau vom Stadtverordnetenkollegium angenommene Warenhaus- und Filialsteuer gestaltet. Auch hier werden 10 Prozent des Gesamtumsatzes als zu besteuerndes Minimaleinkommen, gleichsam also als Reinverdienst, festgelegt. Dieses Mindesteinkommen unterliegt der Steuer nach dem jetzt geltenden Anlagenregulativ. Im Gegensatz zu Chemnitz beträgt hier jedoch der Mindestjahresumsatz, bei dem die Steuer in Kraft tritt, 300 000 Mark.

9. **Das Fürstentum Reuß j. L.** hat im Januar 1905 durch ein Gesetz den Gemeinden die Einführung einer Warenhaussteuer freigestellt, auf Grund dessen die Stadt Gera 1908 eine Warenhaussteuer eingeführt hat.

Ortsgesetz für die Stadt Gera betreffend die Umsatzsteuer der Warenhäuser und ähnlicher Unternehmungen vom 12. Mai 1908.

§ 1. Gewerbliche Unternehmungen, welche sich in der Stadt Gera in der Art der Warenhäuser, Großbasare, Abzahlungs-, Versteigerungs- und Versandgeschäfte mit dem Großbetriebe des Kleinhandels mit mehr als einer der im § 2 unterschiedenen Warengattungen befassen, haben neben der Einkommenabgabe eine Umsatzsteuer zur Stadtkasse zu entrichten, dafern der gesamte erzielte Umsatz über 150 000 Mark im Jahre beträgt.

§ 2. Die nach § 1 zu unterscheidenden Warengattungen sind:

a) Material- und Kolonialwaren, Eß- und Trinkwaren und Genußmittel, Tabak und Tabakfabrikate (auch Rauchutensilien), Apothekerwaren, Farbwaren, Drogen und Parfümerien;

b) Garne und Zwirne, Posamentierwaren, Schnitt-, Manufaktur- und Modewaren, gewebte, gestrickte, gewalkte und gestickte Waren, Bekleidungsgegenstände (Konfektion, Pelzwaren), Wäsche jeder Art, Betten und Möbel jeder

Art, Vorhänge, Teppiche, Möbelstoffe und die zu deren Verarbeitung dienende Anfertigung von Zimmerdekorationen;

c) Haus-, Küchen- und Gartengerätschaften, Öfen, Glas-, Porzellan-, Steingut- und Tonwaren, Möbel jeder Art und die dazu dienenden Möbelstoffe, Vorhänge und Teppiche;

d) Gold-, Silber- und sonstige Juwelierwaren, Kunst-, Luxus-, Galanteriewaren, Papp- und Papierwaren, Bücher und Musikalien, Waffen, Fahrräder, Fahr-, Reit- und Jagdutensilien, sonstige Sportartikel, Nähmaschinen, Spielwaren, optische, physikalische, medizinische und musikalische Instrumente und Apparate.

Waren, welche zu keiner der im ersten Absatz unterschiedenen Gattungen gehören, werden als besondere Warengattung nicht gezählt, kommen aber bei Feststellung des Umsatzes mit in Anrechnung.

Solche Waren, die vermöge ihrer Beschaffenheit oder Bestimmung sowohl der einen wie der anderen jener Gattungen zugerechnet werden können, werden nur einmal gezählt, und zwar, wenn auch andere zu denselben Gattungen gehörige Waren geführt werden, bei derjenigen, der diese Waren angehören.

Ingleichen wird, wenn sich der Handel mit Waren der einen Gattung nach Herkommen und Gebrauch auch auf Waren anderer Gattungen erstreckt, welche mit ersteren zugleich feilgeboten zu werden pflegen — wie bei Handlungen mit Eisen- und Stahlwaren, Gummiwaren und dergleichen —, nur Handel mit einer Warengattung angenommen.

Maßgebend ist die zur Zeit der Veranlagung geführte Zahl der Warengattungen.

§ 3. Die Steuer beträgt bei einem Jahresumsatze von

mehr als	150 000	Mark	bis	250 000	Mark	1/2 vom Hundert
„ „	250 000	„	„	400 000	„	3/4 „ „
„ „	400 000	„	„	550 000	„	1 „ „
„ „	550 000	„	„	700 000	„	1 1/4 „ „
„ „	700 000	„	„	850 000	„	1 1/2 „ „
„ „	850 000	„	„	1 000 000	„	1 3/4 „ „
„ „	1 000 000	. . .	. . .	. . .		2 „ „

Sie ist in sechs gleichen Raten je am Schlusse des zweiten Monats an die Stadtkasse abzuführen.

§ 4—8 wie in Preußen.

§ 9. Gegen die Veranlagung steht im übrigen dem Steuerpflichtigen binnen einer Frist von vierzehn Tagen seit der Behändigung des Steuerzettels das Rechtsmittel des Einspruchs zu.

Später eingehende Einwendungen sind nicht zu beachten.

Über den Einspruch entscheidet das Fürstliche Ministerium, Abteilung für das Innere, endgültig. Hierbei finden die Vorschriften des § 28 des Fürstlich Reußischen Gesetzes vom 4. Juni 1898 über die Erhebung der Einkommensteuer oder die dafür etwa tretenden anderen gesetzlichen Bestimmungen mit der Maßgabe entsprechende Anwendung, daß das Fürstliche Ministerium zur Vornahme der nötigen Erörterungen, der Zeugenvernehmung, der Eidesabnahme u. dgl. den Stadtrat beauftragen kann.

§ 12. Die Zahlung der veranlagten Steuer wird wegen eines Einspruchs nicht aufgehalten, sie muß vielmehr unter Vorbehalt der Erstattung des zuviel Bezahlten zu den bestimmten Terminen erfolgen.

Wird die Verpflichtung zur Zahlung der Steuer überhaupt bestritten, so bleibt dem Betreffenden die Beschreitung des Rechtswegs vorbehalten.

In bezug auf die ohne gesetzlichen Grund entrichtete Steuer findet eine Rückforderung nur innerhalb eines Jahres nach dem Zeitpunkte statt, an welchem sie fällig war.

§ 13. Wer bei der Angabe seines steuerpflichtigen Umsatzes oder des Umsatzes eines von ihm zu vertretenden oder bei der Beantwortung der von ihm zum Zwecke der Veranlagung oder der Verhandlung des Einspruchs amtlich vorgelegten Fragen wissentlich unrichtige oder unvollständige Erklärungen abgibt, die zur Verkürzung der Umsatzsteuer zu führen geeignet sind, macht sich der Hinterziehung schuldig und verfällt in eine Geldstrafe in Höhe des vierfachen Betrages der Jahresumsatzsteuer, um welche die Stadt verkürzt worden ist oder verkürzt werden sollte.

Von einem förmlichen Strafbescheide ist Abstand zu nehmen, wenn der Schuldige freiwillig zur Bezahlung der verkürzten Steuer, des vierfachen Jahresbetrages derselben und der durch das Verfahren gegen ihn entstandenen Kosten sich bereit erklärt.

Eine solche in verbindlicher Form vor dem Stadtrate abgegebene Erklärung genügt zur Vornahme der Zwangsvollstreckung im Nichtzahlungsfalle.

Die Verbindlichkeit zur Entrichtung des Steuernachtrags sowie der zuerkannten Geldstrafen samt Kosten geht auch auf die Erben des Schuldigen über.

Die Strafverfolgung verjährt in drei Jahren, von Begehung der Hinterziehung an gerechnet. Die Vollstreckung erkannter Strafen verjährt in zwei Jahren, von dem Tage an gerechnet, an welchem der Strafbescheid die Rechtskraft erlangt oder der Angeschuldigte sich der Strafe unterworfen hat. Das Recht der Stadt auf Nachzahlung der hinterzogenen Steuerbeträge unterliegt dagegen einer fünfzehnjährigen Verjährung.

§ 14. Steuerpflichtige, welche bei der Veranlagung übergangen oder niedriger veranlagt worden sind, als dies nach dem Umsatze hätte geschehen sollen, sind zur Nachzahlung des der Stadtkasse dadurch entzogenen Betrags auch dann verpflichtet, wenn eine Hinterziehung nicht vorliegt.

Der Anspruch auf Nachzahlung unterliegt einer fünfzehnjährigen Verjährung. Die Verbindlichkeit zur Nachzahlung geht auf den Erben über.

Sachregister.

Die Zahlen geben die Seiten an.

A.

B.

C.

D.

E.

F.

G.

H.

J.

K.

L.

M.

W.

Z.

Druck von A. W. Hayn's Erben (Curt Gerber), Potsdam.

MIX
Papier | Fördert gute Waldnutzung
FSC® C083411

Kolibri 360 GmbH
Ferdinand-Jühlke-Straße 7
99095 Erfurt, Deutschland
produktsicherheit@kolibri360.de